www.ingramcontent.com/pod-product-compliance
Lightning Source LLC
Chambersburg PA
CBHW080631170426
43209CB00008B/1545
9781778921780

به نام خالق عشق

انتشارات بین المللی کیدزو کادو
و انتشارات پارسیان البرز
تقدیم می کنند

دیوان اشعار
پروین اعتصامی

سریال کتاب: H2445240236
عنوان : دیوان اشعار پروین اعتصامی
پدید آورنده:رخشنده اعتصامی (پروین)
ویراستاری: سید علی هاشمی
گردآوری و نسخه خوانی: مهری صفری اسکویی
صفحه آرایی:صفحه‌آرایی: یاسر صالحی، محبوبه لعل‌پور
طراح جلد: زهرا بگدلی، نغمه کشاورز
ISBN/شابک :978-1-77892-178-0
موضوع: شعر ، شعر زنان
متا دیتا: Farsi، Poem
مشخصات کتاب: گالینگور ، رنگی
تعداد صفحات : 336
تاریخ نشر در کانادا: November 2024
به کوشش: سید علی هاشمی، نغمه کشاورز
انتشارات همکار: موسسه انتشارات پارسیان البرز
منتشر شده توسط: خانه انتشارات کیدزوکادو
ونکوور، کانادا

Kidsocado Publishing House

خانه انتشارات کیدزوکادو
ونکوور، کانادا
تلفن : ۸٦٥٤ ٦٢٢ ٨٣٣ ١ +
واتس آپ: ٧٢٤٨ ٣٢٢ ٢٢٦ ١+
ایمیل : info@kidsocado.com
وبسایت انتشارات:https://kidsocadopublishinghouse.com
وبسایت فروشگاه:https://kphclub.com

حدیث نیک و بد ما نوشته خواهد شد

زمانه را سند و دفتری و دیوانی ست

مقدمه

رخشنده اعتصامی، متخلص به «پروین»، یکی از بزرگ‌ترین زنان شاعر ایران در سال ۱۲۸۵ خورشیدی در شهر تبریز به دنیا آمد. او از خانواده‌ای اهل فرهنگ و ادب بود و پدرش، میرزا یوسف اعتصامی آشتیانی، از نویسندگان و مترجمان معروف اواخر دوره قاجار به حساب می‌آمد. پروین از کودکی، نزد پدرش به فراگیری زبان‌های مختلف پرداخت و شاعری را زیرنظر استادانی چون علی‌اکبر دهخدا و محمدتقی بهار آموخت. او در سال‌های جوانی، با یکی از خویشان ازدواج کرد؛ اما این پیوند، چندان دوام نیافت و چند ماه بعد، با جدایی پایان یافت. سرانجام، پروین در ۳۵ سالگی، بر اثر بیماری حصبه درگذشت و پیکرش در قم به خاک سپرده شد.

آموختن شعر و شاعری از استادان برجسته‌ای چون دهخدا و ملک‌الشعرا بهار، ذوق و قریحه پروین را در ادبیات، بسیار ورزیده و ماهر کرد. همچنین، این‌گونه گرایش او به اشعار سنتی ایران، در دوره‌ای که همه در جستجوی نوآوری بودند، افزایش یافت. ازاین‌رو اشعار پروین اعتصامی، دربردارنده ویژگی‌های شعر کلاسیک فارسی هستند. اشعار او، مدت‌ها در مجله بهار و سایر کتاب‌ها به صورت پراکنده منتشر می‌شدند تا اینکه نخستین چاپ از دیوان او، با مقدمه ملک‌الشعرای بهار به چاپ رسید. آنچه که بیش از هرچیز در نگاه به دیوان پروین، جلوه‌گر است؛ توجه او به مناظره‌های ادبی و همچنین بیان مشکلات و مصائب طبقه فرودست جامعه است.

اثر حاضر، با هدف گسترش ارتباط ایرانیان و فارسی‌زبانان سراسر دنیا با اشعار پروین اعتصامی آماده شده است. در این اثر، دیوان پروین اعتصامی، به شکلی ویراسته و درست فراهم شده و به حضور شما خواننده گرامی تقدیم می‌شود. چاپ‌های مختلفی از دیوان پروین اعتصامی توسط علاقه‌مندان زبان و ادبیات فارسی منتشر و روانه بازار شده است که هر یک در جایگاه خود، حائز اهمیت و قدر و ارزش هستند؛ اما از آنجا که بنای ما در این کتاب بر ارائهٔ یک اثر کم‌غلط و خواندنی برای عموم مردم بوده است، دست از نکته‌سنجی‌های موشکافانه کشیدیم و آن را به فرصتی دیگر وانهادیم؛ ازاین‌رو کتاب حاضر را با ویرایش مناسب فراهم کردیم. امیدواریم که این تلاش، بتواند جلوه‌گر فرهنگ عظیم ایران باشد.

شاد و سرخوش و خوشدل باشید

فهرست مطالب

قصائد

ای دل عبث مخور غم دنیا را	۱۹
کار مده نَفس تبه‌کار را	۲۲
رهاییت باید، رها کن جهان را	۲۳
یکی پرسید از سقراط کز مردن چه خواندستی؟	۲۴
ای کَنده سیل فتنه ز بنیادت	۲۶
ای دل، فلک سفله کج‌مدار است	۲۷
آهوی روزگار نه آهوست، اژدر است	۳۰
ای عجب! این راه نه راه خداست	۳۰
گویند عارفان هنر و علم کیمیاست	۳۳
شالودهٔ کاخ جهان بر آب است	۳۶
آن‌کس که چو سیمرغ بی‌نشان است	۳۷
اگرچه در ره هستی هزار دشواری‌ست	۴۰
عاقل از کار، بزرگی طلبید	۴۲
ای دل، بقا دوام و بقایی چنان نداشت	۴۳
دل اگر توشه و توانی داشت	۴۵

فلک، ای دوست! ز بس بی‌حد و بی‌مر گردد	47
سوخت اوراق دل از اخگر پنداری چند	49
سر و عقل گر خدمت جان کنند	51
ای دوست! دزد، حاجب و دربان نمی‌شود	52
دانی که را سزد صفت پاکی؟	53
هفته‌ها کردیم ماه و سال‌ها کردیم پار	54
کارها بود در این کارگه اخضر	55
ای سیه‌مار جهان را شده افسونگر	57
ای شده شیفتهٔ گیتی و دورانش	60
ای بی‌خبر ز منزل و پیشاهنگ	64
در خانه شحنه خفته و دزدان به کوی و بام	65
نخواست هیچ خردمند وام از ایّام	66
نفس گفته‌ست بسی ژاژ و بسی مبهم	68
تا به بازار جهان سوداگریم	70
بدمنشان‌اند زیر گنبد گردان	71
حاصل عمر تو افسوس شد و حرمان	73
دزد تو شد این زمانهٔ ریمن	76
پردهٔ کس نشد این پردهٔ میناگون	79
گرت ای دوست بود دیدهٔ روشن‌بین	80
تو بلندآوازه بودی، ای روان	81

گردون نرهد ز تندرفتاری ۸۲
سود خود را چه شماری که زیان‌کاری؟.............................. ۸۳
ای شده سوختهٔ آتش نفسانی ۸۴
اگر روی طلب زآیینهٔ معنی نگردانی.................................. ۸۷
بسوز اندرین تیه، ای دل نهانی ۹۰
همی با عقل در چون و چرایی ۹۳

مثنویات، تمثیلات و مقطعات

به لاله نرگس مخمور گفت وقت سحر ۹۵
ای خوشا مستانه سر در پای دلبر داشتن ۹۶
ای خوشا سودای دل از دیده پنهان داشتن............................ ۹۶
ای خوش از تن کوچ کردن، خانه در جان داشتن ۹۷
ای خوشا خاطر ز نور علم مشحون داشتن............................. ۹۷
ای خوش اندر گنج دل زرّ معانی داشتن............................... ۹۸
کبوتربچّه‌ای با شوق پرواز.. ۹۸
جهان‌دیده کشاورزی به دشتی ۱۰۰
شنیده‌اید که آسایش بزرگان چیست ۱۰۱
از ساحت پاک آشیانی.. ۱۰۲
وقت سحر، به آینه‌ای گفت شانه‌ای ۱۰۴
بارید ابر بر گل پژمرده‌ای و گفت....................................... ۱۰۵
مرغی نهاد روی به باغی ز خرمنی....................................... ۱۰۵

۱۰

بی‌روی دوست، دوش شب ما سحر نداشت	۱۰۶
روزی گذشت پادشهی از گذرگهی	۱۰۷
بلبل آهسته به گل گفت شبی	۱۰۷
به نومیدی، سحرگه گفت امّید	۱۰۸
با دوکِ خویش، پیرزنی گفت وقتِ کار	۱۱۰
تا به کی جان کندن اندر آفتاب ای رنجبر؟	۱۱۱
ای گربه، تو را چه شد که ناگاه	۱۱۲
ای مرغک خرد، ز آشیانه	۱۱۳
عالِمی طعنه زد به نادانی	۱۱۵
عدسی وقت پختن، از ماشی	۱۱۷
بادی وزید و لانهٔ خردی خراب کرد	۱۱۸
بلبلی از جلوهٔ گل بی‌قرار	۱۱۸
به ماه دی، گلستان گفت با برف	۱۲۲
شنیدستم که وقت برگ‌ریزان	۱۲۴
بنفشه صبحدم افسرد و باغبان گفتش	۱۲۶
خمید نرگس پژمرده‌ای ز اَنده و شرم	۱۲۷
بزرگی داد یک درهم گدا را	۱۲۸
به غاری تیره، درویشی دمی خفت	۱۲۹
به سر خاک پدر، دخترکی	۱۳۱
دید موری در رهی پیلی سترگ	۱۳۱

گفت دیوار قصر پادشهی	۱۳۴
به آب روان گفت گل کز تو خواهم	۱۳۵
ز سری، موی سپیدی رویید	۱۳۶
به دامان گلستانی شبانگاه	۱۳۷
نهال تازه‌رسی گفت با درختی خشک	۱۳۹
لاله‌ای با نرگس پژمرده گفت	۱۴۱
گفت تیری با کمان، روز نبرد	۱۴۴
دختری خرد، شکایت سر کرد	۱۴۵
گفت ماهی‌خوار با ماهی ز دور	۱۴۷
به درویشی، بزرگی جامه‌ای داد	۱۴۸
کودکی در بر، قبایی سرخ داشت	۱۵۰
نهان شد از گل زردی، گلی سپید که ما	۱۵۱
کاهلی در گوشه‌ای افتاد سست	۱۵۲
کسی که بر سر نرد جهان قمار نکرد	۱۵۶
گنجشک خُرد گفت سحر با کبوتری	۱۵۷
بلبلی شیفته می‌گفت به گل	۱۵۸
به طعنه پیش سگی گفت گربه کای مسکین	۱۵۹
بر سر راهی، گدایی تیره‌روز	۱۶۰
مرغی به باغ رفت و یکی میوه کند و خورد	۱۶۲

آن قصّه شنیدید که در باغ، یکی روز	۱۶۳
به الماس می‌زد چکش، زرگری	۱۶۴
برد دزدی را سوی قاضی عسس	۱۶۷
این‌چنین خواندم که روزی روبهی	۱۶۹
قاضی کشمر ز محضر، شامگاه	۱۷۱
بلبلی گفت به کُنج قفسی	۱۷۵
در آبگیر، سحرگاه بط به ماهی گفت	۱۷۶
شبی به مردمک چشم، طعنه زد مژگان	۱۷۷
شکایت کرد روزی دیده با دل	۱۷۸
گفت با زنجیر، در زندان شبی دیوانه‌ای	۱۸۰
شنیده‌اید که روزی به چشمهٔ خورشید	۱۸۱
در آن ساعت که چشم روز می‌خفت	۱۸۲
ای که عمری‌ست راه پیمایی	۱۸۴
گفت سوزن با رفوگر وقت شام	۱۸۵
خلید خارِ درشتی به پای طفلی خرد	۱۸۷
ز قلعه، ماکیانی شد به دیوار	۱۸۷
تو چو زرّی، ای روان تابناک	۱۸۹
به شِکوه گفت جوانی فقیر با پیری	۱۹۱
سخن گفت با خویش، دَلوی به نخوت	۱۹۲
آن نشنیدید که در شیروان	۱۹۳

زن در ایران، پیش از این گویی که ایرانی نبود	۱۹۵
کبوتری، سحر اندر هوای پروازی	۱۹۷
نهفتن به عمری غم آشکاری	۱۹۸
به صحرا سرود این‌چنین خارکن	۲۰۱
نهان کرد دیوانه در جیب، سنگی	۲۰۳
به راهی در، سلیمان دید موری	۲۰۳
اشک، طرفِ دیده را گردید و رفت	۲۰۵
به کنج مطبخ تاریک، تابه گفت به دیگ	۲۰۶
شاهدی گفت به شمعی کامشب	۲۰۷
شباهنگام، کاین فیروزه گلشن	۲۰۸
چو رنگ از رخ روز پرواز کرد	۲۱۰
نیک‌نامی نباشد، از رهِ عُجب	۲۱۲
با بنفشه، لاله گفت ای بی‌خبر	۲۱۳
به زندان تاریک، در بند سخت	۲۱۵
نارونی بود به هندوستان	۲۱۷
بزرگری پند به فرزند داد	۲۱۸
غنچه‌ای گفت به پژمرده گلی	۲۲۱
شنیدم بود در دامان راغی	۲۲۲
کودکی کوزه‌ای شکست و گریست	۲۲۵

تاجری در کشور هندوستان	۲۲۷
عاقلی دیوانه‌ای را داد پند	۲۲۹
به بامِ قلعه‌ای، بازِ شکاری	۲۳۲
در آن سرای که زن نیست، اُنس و شفقت نیست	۲۳۷
فتاد طائری از لانه و ز درد تپید	۲۳۹
ز حیله بر در موشی نشست گربه و گفت	۲۴۰
نخودی گفت لوبیایی را	۲۴۱
کرد آسیا ز آب، سحرگاه بازخواست	۲۴۲
سرو خندید سحر بر گل سرخ	۲۴۳
دی کودکی به دامن مادر گریست زار	۲۴۴
گربهٔ پیری ز شکار اوفتاد	۲۴۵
به کرم پیله شنیدم که طعنه زد حلزون	۲۴۷
گفت با صیدِ قفس، مرغ چمن	۲۴۸
نخوانده فرق سر از پای، عزم کو کردیم	۲۴۹
یکی گوهرفروشی، ثروت‌اندوز	۲۵۰
گه احرام، روز عید قربان	۲۵۱
موشکی را به مهر، مادر گفت	۲۵۴
شمع بگریست گه سوز و گداز	۲۵۶
دی، مرغکی به مادر خود گفت تا به چند	۲۵۷

به چشم عُجب، سوی کاه کرد کوه نگاه	۲۵۸
به خویش، هیمه گه سوختن به زاری گفت	۲۵۹
کاشکی وقت را شتاب نبود	۲۶۱
پیام داد سگ گله را، شبی گرگی	۲۶۲
شنیدستم یکی چوپان نادان	۲۶۳
پیرمردی مفلس و برگشته‌بخت	۲۶۵
باغبانی قطره‌ای بر برگ گل	۲۶۸
به گربه گفت ز راه عتاب، شیر ژیان	۲۶۹
بلبلی گفت سحر با گل سرخ	۲۷۱
صبحدم، صاحب‌دلی در گلشنی	۲۷۳
نهفت چهره گلی زیر برگ و بلبل گفت	۲۷۴
به طرف گلشنی، در نوبهاری	۲۷۵
گل سرخ، روزی ز گرما فسرد	۲۷۷
در باغ، وقت صبح چنین گفت گل به خار	۲۸۰
صبحدم، تازه‌گلی خودبین گفت	۲۸۲
گلی، خندید در باغی سحرگاه	۲۸۳
گفت گرگی با سگی، دور از رمه	۲۸۵
نهاد کودک خردی به سر، ز گل تاجی	۲۸۶
دزد عیّاری، به فکر دستبرد	۲۸۷

آن نشنیدید که یک قطره اشک	۲۹۲
شنیدستم که اندر معدنی تنگ	۲۹۳
مادر موسی، چو موسی را به نیل	۲۹۶
با مرغکان خویش، چنین گفت ماکیان	۲۹۹
یکی مرغ زیرک، ز کوتاه بامی	۳۰۰
محتسب، مستی به ره دید و گریبانش گرفت	۳۰۱
دید موری طاسک لغزنده‌ای	۳۰۲
شنیده‌اید میان دو قطره خون چه گذشت؟	۳۰۵
با مور گفت مار، سحرگه به مَرغزار	۳۰۶
قاضی بغداد شد بیمار سخت	۳۰۸
نوگلی روزی ز شورستان دمید	۳۱۰
جوانی چنین گفت روزی به پیری	۳۱۲
بزرگمهر به نوشین‌روان نوشت که خلق	۳۱۲
به سوزنی ز ره شکوه گفت پیرهنی	۳۱۴
از درد پای، پیرزنی ناله کرد زار	۳۱۵
شب شد و پیرِ رفوگر ناله کرد	۳۱۶
صبح آمد و مرغ صبحگاهی	۳۱۸
هرکه با پاک‌دلان، صبح و مَسایی دارد	۳۲۰
سیر یک روز طعنه زد به پیاز	۳۲۱

همای دید سوی ماکیان به قلعه و گفت	۳۲۲
جُعَل پیر گفت با اَنگِشت	۳۲۳
سپیده‌دم، نسیمی روح‌پرور	۳۲۴
ای نهال آرزو، خوش زی که بار آورده‌ای	۳۲۴
ای دل اوّل قدم نیک‌دلان	۳۲۵
گفت با خاک، صبحگاهی باد	۳۲۶
آب نالید، وقت جوشیدن	۳۲۷
ای جسم سیاه مومیایی	۳۲۹
ای گل، تو ز جمعیّت گلزار، چه دیدی؟	۳۳۲
پدر، آن تیشه که بر خاک تو زد دست اجل	۳۳۴
اینکه خاک سیه‌اَش بالین است	۳۳۵

قصائد

۱

ای دل عبث مخور غم دنیا را / فکرت مکن نیامده فردا را
کُنج قفس چو نیک بیندیشی / چون گلشن است مرغ شکیبا را
بشکاف خاک را و ببین آن‌گه / بی‌مهری زمانهٔ رسوا را
این دشت، خوابگاه شهیدانست / فرصت شمار وقتِ تماشا را
از عمر رفته نیز شُماری کن / مشمار جَدی و عقرب و جوزا را
دور است کاروان سحر زینجا / شمعی بباید این شب یلدا را
در پرده صد هزار سیه‌کاری‌ست / این تُند سِیر گنبد خضرا را
پیوند او مجوی که گم کرده‌ست / نوشیروان و هرمز و دارا را
این جویبار خُرد که می‌بینی / از جای کنده صخرهٔ صَمّا را
آرامشی ببخش، توانی گر / این دردمندخاطرِ شِیدا را
افسون فَسای افعی شهوت را / افسار بند مرکب سُودا را
پیوند بایدت زدن ای عارف / در باغ دهر حَنظَل و خرما را
زآتش به غیر آب فرونَنشاند / سوز و گداز و تندی و گرما را
پنهان هَرگز می‌نتوان کردن / از چشم عقل قصّهٔ پیدا را

دیدارِ تیره‌روزیِ نابینا عبرت بس است مردم بینا را
ای دوست! تا که دسترسی داری حاجت بر آر اهل تمنّا را
زیراک جستن دل مسکینان شایان‌سعادتی‌ست توانا را
از بس بخفتی، این تنِ آلوده آلود این روان مصفّا را
از رفعت از چه با تو سخن گویند نشناختی تو پستی و بالا را
مریم بسی بنام بوَد، لکن رُتبَت یکی‌ست مریم عَذرا را
بشناس ای که راه‌نَوَردَستی پیش از رَوِش، درازی و پهنا را
خودرای می‌نباش که خودرایی راند از بهشت، آدم و حوّا را
پاکی گُزین که راستی و پاکی بر چرخ بر فَراشت مسیحا را
آن کس ببُرد سود که بی‌اندُه آماج گشت فتنهٔ دریا را
اوّل به دیده روشنی‌ای آموز زان پس بپوی این ره ظُلما را
پروانه پیش از آنکه بسوزندش خَرمن بسوخت، وحشت و پروا را
شیرینی آن که خورد فزون از حد مستوجب است تلخی صفرا را
ای باغبان، سپاه خزان آمد بس دیر کِشتی این گل رعنا را
بیمار مُرد بس که طبیب او بی‌گاه کار بست مداوا را
علم است میوه، شاخهٔ هستی را فضل است پایه، مقصد والا را
نیکو نکوست، غازه و گلگونه نبوَد ضرور چهرهٔ زیبا را
عاقل به وعدهٔ برهٔ بریان ندهد ز دست نُزل مُهَنّا را
ای نیک، با بدان منشین هرگز خوش نیست وصله جامهٔ دیبا را

گردی چو پاکباز، فلک بندد — بر گردن تو عِقد ثریّا را
صیّاد را بگوی که پر مشکن — این صیدِ تیره‌روزِ بی‌آوا را
ای آن که راستی به من آموزی — خود در رهِ کج از چه نهی پا را
خون یتیم درکشی و خواهی — باغ بهشت و سایهٔ طوبی را
نیکی چه کرده‌ایم که تا روزی — نیکو دهند مُزد عمل، ما را
انباز ساختیم و شریکی چند — پروردگار صانعِ یکتا را
برداشتیم مهرهٔ رنگین را — بگذاشتیم لؤلؤِ لالا را
آموزگار خلق شدیم امّا — نشناختیم خود، الف و با را
بت ساختیم در دل و خندیدیم — بر کیش بد، برهمن و بودا را
ای آن که عزمِ جنگِ یَلان داری — اول بسَنج قوّت اعضا را
از خاک تیره لاله بُرون کردن — دشوار نیست ابرِ گُهرزا را
ساحر، فسون و شُعبده انگارد — نور تجلّی و یدِ بیضا را
در دام روزگار ز یکدیگر — نتوان شناخت پشّه و عنقا را
در یک ترازو از چه ره اندازد — گوهرشناس، گوهر و مینا را
هیزم هزار سال اگر سوزد — ندهد شمیمِ عودِ مُطَرّا را
بر بوریا و دلق، کس ای مسکین — نفروخته‌ست اطلس و خارا را
ظلم است در یکی قفس افکندن — مردارخوار و مرغ شِکَرخا را
خون سر و شرار دل فرهاد — سوزد هنوز لالهٔ حَمرا را
پروین، به روز حادثه و سختی — در کار بند صبر و مدارا را

۲

کار مده نَفس تبه‌کار را / در صف گل، جا مده این خار را
کِشته نکودار که موش هوی / خورده بسی خوشه و خروار را
چرخ و زمین بندهٔ تدبیر توست / بنده مشو درهم و دینار را
همسر پرهیز نگردد طمع / با هنر انباز مکن عار را
ای که شدی تاجر بازار وقت / بنگر و بشناس خریدار را
چرخ بدانست که کار تو چیست / دید چو در دست تو افزار را
بارِ وبال است، تنِ بی‌تمیز / روح چرا می‌کشد این بار را
کم دهدت گیتیِ بسیاردان / بِه که بسنجی کم و بسیار را
تا نزنند راهروی را به پای / به که بکوبند سر مار را
خیره نوشت، آنچه نوشت اهرمن / پاره کن این دفتر و طومار را
هیچ خردمند نپرسد ز مست / مصلحت مردم هشیار را
روح گرفتار و به فکر فرار / فکر همین است گرفتار را
آینهٔ توست دل تابناک / بِستُر از این آینه زنگار را
دزد بر این خانه از آن رو گذشت / تا بشناسد در و دیوار را
چرخ یکی دفتر کردارهاست / پیشه مکن بیهده کردار را
دست هنر چید، نه دست هوس / میوهٔ این شاخ نگون‌سار را
رو گهری جوی که وقت فروش / خیره کند مردم بازار را
در همه‌جا راه تو هموار نیست / مست مپوی این رهِ هموار را

۳

رهایت باید، رها کن جهان را
نگه دار ز آلودگی پاک‌جان را

به سر بر شو این گنبد آبگون را
به هم بشکن این طبل خالی‌میان را

گذشتنگه است این سرای سِپَنجی
بُرو بازجو دولت جاودان را

ز هر باد، چون گَرد منما بلندی
که پست است همّت، بلند آسمان را

به رود اندرون، خانه عاقل نسازد
که ویران کند سیل آن خانمان را

چه آسان به دامت درافکند گیتی
چه ارزان گرفت از تو عمر گران را

تو را پاسبان است چشمِ تو و من
همی خفته می‌بینم این پاسبان را

سمند تو زی پرتگاه از چه پوید؟
ببین تا به دست که دادی عِنان را

رَه و رسم بازارگانی چه دانی؟
تو کز سود نشناختَستی زیان را

یکی کَشتی از دانش و عزم باید
چنین بحر پُروحشت بی‌کران را

زمینت چو اَژدر به ناگه ببلعد
تو باری غنیمت شمار این زمان را

فروغی ده این دیدهٔ کم‌ضیا را
توانا کن این خاطر ناتوان را

تو ای سالیان خفته، بگشای چشمی
تو ای گمشده، بازجو کاروان را

مفرسای با تیره‌رایی درون را
میالای با ژاژخایی دهان را

زِ خوان جهان هرکه را یک نواله
بدادند و آن‌گه ربودند خوان را

به بستان جان تا گُلی هست، پروین
تو خود باغبانی کن این بوستان را

۴

یکی پرسید از سقراط کز مردن چه خواندستی؟ بگفت ای بی خبر، مرگ از چه نامی زندگانی را
اگر زین خاکدان پست روزی بَر پَری، بینی که گردون‌ها و گیتی‌هاست ملک آن جهانی را
چراغ روشن جان را مکن در حِصنِ تن پنهان مپیچ اندر میان خرقه، این یاقوت کانی را
مَخُسب آسوده ای بُرنا! که اندر نوبت پیری به حسرت یاد خواهی کرد ایّام جوانی را
به چشم معرفت در راه بین آن‌گاه سالک شو که خواب آلوده نتوان یافت عمر جاودانی را
ز بس مدهوش افتادی تو در ویرانهٔ گیتی به حیلت دیو بُرد این گنج‌های رایگانی را
دلت هرگز نمی‌گشت این چنین آلوده و تیره اگر چشم تو می‌دانست شرط پاسبانی را
متاع راستی پیش آر و کالای نکوکاری من از هر کار بهتر دیدم این بازارگانی را
بهل صبّاغ گیتی را که در یک خُم زَنَد آخر سپید و زرد و مِشکین و کبود و ارغوانی را
حقیقت را نخواهی دید جز با دیدهٔ معنی نخواهی یافتن در دفتر دیو این معانی را
بزرگانی که بر شالودهٔ جان ساختند ایوان خریداری نکردند این سرای استخوانی را
اگر صد قرن شاگردی کنی در مکتب گیتی نیاموزی از این بی‌مِهر درس مهربانی را
به مهمانخانهٔ آز و هوی جز لاشه چیزی نیست برای لاشخواران واگذار این میهمانی را
بسی پوسیده و ارزان، گران بفروخت اهریمن دلیل بهتری نتوان شمردن هر گرانی را
ز شیطان بدگمان بودن نوید نیک‌فرجامی ست چو خون در هر رگی باید دواند این بدگمانی را
نهفته نفس سوی مخزن هستی رهی دارد نهانی شحنه‌ای می‌باید این دزدِ نهانی را
چو دیوان هر نشان و نام می‌پرسند و می‌جویند همان بهتر که بگزینیم، بی‌نام و نشانی را
تمام کارهای ما نمی‌بودند بیهوده اگر در کار می‌بستیم روزی کاردانی را
هزاران دانه افشاندیم و یک گل زآن میان نشکفت به شورستان تبه کردیم رنج باغبانی را
بگرداندیم روی از نور و بنشستیم با ظلمت رها کردیم باقی را و بگرفتیم فانی را

شبانِ آز را با گلّهٔ پرهیز اُنسی نیست / به‌گرگی ناگهان خواهد بدل کردن شبانی را
همه بادِ بُروت است اندرین طبع نکوهیده / به سیلی سرخ کردستیم روی زعفرانی را
به جای پردهٔ تقوی که عیب جان بپوشاند / ز جسم آویختیم این پرده‌های پرنیانی را
چراغ آسمانی بود عقل اندر سَر خاکی / ز باد عُجب کشتیم این چراغ آسمانی را
بیفشاندیم جان! اما به قربان‌گاه خودبینی / چه حاصل بود جز ننگ و فساد این جان‌فشانی را؟
چرا بایست در هر پرتگه مرکب دوانیدن؟ / چه فرجامی ست غیر از اوفتادن، بدعنانی را؟
شراب گمرهی را می‌شکستیم اَر خُم و ساغر / به پایان می‌رساندیم این خُمار و سرگرانی را
نشان پای روباه است اندر قلعهٔ امکان / بپر چون طائر دولت، رها کن ماکیانی را
تو گَه سرگشتهٔ جهلی و گَه گم‌گشتهٔ غفلت / سر و سامان که خواهد داد این بی‌خانمانی را؟
ز تیغ حرص، جان هر لحظه‌ای صد بار می‌میرد / تو علّت گشته‌ای این مرگ‌های ناگهانی را
رحیلِ کاروانِ وقت می‌بینند بیداران / برای خفتگان می‌زن دَرای کاروانی را
در آن دیوان که حق حاکم شد و دست و زبان شاهد / نخواهد بود بازار و بها چیره‌زبانی را
نباید تاخت بر بیچارگان روز توانایی / به خاطر داشت باید روزگار ناتوانی را
تو نیز از قصّه‌های روزگار باستان گردی / بخوان از بهر عبرت قصّه‌های باستانی را
پرند عمر یک ابریشم و صد ریسمان دارد / زِ اندُه تار باید کرد، پودِ شادمانی را
یکی زین سفره نان خشک بُرد، آن دیگری حلوا / قضا گویی نمی‌دانست رسم میزبانی را
معایب را نمی‌شویی، مکارم را نمی‌جویی / فضیلت می‌شماری سرخوشی و کامرانی را
مکن روشن روان را خیره انباز سیه‌رایی / که نسبت نیست با تیره‌دلی، روشن‌روانی را
درافتادی چو با شمشیر نفس و درنیفتادی / به میدان‌ها توانی کار بست این پهلوانی را

ببباید کاشتن در باغ جان از هر گلی، پروین
بر این گلزار راهی نیست باد مهرگانی را

۵

ای کَنده سیل فتنه ز بنیادت	وی داده باد حادثه بر بادت
در دام روزگار چرا چونان	شد پایبند، خاطرِ آزادت؟
تنها نه خفتن است و تن‌آسانی	مقصود ز آفرینش و ایجادت
نفس تو گ مره است و همی‌ترسم	گمره شوی، چو او کند ارشادت
دل خسرو تن است، چو ویران شد	ویرانه‌ای چِسان کند آبادت؟
غافل به زیر گنبد فیروزه	بگذشت سال عمر ز هفتادت
بس روزگار رفت به پیروزی	با تیرماه و بهمن و خردادت
هر هفته و مهی که به پیش آمد	بر پیشباز مرگ فرستادت
داری سفر به پیش و همی‌بینم	بی‌رهنما و راحله و زادت
کرد آرزو پرستی و خودبینی	بیگانه از خدای، چو شدّادت
تا از جهان سفله نه‌ای فارغ	هرگز نخواند اهل خِرد رادت
این کوردل عجوزهٔ بی‌شفقت	چون طعمه بهر گرگ اجل زادت
روزیت دوست گشت و شبی دشمن	گاهی نژند کرد و گهی شادت
ای بس رهِ امید که بربستت	ای بس درِ فریب که بگشادت
هستی تو چون کبوترکی مسکین	بازی چنین قوی شده صیّادت
پروین، نهفته دیوی‌ات آموزد	دیو زمانه، گر شود استادت

۶

ای دل، فلک سفله کج‌مدار است
صد بیم خزانش به هر بهار است

باغی که در آن آشیانه کردی
منزلگه صیّاد جان‌شکار است

از بدسریِ روزگارِ بی‌باک
غمگین مشو ای دوست! روزگار است

یغماگر افلاک، سخت‌بازوست
دُردی‌کش ایّام، هوشیار است

افسانهٔ نوشیروان و دارا
ورد سحرِ قُمری و هَزار است

ز ایوان مدائن هنوز پیدا
بس قصّهٔ پنهان و آشکار است

اورنگ شهی بین که پاسبانش
زاغ و زغن و گور و سوسمار است

بیغولهٔ غولان چرا بدین‌سان
آن کاخِ همایونِ زرنگار است

از نالهٔ نی قصّه‌ای فرا گیر
بس نکته در آن ناله‌های زار است

در موسم گل، ابر نوبهاری
بر سرو و گل و لاله اشکبار است

آورده ز فصل بهار پیغام
این سبزه که بر طرف جویبار است

در رهگذر سیل، خانه کردن
بیرون شدن از خط اعتبار است

تعویذ بجوی از درستکاری
اهریمن ایّام نابکار است

آشفته و مستیم و بر گذرگاه
سنگ و چَه و دریا و کوهسار است

دل گرسنه مانده‌ست و روح ناهار
تن را غمِ تدبیرِ احتکار است

آن شحنه که کالا ربود، دزد است
آن نور که کاشانه سوخت، نار است

خوش آن که ز حِصن جهان برون است
شاد آن که به چشم زمانه خوار است

از قلّهٔ این بیمناک کُهسار
خونابه روان همچو آبشار است

بار جسد از دوش جان فرو نِه | آزاده روانِ تو زیر بار است
این گوهر یکتای عالمافروز | در خاک بدین‌گونه خاکسار است
فردا ز تو ناید توان امروز | رو کار کن اکنون که وقت کار است
همّت، گهر وقت را ترازوست | طاعت، شتر نفس را مهار است
در دوکِ امل ریسمان نگردد | آن پنبه که همسایهٔ شرار است
کالا مبر ای سودگر به همراه | کاین راه نه ایمن، ز گیرودار است
ای روح سبک، بر سپهر برپر | کاین جسم گران عاقبت غبار است
بس کن به فراز و نشیب جستن | این رسم و رهِ اسب بی‌فسار است
طوطی نکند میل سوی مُردار | این عادت مرغان لاشخوار است
هرچند که ماهر بوَد فسونگر | فرجام، هلاکش ز نیش مار است
عمر گذران را تبه مگردان | بعد از تو مه و هفته بی‌شمار است
زندانیِ وقتِ عزیز، ای دل | همواره در اندیشهٔ فرار است
از جهل مسوزش به روز روشن | ای بی‌خبر، این شمع شام تار است
کفتار گرسنه چه می‌شناسد | کآهو بَرِه پروار یا نزار است
بیهوده مکوش ای طبیب، دیگر | بیمار تو در حال احتضار است
باید که چراغی به دست گیرد | در نیمه‌شب آن‌کس که رهگذار است
امسال چنان کن که سود یابی | اندوهت اگر از زیانِ پار است
آسایشِ صد سال زندگانی | خشنودیِ روزی سه و چهار است
بار و بنهٔ مردمی هنر شد | بار تو گهی عیب و گاه عار است

اندیشه کن از فقر و تنگ‌دستی   ای آن که فقیریت در جوار است

گلچین مشو ای دوست کاندرین باغ   یک غنچه جلیس هزار خار است

بیچاره درأُفتد، زبون دهد جان   صیدی که در این دامگه دچار است

بیش از همه با خویشتن کُنَد بد   آن‌کس که بدِ خلق خواستار است

ای راهنوردِ رهِ حقیقت   هشدار که دیو رکابدار است

ای دوست! مجازاتِ مستیِ شب   هنگام سحر، سستی خُمار است

آن‌کس که از این چاهِ ژرفِ تیره   با سعی و عمل رَست، رستگار است

یک گوهر معنی ز کان حکمت   در گوش، چو فرخنده گوشوار است

هرجا که هنرمند رفت گو رو   گر کابل و گر چین و قندهار است

فضل است که سرمایهٔ بزرگی است   علم است که بنیاد افتخار است

کس را نرساند چرا به منزل   گر توسَنِ افلاک، راهوار است

یکدل نشود ای فقیه با کس   آنرا که دل و دیده صدهزار است

چون با دگران نیست سازگاریش   با تو مشو ایمن که سازگار است

از ساحل تن گر کناره گیری   سود تو درین بحرِ بی‌کنار است

از بنده جز آلودگی چه خیزد؟   پاکی، صفت آفریدگار است

از خون جگر، نافه پروراندن   تنها هنر آهوی تَتار است

ز ابلیس رهِ خود مپرس گرچه   در بادیهٔ کعبه رهسپار است

پیراهن یوسف چرا نیارند   یعقوب به کنعان در انتظار است

بیدار شو ای گوهری که اِنکشت   در جایگاهِ دُرّ شاهوار است

گفتار تو همواره از تو، پروین   در صفحهٔ ایّام یادگار است

۷

آهوی روزگار نه آهوست، اژدر است / آب هوی و حرص نه آبست، آذر است

زاغ سپهر، گوهر پاک بسی وجود / بنهفت زیر خاک و ندانست گوهر است

در مَهدِ نفس، چند نهی طفلِ روح را / این گاهواره رادکُش و سفله‌پرور است

هرکس ز آز، روی نهفت از بلا رهید / آن کاو فقیر کرد هوی را، توانگر است

در رزمگاه تیرهٔ آلودگانِ نفس / روشن‌دل آن‌که نیکی و پاکیش مِغفَر است

در نار جهل از چه فکندیش؟ این دل است / در پای دیو از چه نهادیش؟ این سر است

شمشیرهاست آخته زین نیلگون نیام / خونابه‌ها نهفته در این کهنه ساغر است

تا در رگ تو مانده یکی قطره خون به جای / در دست آز از پی فَصدِ تو نِشتَر است

همواره دیدو تیره نگشت، این چه دیده‌ای ست؟ / پیوسته کُشت و کُند نگشت، این چه خنجر است؟

دانی چه گفت نفس به گمراه تیه خویش؟ / زین راه بازگرد، گَرَت راه دیگر است

در دفتر ضمیر، چو ابلیس خط نوشت / آلوده گشت هرچه به طومار و دفتر است

مینافروش چرخ ز مینا هر آنچه ساخت / سوگند یاد کرد که یاقوتِ احمر است

از سنگ اهرمن نتوان داشت ایمنی
تا بر درختِ بارورِ زندگی بَر است

۸

ای عجب! این راه نه راه خداست / زآنکه در آن اهرمنی رهنماست

قافله بس رفت از این راه، لیک / کس نشد آگاه که مقصد کجاست

راهروانی که درین معبرند / فکرتشان یکسره آز و هواست

ای رمه، این درّه چراگاه نیست	ای بره، این گرگ بسی ناشتاست
تا تو ز بیغوله گذر می‌کنی	رهزن طرّار تو را در قفاست
دیده ببندی و درافتی به چاه	این گنه توست، نه حکم قضاست
لقمهٔ سالوس که را سیر کرد	چند بر این لقمه تو را اشتهاست
نفس، بسی وام گرفت و نداد	وام تو چون باز دهد؟ بینواست
خانهٔ جان هرچه توانی بساز	هرچه توان ساخت درین یک بناست
کعبهٔ دل مسکن شیطان مکن	پاک کن این خانه که جای خداست
پیرو دیوانه شدن ز ابلهی‌ست	موعظت دیو شنیدن خطاست
تا بُوَدت شمع حقیقت به دست	راه تو هرجا که روی روشناست
تا تو قفس سازی و شکّر خری	طوطیَکِ وقت ز دامت رهاست
حمله نیارد به تو ثُعبان دهر	تا چو کلیمی تو و دینت عصاست
ای گل نوزاد فسرده مباش	زآنکه تو را اوّل نشو و نماست
طائر جان را چه کنی لاشخوار؟	نزد کلاغش چه نشانی؟ هماست
کاهلی‌ات خسته و رنجور کرد	درد تو دردی‌ست که کارش دواست
چاره کن آزردگی آز را	تا که به دکّان عمل مومیاست
روی و ریا را مکن آیین خویش	هرچه فساد است ز روی و ریاست
شوخ، تن و جامه چه شویی همی؟	این دل آلوده به کارت گواست
پای تو همواره به راه کج است	دست تو هر شام و سحر بر دعاست
چشم تو بر دفتر تحقیق، لیک	گوش تو بر بیهده و ناسزاست

بـار خـود از دوش بـرافـکـنـده‌ای	پشت تـو از پشتهٔ شیطان دوتاست
نـان تـو گـه سـنگ بـوَد، گـاه خـاک	تـا بـه تـنـور تـو هـوی نـانـواسـت
ورطـه و سـیـلاب نـداری بـه پیش	تـا خِـرَدت کشتی و جـان ناخداسـت
قصـر دل‌افـروز روان مـحـکـم اسـت	کـلـبهٔ تـن را چـه ثـبـات و بـقـاسـت
جـان بـه تـو هرچند دهـد منعم است	تـن ز تـو هـرچـنـد سـتـانـد گـداسـت
روغـن قـنـدیـل تـو آب اسـت و بس	تـیـرگـی بـزم تـو بـیـش از ضیاسـت
مـنـزل غـولان ز چـه شـد مـنـزلـت؟	گـر ره تـو از ره ایـشـان جـداسـت
جـهـل بـلـنـدی نـپـسـنـدد، چَـه اسـت	عُـجـب سـلامـت نـپـذیـرد، بـلاسـت
آنـچـه کـه دوران نـخـرد یـکـدلی‌سـت	آنـچـه کـه ایّـام نـدارد وفـاسـت
دزد شـد ایـن شحنهٔ بی‌نـام و ننگ	دزد کـی از دزد کـنـد بـازخـواسـت؟
نـزد تـو چـون سـرد شـود؟ آتـش اسـت	از تـو چـرا درگـذرد؟ اژدهـاسـت
وقـت گـران‌مـایـه و عـمـر عـزیـز	طعمهٔ سـال و مه و صبح و مَساست
از چـه هـمـی کـاهـدمـان روز و شـب؟	گـر کـه نـه مـا گـنـدم و چـرخ آسیاسـت
گـر کـه یَمی هست، در آخـر نَمی‌ست	گـر کـه بـنـایی‌ست، در آخـر هَباست
مـا بـه ره آز و هـوی سـائـلـیـم	مـورچـه در خـانهٔ خـود پادشـاسـت
خـیـمـه زدسـتـیـم و گـه رفـتـن اسـت	غـرق شـدسـتـیـم و زمـان شـنـاسـت
گـلـبـن مـعـنـی نـتـوانـی نـشـانـد	تـا کـه دریـن بـاغـچـه خـار و گـیـاسـت
کـشـور جـان تـو چـو ویـرانـه‌ای‌سـت	مـلـک دلـت چـون ده بی‌روسـتـاسـت
شـعـر مـن آیـیـنـهٔ کـردار تـوسـت	نـایـد از آیـیـنـه بـه جـز حـرف راسـت

روشنی اندوز که دل را خوشی‌ست	معرفت آموز که جان را غذاست
پایهٔ قصر هنر و فضل را	عقل نداند ز کجا ابتداست
پردهٔ الوان هوی را بدر	تا به پس پرده ببینی چه‌هاست
به که به جوی و جر دانش چرد	آهوی جان است که اندر چراست
خیره ز هر پویه ز میدان مرو	با فلک پیر تو را کارهاست
اطلس نسّاج هوی و هوس	چون گه تحقیق رسد بوریاست
بیهده، پروین، درِ دانش مزن	با تو درین خانه چه کس آشناست؟

۹

گویند عارفان هنر و علم کیمیاست	وآن مس که گشت همسر این کیمیا طلاست
فرخنده طائری که بدین بال و پر پَرَد	همدوش مرغ دولت و هم‌عرصهٔ هماست
وقت گذشته را نتوانی خرید باز	مفروش خیره، کاین گهر پاک بی‌بهاست
گر زنده‌ای و مرده نه‌ای، کار جان گزین	تن‌پروری چه سود، چو جان تو ناشتاست
تو مردمی و دولت مردم فضیلت است	تنها وظیفهٔ تو همی نیست خواب و خاست
زان راه بازگرد که از رهروان تهی‌ست	زان آدمی بترس که با دیو آشناست
سالک نخواسته‌ست ز گمگشته، رهبری	عاقل نکرده است ز دیوانه بازخواست
چون معدن است علم و در آن روح، کارگر	پیوند علم و جان سخن کاه و کهرباست
خوش‌تر شوی به‌فضل ز لعلی که در زمی‌ست	برتر پری به علم ز مرغی که در هواست
گر لاغری تو، جرم شبان تو نیست هیچ	زیرا که وقت خواب تو در، موسم چراست

دانی ملخ چه گفت چو سرما و برف دید : «تاگرم جست و خیز شدم؛ نوبت شتاست»
جان را بلند دار که این است برتری پستی نه از زمین و بلندی نه از سماست
اندر سموم طیبت باد بهار نیست آن نکهت خوش از نفس خرّم صباست
آن را که دیبهٔ هنر و علم در بر است فرش سرای او چه غم ار زآنکه بوریاست
آزاده کس نگفت تو را، تا که خاطرت گاهی اسیر آز و گهی بستهٔ هواست
مزدور دیو و هیمه‌کش او شدیم از آن کاین سفله تن‌گرسنه و در فکرت غذاست
تو دیو بین که پیش‌رو راه آدمی‌ست تو آدمی نگر که چو دستیش رهنماست
بیگانه دزد را به کمین می‌توان گرفت نتوان رهید ز آفت دزدی که آشناست
بشناس فرق دوست ز دشمن به چشم عقل مفتون مشو که در پس هر چهره چهره‌هاست
جمشید ساخت جام جهان‌بین از آن سبب کاگه نبود از این که جهان جام خودنماست
زنگارهاست در دل آلودگان دهر هر پاک‌جامه را نتوان گفت پارساست
ای دل! غرور و حرص، زبونی و سفلگی‌ست ای دیده! راه دیو ز راه خدا جداست
گر فکر برتری کنی و بر پری به شوق بینی که در کجایی و اندر سرت چه‌هاست
جان شاخه‌ای‌ست، میوهٔ آن علم و فضل و رای در شاخه‌ای نگر که چه خوش‌رنگ میوه‌هاست
ای شاخ تازه‌رس که به گلشن دمیده‌ای آن گلبنی که گل ندهد کمتر از گیاست
اَعمی‌ست گر به دیدهٔ معنیش بنگری آن کاو خطا نمود و ندانست کان خطاست
زان گنج شایگان که به کنج قناعت است مور ضعیف گر چو سلیمان شود، رواست
دهقان تویی به مزرع ملک وجود خویش کار تو همچو غلّه و ایّام آسیاست
سر، بی‌چراغ عقل گرفتار تیرگی‌ست تن بی‌وجود روح، پراکنده چون هباست

همنیروی چنار نگشته‌ست شاخکی کز هر نسیم، بیدصفت قامتش دوتاست

گر پند تلخ می‌دهمت، ترش‌رو مباش تلخی به یاد آر که خاصیت دواست

در پیش پای بنگر و آن‌گه گذار پای در راه، چاه و چشم تو همواره در قفاست

چون روشنی رسد ز چراغی که مرده است؟ چون درد به شود ز طبیبی که مبتلاست؟

گندم نکاشتیم گه کِشت، زآن سبب ما را به جای آرد در انبار، لوبیاست

در آسمان علم، عمل برترین پر است در کشور وجود، هنر بهترین غناست

می‌جوی گرچه عزم تو زاندیشه برتر است می‌پوی گرچه راه تو در کام اژدهاست

در پیچ و تاب‌های رهِ عشق مقصدی‌ست در موج‌های بحر سعادت سفینه‌هاست

قصر رفیع معرفت و کاخ مردمی در خاکدان پست جهان، برترین بناست

عاقل کسی که رنجبر دشت آرزو است خرّم کسی که در دِهِ امّید، روستاست

بازارگان شدستی و کالات هیچ نیست در حیرتم که نام تو بازارگان چراست؟

با دانش است فخر، نه با ثروت و عِقار تنها هنر، تفاوت انسان و چارپاست

زآشوب‌های سیل و ز فریادهای موج نندیشد ای فقیه هر آن‌کس که ناخداست

دیوانگی‌ست قصهٔ تقدیر و بخت نیست از بام سرنگون شدن و گفتن این قضاست

آن سفله‌ای که مفتی و قاضی‌ست نام او تا پود و تار جامه‌اش از رشوه و رباست

گر درهمی دهند، بهشتی طمع کنند کو آن‌چنان عبادت و زهدی که بی‌ریاست

جان را هر آن که معرفت آموخت، مردم است دل را هر آن که نیک نگهداشت، پادشاست

۱۰

شالودهٔ کاخ جهان بر آب است
تا چشم به‌هم بر زنی خراب است

ایمن چه نشینی درین سفینه؟
کاین بحر همیشه در انقلاب است

افسونگر چرخ کبود هر شب
در فکرتِ افسون شیخ و شاب است

ای تشنه مرو، کاندرین بیابان
گر یک سر آب است، صد سراب است

سیمرغ که هرگز به دام ناید
در دام زمانه کم از ذباب است

چشمت به خط و خال دل‌فریب است
گوشت به نوای دف و رباب است

تو بی‌خود و ایّام در تکاپو است
تو خفته و ره پر ز پیچ‌وتاب است

آبی بکش از چاه زندگانی
همواره نه این دَلو را طناب است

بگذشت مه و سال، وین عجب نیست
این قافله عمری‌ست در شتاب است

!بیدار شو، ای بخت خفتهٔ چوپان
کاین بادیه راحتگه ذئاب است

برگرد از آن ره که دیو گوید
کای راه‌نورد، این ره صواب است

ز انوار حق از اهرمن چه پرسی؟
زیراک سؤال تو بی‌جواب است

با چرخ، تو با حیله کی برآیی؟
در پشّه کجا نیروی عقاب است

بر اسب فساد، از چه زین نهادی؟
پای تو چرا اندرین رکاب است؟

دولت نه به افزونی حُطام است
رفعت نه به نیکویی ثیاب است

جز نور خرد، رهنمای مپسند
خودکام مپندار کامیاب است

خواندن نتوانیش چون، چه حاصل؟
در خانه هزارت اگر کتاب است

هشدار که توش و توان پیری
سعی و عمل موسم شباب است

بیهوده چه لرزی ز هر نسیمی؟ ماننـد چراغی که بی‌حباب است
گر پای نهد بر تو پیل، دانی کز پای تو چون مور در عذاب است
بی‌شمع، شب این راه پرخطر را مسپر به امیدی که ماهتاب است
تا چند و کی این تیره جسم خاکی بر چهرهٔ خورشید جان سحاب است؟
در زمرهٔ پاکیزگان نباشی تا بر دلت آلودگی حجاب است
پروین، چه حصاد و چه کشتکاری آنجا که نه باران، نه آفتاب است؟

۱۱

آن‌کس که چو سیمرغ بی‌نشان است از رهزن ایّام در امان است
ایمن نشد از دزد جز سبک‌بار بر دوش تو این بار بس گران است
اسبی‌که تو را می‌برد به یک عمر بنگر که به دست که‌اش عنان است
مردمکشی دهر، بی‌سلاح است غارتگری چرخ، ناگهان است
خودکامی افلاک آشکار است از دیدهٔ ما خفتگان نهان است
افسانهٔ گیتی نگفته پیداست افسونگری‌اش روشن و عیان است
هر غار و شکافی به دامن کوه با عبرت اگر بنگری دهان است
بازیچهٔ این پرده، سحربازی‌ست بی‌باکی این دست، داستان است
دی جغد به ویرانه‌ای بخندید کاین قصر ز شاهان باستان است
تو از پی گوری دوان چو بهرام آگه نه که گور از پی‌اَت دوان است
شمشیر جهان کُند می‌نماند تا مستی و خواب تواَش فَسان است

بس قافله گم گشته است از آن روز | کاین گمشده، سالار کاروان است
بس آدمیان پای‌بند دیوند | بسیار سر اینجا بر آستان است
از پای درافتد به نیمهٔ راه | آن رفته که بی‌توشه و توان است
زین تیره‌تن، امید روشنی نیست | جان است چراغ وجود، جان است
شادابی شاخ و شکوفه در باغ | هنگام گل از سعی باغبان است
دل را ز چه رو شوره‌زار کردی؟ | خارش بکن ای دوست، بوستان است
خون خورده و رخسار کرده رنگین | این لعل که اندر حصار کان است
آری، سمن و لاله روید از خاک | تا ابر بهاری گهرفشان است
در کیسهٔ خود بین که تا چه داری | گیرم که فلان گنج از فلان است
ز اسرار حقیقت مپرس کاین راز | بالاتر از اندیشه و گمان است
این چشمهٔ کوچک به چشم فکرت | بحری‌ست که بی‌کُنه و بی‌کران است
اینجا نرسد کشتی‌ای به ساحل | گر زآنکه هزارانش بادبان است
بر پر که نگردد بلندپرواز | مرغی که درین پست خاکدان است
گرگ فلک آهوی وقت را خورد | در مطبخ ما مشتی استخوان است
اندیشه کن از باز، ای کبوتر | هرچند تو را عرصه آسمان است
جز گرد نکویی مگرد هرگز | نیکی‌ست که پاینده در جهان است
گر عمر گذاری به نیک‌نامی | آن‌گاه تو را عمر جاودان است
در ملک سلیمان چرا شب و روز | دیوَت به سر سفره میهمان است؟
پیوند کسی جوی کآشنایی‌ست | اندوه کسی خور که مهربان است

مگذار که میرد ز ناشتایی جان را هنر و علم همچو نان است
فضل است چراغی که دلفروز است علم است بهاری که بی‌خزان است
چوگان زن تا به دستت افتد این گوی سعادت که در میان است
چون چیره بدین چار دیو گردد آن کس که چنین بی‌دل و جبان است؟
گر پنبه شوی، آتشت زمین است ور مرغ شوی، روبَهَت زمان است
بس تیرزنان را نشانه کرده‌ست این تیر که در چلهٔ کمان است
در لقمهٔ هرکس نهفته سنگی بر خوان قضا آن که میزبان است
یکرنگیِ ناپایدارِ گردون کم‌عمرتر از صَرصَر و دُخان است
فرصت چو یکی قلعه‌ای‌ست سُتوار عقل تو بر این قلعه مرزبان است
کالا مَخر از اهرمن اَزیراک هرچند که ارزان بود، گران است
آن زنده که دانست و زندگی کرد در پیش خردمند، زنده آن است
آن کاو به ره راست می‌زند گام هرجا که بَرَد رخت، کامران است
بازیچهٔ طفلان خانه گردد آن مرغ که بی‌پر چو ماکیان است
آلوده کنی خاطر و ندانی کآلایش دل، پستی روان است
هیزمکش دیوان شدن زبونی‌ست روزی‌خور دونان شدن هَوان است
ننگ است به خواری طفیل بودن مانند مگس هر کجا که خوان است
این سیل که با کوه می‌ستیزد بیخ‌افکن بسیار خانمان است
بندیش ز دیوی که آدمی‌روست بگریز ز نقشی که دلستان است
در نیمهٔ شب، نالهٔ شباویز کی چون نفس مرغ صبح‌خوان است؟

از منقبت و علم، نیم ارزن ارزنده‌تر از گنج شایگان است
کردار تو را سعی رهنمون است گفتار تو را عقل ترجمان است
عطّار سپهرت زَریر بفروخت بگرفتی و گفتی که زعفران است
در قیمت جان از تو کار خواهند این گنج مپندار رایگان است
اطلس نتوان کرد ریسمان را این پنبه که رشتی تو، ریسمان است
ز اندام خود این تیرگی فروشوی در جوی تو این آب تا روان است
پژمان نشود ز آفتاب هرگز تا بر سر این غنچه سایبان است
برزیگری آموختی و کِشتی این دانه زمانی که مهرگان است
مسپار به تن کارهای جان را این بی‌هنر از دور پهلوان است
یاری نکند با تو خسرو عقل تا جهل به ملک تو حکمران است
مزروع تو، گر تلخ یا که شیرین هنگام درو، حاصلت همان است

هر نکته که دانی بگوی، پروین
تا نیروی گفتار در زبان است

۱۲

اگرچه در رهِ هستی هزار دشواری‌ست چو پَر کاه پریدن ز جا سبکساری‌ست
به پات رشته فکنده‌ست روزگار و هنوز نه آگهی تو که این رشتهٔ گرفتاری‌ست
به گرگ، مردمی آموزی و نمی‌دانی که گرگ را ز ازل پیشه مردم‌آزاری‌ست
بپرس راه ز علم، این نه جای گمراهی‌ست بخواه چاره ز عقل، این نه روز ناچاری‌ست
نهفته در پس این لاجوردگون خیمه هزار شعبده‌بازی، هزار عیّاری‌ست

سلامِ دزد مگیر و متاعِ دیو مخواه / چرا که دوستیِ دشمنان ز مکّاری‌ست
هر آن مریض که پند طبیب نپذیرد / سزاش تاب و تب روزگار بیماری‌ست
به چشم عقل ببین پرتو حقیقت را / مگوی نور تجلّی فسون و طرّاری‌ست
اگر که در دل شب خون نمی‌کند گردون / به وقت صبح چرا کوه و دشت گلناری‌ست
به گاهوار تو افعی نهفت دایهٔ دهر / مُبَرهَن است که بیزار ازین پرستاری‌ست
سپرده‌ای دل مفتون خود به معشوقی / که هرچه در دل او هست، از تو بیزاری‌ست
بدار دست زکِشتی که حاصلش تلخی‌ست / بپوش روی ز آیینه‌ای که زنگاری‌ست
به خیره بار گرانِ زمانه چند کشی؟ / تو را چه مزد به پاداش این گرانباری‌ست؟
فرشته زآن سبب از کید دیو بی‌خبر است / که اقتضای دل پاک، پاک‌انگاری‌ست
بلند شاخهٔ این بوستان روح‌افزای / اگر ز میوه تهی شد، ز پَست‌دیواری‌ست
چو هیچ‌گاه به کار نکو نمی‌گرویم / شگفت نیست گر آیین ما سیه‌کاری‌ست
برو که فکرت این سودگر معامله نیست / متاع او همه از بهر گرم‌بازاری‌ست
بخر ز دکهٔ عقل آنچه روح می‌طلبد / هزار سود نهان اندرین خریداری‌ست
زمانه‌گشت چو عطّار و خون هر سگ و خوک / فروخت بر همه و گفت مشک تاتاری‌ست
گلش مَبو که نه شغلیش غیر گلچینی‌ست / غمش مخور که نه کاریش غیر خون‌خواری‌ست
قضا چو قصد کند، صَعوه‌ای چو ثُعبانی‌ست / فلک چو تیغ کشد، زخم سوزنی، کاری‌ست
کدام شمع که ایمن ز باد صبحگهی‌ست؟ / کدام نقطه که بیرون ز خط پرگاری‌ست؟
عمارت تو شده‌ست این چنین خراب ولیک / به خانهٔ دگران پیشهٔ تو معماری‌ست
بدان صفت که تو هستی، دهند پاداشت / سزای کار در آخر همان سزاواری‌ست

بِهِل که عاقبت کار سرنگون کُنَدت		بلندی‌ای که سرانجام آن نگونساری‌ست
گریختن ز کَژی و رمیدن از پستی		نخست سنگ‌بنای بلندمقداری‌ست
ز روشنایی جان، شامها سحر گردد		روان‌پاک‌چو خورشید و تن‌شب‌تاری‌ست
چراغ دزد ز مخزن پدید شد، پروین		زمان‌خواب‌گذشته‌ست، وقت‌بیداری‌ست

۱۳

عاقل از کار، بزرگی طلبید		تکیه بر بیهده‌گفتار نداشت
آب نوشید چو نوشابه نیافت		دِرَم آورد چو دینار نداشت
بارِ تقدیر به آسانی برد		غمِ سنگینی این بار نداشت
با گران‌سنگی و پاکی خو کرد		همنشینانِ سَبکسار نداشت
دانه جز دانهٔ پرهیز نَکِشت		توشهٔ آز در انبار نداشت
اندرین محکمهٔ پُر شَر و شور		با کسی دَعوی پیکار نداشت
آن که با خوشه قناعت می‌کرد		چه غم ار خرمن و خروار نداشت
کارِ جان را به تن سِفله مَده		زآنکه یک کار سزاوار نداشت
جانْ، پرستاریِ تن کرد همی		چو خود افتاد، پرستار نداشت
چه عَجَب مُلکِ دل اَر ویران شد		همه دیدیم که معمار نداشت
زُهد و اِمساکِ تن از توبه نبود		کم از آن خورد که بسیار نداشت
کار خود را همه با دست تو کرد		نفس جز دست تو افزار نداشت
روح چون خانهٔ تن خالی کرد		دگر این خانه نگهدار نداشت

تن در این کارگه پهناور		سال‌ها ماند ولی کار نداشت
به هنرکوش که دیبای هنر		هیچ بافنده به بازار نداشت
هیچ دانی چه کسی گشت استاد؟		آن که شاگرد شد و عار نداشت
کارِگیتی همه ناهمواری‌ست		این گذرگه ره هموار نداشت
دیده گر دام قضا را می‌دید		هرگز این دام گرفتار نداشت
چشم ما خُفت و فَلک هیچ نخفت		خبر این خفته ز بیدار نداشت
گل اُمّید ز آهی پژمرد		آه از این گل که به جز خار نداشت
زین‌همه گوهرِ تابنده که هست		اشک بود آن که خریدار نداشت
در میان همه زرهای عیار		زرِ جان بود که معیار نداشت
دل پاک آینهٔ روی خداست		این‌چنین آینه زنگار نداشت
تن که بر اسب هَوی عمری تاخت		نشد آگاه که افسار نداشت
آن که جز بید و سپیدار نَکِشت		ز که پُرسَد که «چرا بار نداشت؟»
دَهر جز خانهٔ خَمّار نبود		زآنکه یک مردم هشیار نداشت
اندرین پَرتگه بی‌پایان		هیچکس مَرکب رَهوار نداشت
قَلمِ دهر نوشت آنچه نوشت		سَنَد و دفتر و طومار نداشت
پردهٔ تن، رخ جان پنهان کرد		کاش این پرده به رخسار نداشت

۱۴

ای دل، بقا دوام و بقایی چنان نداشت		ایّام عمر، فرصت برق جهان نداشت

روشن ضمیر آن که ازین خوان گونه‌گون
قسمت هُمای‌وار به جز استخوان نداشت

سرمست پر گشود و سبکسار برپرید
مرغی که آشیانه درین خاکدان نداشت

هشیار آن که انده نیک و بدش نبود
بیدار آن که دیده به ملک جهان نداشت

کو عارفی کز آفت این چار دیو رست؟
کو سالکی که زحمت این هفت‌خوان نداشت؟

گشتیم بی‌شمار و ندیدیم عاقبت
یک نیک روز، کاو گله از آسمان نداشت

آن‌کس که بود کام‌طلب، کام دل نیافت
وآن‌کس که کام یافت، دل کامران نداشت

کس در جهان مقیم به جز یک نفس نبود
کس بهره از زمانه به جز یک زمان نداشت

زین کوچگاه، دولت جاوید هرکه خواست
الحق خبر ز زندگی جاودان نداشت

دام فریب و کید درین دشت گر نبود
این قصر کهنه، سقف جواهرنشان نداشت

صاحب‌نظر کسی که درین پست خاکدان
دست از سر نیاز، سوی این و آن نداشت

صیدی کزین شکسته‌قفس رخت برنبست
یا بود بال بسته و یا آشیان نداشت

روز جوانی آن که به مستی تباه کرد
پیرانه‌سر شناخت که بخت جوان نداشت

آگه چگونه گشت ز سود و زیان خویش
سوداگری که فکرت سود و زیان نداشت؟

رو گوهر هنر طلب از کان معرفت
کاین‌سان جهان‌فروز گهر، هیچ‌کان نداشت

غوّاص عقل، چون صدف عمر برگشود
دُرّی گران‌بهاتر و خوش‌تر ز جان نداشت

آن کاو به کشتزار عمل گندمی نکشت
اندر تنور روشن پرهیز، نان نداشت

گر ما نمی‌شدیم خریدار رنگ و بوی
دیو هَوی به رهگذر ما دکان نداشت

هرجا که گسترانده شد این سفرهٔ فساد
جز گرگ و غول و دزد و دَغل، میهمان نداشت

کاش این شرار، دامن هستی نمی‌گرفت
کاش این سَموم، راه سوی بوستان نداشت

چون زنگ بست آینهٔ دل، تباه شد	چون‌کُندگشت‌خنجرفرصت،فسان‌نداشت
آذوقهٔ تو از چه در انبار آز ماند؟	گنجینهٔ تو از چه سبب پاسبان نداشت؟
دیوارهای قلعهٔ جان گر بلند بود	روباه دهر، چشم بدین ماکیان نداشت
گر در کمان زهد زِهی می‌گذاشتیم	امروز چرخ پیر زه اندر کمان نداشت
دل را به دست نفس نمی‌بود گر زمام	راه فریب هیچگهی کاروان نداشت
خوش بود نُزهَت چمن و دولت بهار	گر بیم ترکتازی باد خزان نداشت
از دام تن به نام و نشانی توان گریخت	دام زمانه بود که نام و نشان نداشت
هشدار ای گرسنه که طبّاخ روزگار	نامیخته به زهر، نَوالی به خوان نداشت
گر بُد به عدل، سیر فلک، پشّهٔ ضعیف	قدرت به گوشمالی پیل دَمان نداشت
از دل سفینه باید و از دیده ناخدای	در بحر روزگار که کُنه و کران نداشت
آسوده‌خاطر این ره بی‌اعتبار را	پروین، کسی سپرد که بار گران نداشت

۱۵

دل اگر توشه و توانی داشت	در ره عقل کاروانی داشت
دیده گر دفتر قضا می‌خواند	ز سیه‌کاری‌اش امانی داشت
رهزن نفس را شناخته بود	گنج‌هایش نگاهبانی داشت
کشت و زرعی به ملک جان می‌کرد	بی‌نیاز از جهان، جهانی داشت
گوش ما موعظت نیوش نبود	ورنه هر ذرّه‌ای دهانی داشت
ما در این پرتگه چه می‌کردیم	مرکب آز گر عنانی داشت

با چنین آتش و تف و دم و دود — کاشکی این تنور نانی داشت
آزمند این چنین گرسنه نبود — اگر این سفره میهمانی داشت
همه را زنده می‌نشاید گفت — زندگی نامی و نشانی داشت
داستان گذشتگان پند است — هرکه بگذشت داستانی داشت
رازهای زمانه را می‌گفت — در و دیوار گر زبانی داشت
اشک‌ها انجم سپهر دل‌اند — این زمین نیز آسمانی داشت
تن به دریوزه خوی کرد و ندید — که چو جان، گنج شایگانی داشت
خیره گفتند: روح گنج تن است — گنج اگر بود، پاسبانی داشت
تن که یک عمر زندهٔ جان بود — هرگز آگه نشد که جانی داشت
آن‌چنان شو که گل شوی، نه گیاه — باغ ایّام باغبانی داشت
نیک‌بخت آن توانگری که به دل — غم مسکین ناتوانی داشت
چاشت را با گرسنگان می‌خورد — تا که در سفره نیم نانی داشت
زندگانی تجارتی‌ست کزآن — همه‌کس غُبنی و زیانی داشت
بوریاباف بود جولهٔ دهر — نه پرندی، نه پرنیانی داشت
روبَه روزگار خواب نکرد — تا که این قلعه ماکیانی داشت
گم شد و کس نیافتش دیگر — گُهَر عمر، کاش کانی داشت
صید و صیّاد هر دو صید شدند — تا قضا تیری و کمانی داشت
دل به حق سجده کرد و نفس به زر — هرکسی سر بر آستانی داشت
ما پراکندگان پنداریم — ورنه هر گل‌های شبانی داشت

موج و طوفان و سیل و ورطه بسی‌ست
زندگی بحر بی‌کرانی داشت
خامهٔ دهر بر شکوفه نوشت:
هر بهاری ز پی خزانی داشت
تیره و کُند گشت تیغ وجود
کاشکی صیقل و فسانی داشت

۱۶

فلک، ای دوست! ز بس بی‌حد و بی‌مر گردد
بد و نیک و غم و شادی همه آخر گردد
ز قفای من و تو، گرد جهان را بسیار
دی و اسفند مه و بهمن و آذر گردد
ماه چون شب شود، از جای به جایی حیران
پی کی‌خسرو و دارا و سکندر گردد
این سبک خنگِ بی‌آسایشِ بی‌پا تازد
وین گران کشتیِ بی‌رهبر و لنگر گردد
من و تو روزی از پای درافتیم، ولیک
تا بوَد روز و شب، این گنبد اخضر گردد
روز بگذشته خیال است که از نو آید
فرصت رفته محال است که از سر گردد
کشتزار دل تو کوش که تا سبز شود
پیش از آن کاین رخ گلنار مُعَصفَر گردد
زندگی جز نفسی نیست، غنیمت شمرش
نیست امّید که همواره نفس برگردد
چرخ برگرد تو، دانی که چِسان می‌گردد؟
همچو شهباز که بر گرد کبوتر گردد
اندرین نیمه‌ره، این دیو تو را آخر کار
سر بپیچاند و خود بر ره دیگر گردد
خوش مکن دل که نکشتست نسیمت ای شمع
بس نسیم فرح‌انگیز که صَرصَر گردد
تیره آن چشم که بر ظلمت و پستی بیند
مرده آن روح که فرمان‌بَر پیکر گردد
گر دو صد عمر شود پرده‌نشین در معدن
خصلت سنگ سیه نیست که گوهر گردد
نه هر آن را که لقب بوذَر و سلمان باشد
راست‌کردار چو سلمان و چو بوذر گردد

هر نفس کز تو برآید، چو نکو درنگری
آز تو بیشتر و عمر تو کمتر گردد

علم سرمایهٔ هستی‌ست، نه گنج زر و مال
روح باید که از این راه توانگر گردد

نخورَد هیچ توانگر غم درویش و فقیر
مگر آن روز که خود مفلِس و مُضطَر گردد

قیمت بحر در آن لحظه بداند ماهی
که به دام ستم انداخته در برگردد

گاه باشد که دو صد خانه کنَد خاکستر
خَسَک خشک چو همصحبت اخگر گردد

کرکسان لاشه‌خوران‌اند ز بس تیره‌دلی
طوطیان را خورش آن بِه که ز شکّر گردد

نه هر آن کاو قدمی رفت، به مقصد برسید
نه هر آن کاو خبری گفت، پیمبر گردد

تشنهٔ سوخته در خواب ببیند که همی
به لب دجله و پیرامن کوثر گردد

آن‌چنان کن که به نیکیت مکافات دهند
چو گه داوری و نوبت کیفر گردد

مرو آزاد، چو در دام تو صیدی باشد
مشو ایمن، چو دلی از تو مکدّر گردد

توشهٔ بُخل میندوز که دودست و غبار
سوزن کینه مپرتاب که خنجر گردد

نه هر آن غنچه که بشکفت، گل سرخ شود
نه هر آن شاخه که بررُست، صنوبر گردد

ز درازا و ز پهنا چه همی‌پرسی از آن
که چو پرگار به یک خطّ مدوّر گردد

عقل استاد و معلّم برود پاک از سر
تا که بی‌عقل و هُشی صاحب مَشعَر گردد

جور مرغان کشد آن مرز که پُرچینه بود
سنگ طفلان خورَد آن شاخ که بَروَر گردد

روسبی از کم و بیش آنچه کند گِرد، همه
صرف گلگونه و عطر و زر و زیور گردد

گر که کارآگهی، از بهر دلی کاری کن
تا که کار دل تو نیز میسّر گردد

رهنوردی که به امّید رهی می‌پوید
تیره‌رایی‌ست گر از نیمهٔ ره برگردد

هیچ درزی نپسندد که بدین بیهدگی
دلق را آستر از دیبهٔ شُشتر گردد

چرخ گوش تو بپیچاند اگر سر پیچی		خون چو آلوده شود، پاک به نِشتر گردد
دیو را بر در دل دیدم و زآن می‌ترسم		که ز ما بی‌خبر این مُلک مسخّر گردد
دعوت نفس پذیرفتی و رفتی یک بار		بیم آن است که این وعده مکرّر گردد
پاکی آموز به چشم و دل خود، گر خواهی		که سراپای وجود تو مطهّر گردد
هر که شاگردی سوداگر گیتی نکند		هرگز آگاه نه از نفع و نه از ضَر گردد
دامن اوست پر از لؤلؤ و مرجان، پروین		که بی‌اندیشه درین بحر شناور گردد

۱۷

سوخت اوراق دل از اخگر پنداری چند		ماند خاکستری از دفتر و طوماری چند
روح زآن کاسته گردید و تن افزونی خواست		که نکردیم حساب کم و بسیاری چند
زاغکی شامگهی دعوی طاوسی کرد		صبحدم فاش شد این راز ز رفتاری چند
خفتگان با تو نگویند که دزد تو که بود		باید این مسئله پرسید ز بیداری چند
گر که ما دیده ببندیم و به مقصد نرسیم		چه کند راحله و مرکب رهواری چند
دل و جان هر دو بمُردند ز رنجوری و ما		داروی درد نهفتیم، ز بیماری چند
سود مان عُجب و طمع، دکّه و سرمایه فساد		آه از آن لحظه که آیند خریداری چند
چه نصیبت رسد از کِشت دورویی و ریا؟		چه بوَد بهره‌ات از کیسهٔ طرّاری چند؟
جامهٔ عقل ز بس در گرو حرص بماند		پود پوسید و به هم ریخته شد، تاری چند
پایه بشکست و بدیدیم و نکردیم هراس		بام بنشست و نگفتیم به معماری چند
آز تن گر که نمی‌بود، به زندان هَوی		هر دم افزوده نمی‌گشت گرفتاری چند

حرص و خودبینی و غفلت ز تو ناهارترند / چه رَوی از پی نان بر در ناهاری چند؟
دید چون خامی ما، اهرمن خامفریب / ریخت در دامن ما درهم و دیناری چند
چو رهِ مخفی ارشاد نمی‌دانستیم / بنمودند به ما خانهٔ خمّاری چند
دیو را گر نشناسیم ز دیدار نخست / وای بر ما سپس صحبت و دیداری چند
دفع موشان کن از آن پیش که آذوقه برند / نه در آن لحظه که خالی شود انباری چند
تو گران‌سنگی و پاکیزگی آموز، چه باک / گر نپویند به راه تو سبکساری چند
بِه که از خندهٔ ابلیس، تُرُش داری روی / تا نخندند به کار تو نکوکاری چند
چو گشودند به روی تو در طاعت و علم / چه کمند افکنی از جهل به دیواری چند؟
دل روشن ز سیه‌کاری نفس ایمن کن / تا نیفتاده بر این آینه زنگاری چند
دفتر روح چه خوانند، زبونی و نفاق؟ / کِرَم نخل چه دانند، سپیداری چند؟
هیچ‌کس تکیه به کارآگهی ما نکند / مستی ما چو بگویند به هشیاری چند
تیغ تدبیر فکندیم به هنگام نبرد / سپر عقل شکستیم ز پیکاری چند
روز روشن نسپردیم رهِ معنی را / چه توان یافت در این رَه به شب تاری چند؟
بس که در مزرع جان دانهٔ آز افکندیم / عاقبت رُست به باغ دل ما خاری چند
شوره‌زارِ تنِ خاکی، گل تحقیق نداشت / خِرَد این تخم پراکند به گلزاری چند
تو بدین کارگه اندر، چو یکی کارگری / هنر و علم به دست تو، چو افزاری چند
تو توانا شدی ای دوست که باری بکشی / نه که بر دوش گران‌بار، نهی باری چند
افسرت گر دهد اهریمن بدخواه، مخواه / سر مَنِه تا نزنندت به سر افساری چند
دیبهٔ معرفت و علم چنان باید بافت / که توانیم فرستاد به بازاری چند

گفتهٔ آز چه یک حرف، چه هفتاد کتاب حاصل عُجب، چه‌یک‌خوشه، چه‌خرواری‌چند
اگرت موعظهٔ عقل بماند در گوش نبرندت ز رہ راست به گفتاری چند
چه کنی پرسش تاریخ حوادث، پروین؟ ورقی چند سیه گشته ز کرداری چند

۱۸

سر و عقل گر خدمت جان کنند بسی کار دشوار کآسان کنند
بکاهند گر دیده و دل ز آز بسا نرخ‌ها را که ارزان کنند
چو اوضاع گیتی خیال است و خواب چرا خاطرت را پریشان کنند؟
دل و دیده دریای ملک تن‌اند رها کن که یک‌چند طوفان کنند
به داروغه و شحنهٔ جان بگوی که دزد هَوی را به زندان کنند
نکردی نگهبانی خویش، چند به گنج وجودت نگهبان کنند
چنان کن که جان را بوَد جامه‌ای چو از جامه، جسم تو عریان کنند
به تن‌پرور و کاهل اَر بگروی تو را نیز چون خود تن‌آسان کنند
فروغی گَرَت هست، ظلمت شود کمالی گَرَت هست، نقصان کنند
هزار آزمایش بوَد پیش از آن که بیرونَت از این دبستان کنند
گَرَت فضل بوده‌ست، رتبت دهند وَرَت جرم بوده‌ست، تاوان کنند
گرت گلّه گرگ است و گر گوسفند تو را بر همان گلّه چوپان کنند
چو آتش برافروزی از بهر خلق همان آتشت را به دامان کنند
اگر گوهری یا که سنگ سیاه بدانند، چون ره بدین کان کنند

به معمار عقل و خِرد تیشه ده — که تا خانهٔ جهل ویران کنند
برآنند خودبینی و جهل و عُجب — که عیب تو را از تو پنهان کنند
بزرگان نلغزند در هیچ راه — کز آغاز تدبیر پایان کنند

۱۹

ای دوست! دزد، حاجب و دربان نمی‌شود — گرگ سیه‌درون، سگ چوپان نمی‌شود
ویرانهٔ تن از چه ره آباد می‌کنی؟ — معمورهٔ دل است که ویران نمی‌شود
دَرزی شو و بدوز ز پرهیز پوششی — کاین جامه، جامه‌ای‌ست که خلقان نمی‌شود
دانش چو گوهری‌ست که عمرش بوَد بها — باید گران خرید که ارزان نمی‌شود
روشن‌دل آن که بیم پراکندگیش نیست — وز گردش زمانه پریشان نمی‌شود
دریاست دهر، کشتی خویش استوار دار — دریا تهی ز فتنهٔ طوفان نمی‌شود
دشواری حوادث هستی چو بنگری — جز در نقاب نیستی آسان نمی‌شود
آن مکتبی که اهرمن بدمنش گشود — از بهر طفل روح، دبستان نمی‌شود
همّت کن و به کاری ازین نیک‌تر گرای — دکان آز بهر تو دکان نمی‌شود
تا زآتش عناد تو گرم است دیگ جهل — هرگز خرد به خوان تو مهمان نمی‌شود
گر شمع صد هزار بود، شمع تن دل است — تن گر هزار جلوه کند، جان نمی‌شود
تا دیده‌ات ز پرتو اخلاص روشن است — انوار حق ز چشم تو پنهان نمی‌شود
دزد طمع چو خاتم تدبیر ما ربود — «خندید و گفت: «دیو سلیمان نمی‌شود
افسانه‌ای که دست هَوی می‌نویسدش — دیباچهٔ رسالهٔ ایمان نمی‌شود

سرسبز آن درخت که از تیشه ایمن است   فرخنده آن امید که حِرمان نمی‌شود
هر رهنورد را نبوَد پای راه شوق   هر دست، دست موسی عمران نمی‌شود
کِشت دروغ، بار حقیقت نمی‌دهد   این خشک‌رود، چشمهٔ حیوان نمی‌شود
جز در نَخیل خوشهٔ خرما کسی نیافت   جز بر خلیل، شعله گلستان نمی‌شود
کارآگهی که نور معانیش رهبرست   بازارگان رستهٔ عنوان نمی‌شود
آز و هوی که راه به هر خانه کرد، سوخت   ازبهر خانهٔ تو نگهبان نمی‌شود
اندرز کرد مورچه فرزند خویش را   گفت: «این بدان که مور تن آسان نمی‌شود
آن‌کس که همنشین خِرد شد، ز هر نسیم   چون پَرّ کاه بی‌سر و سامان نمی‌شود
دین از تو کار خواهد و کار از تو راستی   این درد با مباحثه درمان نمی‌شود
آن‌کاو شناخت کعبهٔ تحقیق را که چیست   در راه خلق، خار مُغیلان نمی‌شود
ظلمی که عُجب کرد و زیانی که تن رساند   جز با صفای روح تو جبران نمی‌شود
ما آدمی نه‌ایم، از یراک آدمی   دُردی‌کش پیالهٔ شیطان نمی‌شود
پروین، خیال عشرت و آرام و خورد و خواب   ازبهر عمر گمشده تاوان نمی‌شود

۲۰

دانی که را سزد صفت پاکی؟   آن کاو وجود پاک نیالاید
در تنگنای پست تن مسکین   جان بلند خویش نفرساید
دزدند خودپرستی و خودکامی   با این دو فرقه راه نپیماید
تا خلق ازو رسند به آسایش   هرگز به عمر خویش نیاساید

آن روز کآسمانش برافرازد / از تُوسَن غرور به زیر آید
تا دیگران گرسنه و مسکین‌اند / بر مال و جاه خویش نیفزاید
در محضری که مُفتی و حاکم شد / زر بیند و خلاف نفرماید
تا بر برهنه جامه نپوشاند / از بهر خویش بام نیفراید
تا کودکی یتیم همی‌بیند / اندام طفل خویش نیاراید
مردم بدین صفات اگر یابی / گر نام او فرشته نِهی، شاید

۲۱

هفته‌ها کردیم ماه و سال‌ها کردیم پار / نور بودیم و شدیم از کار ناهنجار، نار
یافتیم اَر یک گهر، همسنگ شد با صد خَزَف / داشتیم اَر یک هنر، بود دش قرین هفتاد عار
گاه سَلخ و غرّه بشمردیم و گاهی روز و شب / کاش می‌کردیم عمر رفته را روزی شمار
شمع جان پاک را اندر مَغاک افروختیم / خانه روشن گشت، امّا خانهٔ دل ماند تار
صد حقیقت را بکشتیم از برای یک هوس / از پی یک سیب بشکستیم صدها شاخسار
دام تزویری که گستردیم بهر صید خلق / کرد ما را پایبند و خود شدیم آخر شکار
تا بپرّد، سوزدش ایّام و خاکستر کند / هرکه را پروانه‌آسانی‌ست، پروای شرار
دام در رهِ نهِ هَوی را تا نیفتادی به دام / سنگ بر سر زن هوس را تا نگشتی سنگسار
نوگلی پژمرده از گلبن به خاک افتاد و گفت / خوار شد چون من، هر آن کاو همنشینش بود خار
کار هستی گاه بردن شد، زمانی باختن / گه بپیچانند گوشَت، گه دهندت گوشوار
تاکنی محکم حصار جسم، فرسوده‌ست جان / تا بتابی نخ برای پود، پوسیده‌ست تار

سال‌ها شاگردی عُجب و هَوی کردی به شوق | هیچ دانستی در این مکتب که بود آموزگار؟
ره نمودند و نرفتی هیچگه جز راه کج | پند گفتند و نَپَذرُفتی یکی را از هزار
جهل و حرص و خودپسندی دشمن آسایش اند | زینهار از دشمنانِ دوست‌صورت، زینهار
از شبانی تن مزن تا گرگ ماند ناشتا | زندگانی نیک کن تا دیو گردد شرمسار
باغبانِ خسته چون هنگام حاصل شد غُنود | میوه‌ها بردند دزدان زین درخت میوه‌دار
ما درین گلزار کِشتیم این مبارک سرو را | تا که گردد باغبان و تا که باشد آبیار
رهنمای راه معنی جز چراغ عقل نیست | کوش پروین، تا به تاریکی نباشی رهسپار

۲۲

کارها بود در این کارگه اخضر | لیک دوک تو نگردید ازین بهتر
سر این رشته گرفتی و ندانستی | که هَریمَنش گرفته‌ست سرِ دیگر
موج‌ها کرده مکان در لب این دریا | شعله‌ها گشته نهان در دل این مِجمَر
تو ندانم به چه امّید نهادستی | کالهٔ خویش در این کشتی بی‌لنگر
پای غفلت چه نهی بر دُم این کژدم؟ | دست شفقت چه کشی بر سر این اژدر؟
بِه نگردد دگر آزردهٔ این پیکان | برنخیزد دگر افتادهٔ این خنجر
درِ شیطان، درِ ننگ است، بر آن منشین | ره عصیان، ره مرگ است، بر آن مگذر
آشیان‌ها به نمی ریخته این باران | خانمان‌ها به دمی سوخته این اخگر
آسیای تو شد افلاک و همی‌ترسم | که ز گشتنش تو چون سُرمه شوی آخر
می‌روی مست ز بیغوله و می‌آید | با تو این دزد فریبندهٔ غارتگر

سبک آن مرغ که ننشست بدین پستی / خُنُک آن دیده که نَغنود درین بستر
شو و بر طوطیِ جان، شِکّر عرفان ده / ورنه برپَرَّد و گردد تبه این شکّر
بی‌خبر می‌رود این شبروِ بی‌پروا / ناگهان می‌کشد این گیتی دون‌پرور
هوشیاری نبوَد در پی این مستی / جهد کن تا نخوری باده از این ساغر
تو چنین بی‌خود و فکر تو چنین باطل / کور را کور نشد هیچگهی رهبر
چند چون پشه ز هر دست قفا خوردن؟ / چند چون مور به هر پای فشاندن سر؟
همچو طاوس به گلزار حقیقت شو / همچو سیمرغ سوی قاف ارادت پر
کِشتهٔ حرص نیاورد بَرِ تقوی / لشکر جهل نشد بهر کسی لشکر
چند با اهرمن تیره‌دلی همره / نفسی نیز ره صدق و صفا بسپر
مردم پاک شو، آن‌گاه به پاکان بین / دیده حق‌بین کن و آن‌گاه به حق بنگر
چشم را بِه ز حقیقت نبود پرتو / روح را بِه ز فضیلت نبود زیور
سخن از علم سماوات چه می‌رانی؟ / ای که نشناخته‌ای باختر از خاور
هرکه آزار روا داشت، شد آزرده / هرکه چه کَند درافتاد به چاه اندر
گر نخواهی که رسد بر دلت آزاری / بر دل خلق مزن بی‌سببی نشتر
مَطلب روزی ننهاده که با کوشش / نخوری قسمت کس، گر شوی اسکندر
بهر گلزار در آتش مفکن خود را / که گلستان نشود بر همه‌کس آذر
از نکوخصلتی و بدگهری زین‌سان / نخل پر میوه و ناچیز بود عَرعَر
تو هم ای شاخ، بَری آر که خوش‌تر شد / ز دو صد سرو، یکی شاخک بارآور
چه شدی بستهٔ این محبس بی‌روزن؟ / چه شدی ساکن این کنگرهٔ بی‌در؟

سر خود گیر و از این دام گریزان شو — دل خود جوی و ازین مرحله بیرون بر
نسزد تشنه همی عمر به سر بردن — به امیدی که نمکزار شود کوثر
طلبِ ملک سلیمان مکن از دیوان — که چو طفلت بفریبند به انگشتر
زنگ خودبینی از آیینهٔ دلِ بزدا — گرد آلودگی از چهرهٔ جان بستَر
ای که پویی ره امید، شب تیره — باش چون رهروی، آگاه ز جوی و جَر
چو رَود غیبت و هنگام حضور آید — تو چه داری که توان برد بدان محضر؟
سود و سرمایه به یک بار تبه کردی — نشدی باز هم آگاه ز نفع و ضَر
چو تو خود صاعقهٔ خرمن خود گشتی — چه همی‌نالی ازین تودهٔ خاکستر؟
نبَرَد هیچ به غیر از سیهی با خود — هرکه ز انگِشت‌فروشان طلبد عنبر
بید، خرما و تبرخون ندهد میوه — دیو، طه و تبارک نکند از بر

خواجه آن است که آزاده بود، پروین
بانو آن است که باشد هنرش زیور

۲۳

ای سیه‌مار جهان را شده افسونگر — نرهد مارفسای از بد مار آخر
نیش این مار هر آن‌کس که خورَد میرد — وآن که او مُرد، کجا زنده شود دیگر؟
بِنِه این کیسه و این مُهرهٔ افسون را — به فسون‌سازی گیتی نفسی بنگر
بکَن این پایه و بنیادِ دگر بر نه — بگذار این ره و از راه دگر بگذر
تو خداوند پرستی، نسزد هرگز — کار بتخانه گزینی و شوی بتگر
از تن خویش بسایی، چو شوی سوهان — دامن خویش بسوزی، چو شوی اخگر

تو بدین بی‌پَری و خُردی اگر روزی / بپَری، بگذری از مهر و مه انور
ز تو حیف ای گل شاداب که روییدی / با چنین پرتو رخسار به خار اندر
تو چنان بی‌خودی از خود که نمی‌دانی / که تو را می‌برد این کشتی بی‌لنگر
جهد کن تا خرد و فکرت و رایی هست / آنچه دادند بگیرند ز ما یکسر
نفس بدخواه ز کس روی نمی‌تابد / گر تو زآن روی بتابی، چه ازین بهتر
زندگی پرخطر و کار تو سرمستی / اهرمن گرسنه و باغ تو بارآور
عاقبت زار بسوزانَدَت این آتش / آخر کار کند، گمرهت این رهبر
سیب را غیر خورَد، بهر تو ماند سنگ / نفع را غیر برَد، بهر تو ماند ضر
تو اگر شعبده از معجزه بشناسی / نکند شعبده این ساحر جادوگر
زخم خنجر نزند، هیچگهی سوزن / کار سوزن نکند، هیچگهی خنجر
دامن روح ز کردار بد آلودی / جامه را گاه زدی مشک و گهی عنبر
اندر آن دل که خدا حاکم و سلطان شد / دیگر آن دل نشود جای کس دیگر
روح زد خیمهٔ دانش، نه تن خاکی / خضر شد زندهٔ جاوید، نه اسکندر
ز ادب پرس، مپرس از نسب و ثروت / ز هنر گوی، مگوی از پدر و مادر
مکن این‌گونه تبه، جان گرامی را / که به تن هیچ نداری تو ز جان خوش‌تر
پنجهٔ باز قضا باز و تو در بازی / وقت، چون برق گریزان و تو در بستر
تیره‌رایی، چه ز جهل و چه ز خودبینی / غرق گشتن، چه به رود و چه به بحر اندر
تو زیان کرده‌ای و بازهمی‌خواهی / مُشکت از چین رسد و دیبه‌ات از شُشتر
روکه در دست تو سرمایه و سودی نیست / سود باید که کند مردم سوداگر

تو نه‌ای مور که مرغان بزنندت ره   تو نه‌ای مرغ که طفلان بکنندت پر
سالکان پا ننهادند به هر برزن   عاقلان باده نخوردند ز هر ساغر
چه بری نام ره خویش برِ شیطان؟   چه نهی شمع شب خود، به ره صرصر؟
عقل را خوار کند دیدهٔ ظاهربین   روح را زار کُشد مردم تن‌پرور
چون تو، بس طائر بی‌تجربه خوش‌خوان   صید گشته است درین گلشن خوش‌منظر
دامها بنگری ای مرغک آسوده   اگر از روزنهٔ لانه برآری سر
این کبوتر که تو بینیش چنین بی‌خود   شاهبازیش گرفته‌ست به چنگ اندر
آخر ای شیر ژیان، بند ز پا بگسل   آخر ای مرغ سعادت، ز قفس برپر
به چراغ دل اگر روشنی افزایی   جلوهٔ فکر تو از خور شود افزون‌تر
دامنت را نتواند که بیالاید   هیچ آلوده، گرت پاک بود گوهر
کُله از رتبت سر مرتبه‌ای دارد   چو سر افتاد، چه سود از کُله و افسر؟
سوخت پروانه و دانست در آن ساعت   که شد اندام ضعیفش همه خاکستر
هرچه کِشتی، ملخ و مور به یغما برد   وین چنین خشک شد این مزرعهٔ اخضر
به تن سوختگان چند شوی پیکان؟   به دل خسته‌دلان چند زنی نشتر؟
تو دگر هیچ نداری ز سلیمانی   اگر این دیو ز دستت برد انگشتر
دلت از روشنی جانت شود روشن   زآنکه این هر دو قرین‌اند به یکدیگر
در گلستان دلی، گلبنی از حکمت   بِه ز صد باغ گل و یاسمن و عبهر
چه کِشی منّت دونان به سر هر ره   چه روی در طلب نان به سوی هر در
آن که زرّ هنر اندوخت، نشد مفلس   آن که کار دل و جان کرد، نشد مُضطر

پر طاوس چه بندی به دم کرکس؟ چو دم آراسته گردد، چه کنی با پر؟
آنچه آموخت به ما چرخ، سیه‌کاری‌ست گرچه کردیم سیه، بس ورق و دفتر
اوستادی نکند کودک بی‌استاد درسِ دانش ندهد مردم بی‌مشعر
جسم چون کودک و جان است وِرا دایه عقل چون مادر و علم است وِرا دختر
علم نیکوست، چه در خانه، چه در غربت عود خوش‌بوست، چه‌درکاسه، چه‌درمجمر
کاخ دل جویی، از کوی تن مسکین شمش زر خواهی، از کورهٔ آهنگر
کاردانان نگزینند تبه‌کاری نامجویان ننشینند به هر محضر
آغل از خانه بسی دور و شبان در خواب گرگ بددل به کمین و رمه اندر چَر
جای آسایش دزدان بود این وادی مسکن غول بیابان بود این معبر
خون دل‌هاست درین جام شقایق‌گون تیرگی‌هاست درین نیلپَری چادر
بهر واژون شدن افراشت سر این رایت بهر ویران شدن آباد شد این کشور
خانه‌ای را که نه سقفی و نه بنیادی‌ست این چنین خانه، چه از خشت و چه از مرمر
سور موش است، اگر گربه شود بیمار عید گرگ است، اگر شیر شود لاغر
پاک شو تا نخوری اَندُه ناپاکی نیک شو تا ندهندت به بدی کیفر
همه کردار تو از توست چنین تیره چه کنی شکوه ز ماه و گله از اختر؟
وقت مانند گلوبند بوَد، پروین چو شود پاره، پراکنده شود گوهر

۲۴

ای شده شیفتهٔ گیتی و دورانش دهر دریاست، بیندیش ز طوفانش

نفس دیوی‌ست فریبنده از او بگریز	سر به تدبیر بپیچ از خط فرمانش
حُلّهٔ دل نشود اطلس و دیبایش	پارهٔ جان نشود لعل و مرجانش
نامهٔ دیو تباهی‌ست همان بهتر	که نه این نامه بخوانیم و نه عنوانش
گفتگوهاست به هر کوی ز تاراجش	داستان‌هاست به هر گوشه ز دستانش
مخور ای یار! نه لوزینه و نه شهدش	مخر ای دوست! نه کرباس و نه کتّانش
نه یکی حرف متینی‌ست در اسنادش	نه یکی سنگ درستی‌ست به میزانش
رنگ‌ها کرده در این خُم کف رنگینش	خنده‌ها کرده به مردم لب خندانش
خواندنی نیست، نه تقویم و نه طومارش	ماندنی نیست، نه بنیاد و نه بنیانش
شد سیه‌روزی نیکان شرف و جاهش	شد پریشانی پاکان سر و سامانش
گَلّهٔ نفس چو درنده پلنگان‌اند	بر حذر باش ازین گلّه و چوپانش
علم، پیوند روان تو همی‌جوید	تو همی پاره کنی رشتهٔ پیمانش
از کمال و هنر جان، تو شوی کامل	عیب و نقص تو شود پستی و نقصانش
جهل چو شب‌پره و علم چو خورشید است	نکند هیچ جز این نور، گریزانش
نشود ناخن و دندان طمع کوته	گر که هر لحظه نساییم به سوهانش
میزبانی نکند چرخ سیه‌کاسه	منشین بیهده بر سفرهٔ الوانش
حلقهٔ صدق و صفا بر در دین می‌زن	تا که در باز کند بهر تو دربانش
دل اگر پردهٔ شک را ندرد، هرگز	نبوَد راه سوی درگه ایقانش
کعبه‌مان عُجب شد و لاشه در آن قربان	وای و صد وای برین کعبه و قربانش
گرگ ایّام نفرسود بدین پیری	هیچگه کُند نشد پنجه و دندانش

نیست جز خار و خَسَک هیچ درین گلشن — شوره‌زاری‌ست که نامند گلستانش
چشم نیکی نتوان داشت از آن مردم — که بوَد راه سوی مسکن شیطانش
همه یغماگر و دزدند درین معبر — کیست آن کاو نگرفتند گریبانش
راه دور است بسی، ملک حقیقت را — کوش کز پای نیفتی به بیابانش
آن که اندر رهِ ظلمات فروماند — چه نصیبی بود از چشمهٔ حیوانش
دامن عمر تو ایّام همی‌سوزد — مزن از آتش دل، دست به دامانش
ره مخوف است، بپرهیز ازین خفتن — ابر تیره است، بیندیش ز بارانش
شیرخواری که سپردند بدین دایه — شیر یک قطره نخورده‌ست ز پستانش
شخصی از بحر سعادت گُهری آورد — خُفت از خستگی و داد به زاغانش
چه همی هِیمه برافروزی و نان بندی؟ — به تنوری که ندیده‌ست کسی نانش
خر لنگ تو ز بس بار کشیدن مُرد — چه بَری رنج پی وصلهٔ پالانش
گر که آبادی این دهکده می‌خواهی — باید آباد کنی خانهٔ دهقانش
پر این مرغ سعادت تو چنان بستی — که گرفتند و فکندند به زندانش
تن بدخواه ز تو لقمه همی‌خواهد — چه همی یاد دهی حکمت لقمانش؟
پست‌اندیشه بزرگی نکند هرگز — گرچه یک عمر دهی جای بزرگانش
اگرت آرزوی کعبه بوَد در دل — چه شکایت کنی از خار مغیلانش؟
گرچه دشوار بوَد کار و برومندی — همّت و کارشناسی کند آسانش
سزد اَر پُر کند از دُرّ و گهر دامن — آن که اندیشه نبوده‌ست ز عمّانش
گُهری گر نرود خود به سوی دریا — ببرد روشنی لؤلؤ رخشانش

آن که عمری پی آسایش تن کوشید کاش یک لحظه به دل بود غم جانش
گوی علم و هنر اینجاست، ولی بی‌رنج دست هرگز نتوان برد به چوگانش
وقتِ فرخنده درختی‌ست، هنر میوه شب و روز و مه و سال‌اند چو اَغصانش
روح را زیب تن سفله نیاراید رو بیارای به پیرایهٔ عرفانش
نشود کان حقیقت ز گهر خالی برو ای دوست! گهر می‌طلب از کانش
بگشا قفل در باغ فضیلت را بخور از میوهٔ شیرین فراوانش
ریم وسواس به صابون حقایق شوی نبری فایده زین گازر و اُشنانش
جهل پای تو ببندد چو بیابد دست فرصتت هست، مده فرصت جولانش
تنگ‌میدان شدن عقل ز سستی نیست ما ندادیم گهِ تجربه میدانش
برّه‌ها گرگ کند مکتب خودبینی گر به تدبیر نبندیم دبستانش
نفس با هیچ جهان‌دیده نخواهد گفت راز سربسته و رسم و ره پنهانش
ره اهریمن از آن شد همه پیچ‌وخم تا نپرسند ز سرگشتهٔ حیرانش
دهر هر تلّه نهد، بگذر و بگذارش چرخ هر تحفه دهد، منگر و مستانش
تیره‌روزی‌ست، همه روز دل‌افروزش سنگریزه است، همه لعل بدخشانش
آهن عمر تو شمشیر نخواهد شد نبری تا به سوی کوره و سندانش
معبد آنجا بگشودی که زر آنجا بود سجده کردی گه و بی‌گاه چو یزدانش
پاسبانی نکند بنده چو ایمان را دیو زآن بنده چه دزدد، به جز ایمانش؟
جزتوکس‌نیست‌درین‌داد و ستد مغبون دین گران بود، تو بفروختی ارزانش
گرگ آسود، نجستیم چو آثارش درد افزود، نکردیم چو درمانش

سال‌ها عقل دکان داشت به کوی ما — هیچ توشی نخریدیم ز دکّانش
خیره‌سر گر نپذیرفت ادب، بگذار — تا که تأدیب کند گردش دورانش
طبع دون زآن نشد آگه ز پشیمانی — که چو بد کرد، نکردیم پشیمانش
دل پریشان نبُد آن روز که تنها بود — کرد جمعیت نااهل، پریشانش
شیر و روباه، شکاری چو به دست آرند — روبهش پوست برد، شیر خورد رانش
کشورِ ایمنِ جان، خانهٔ دیوان شد — کس ندانست چه آمد به سلیمانش
نفس، گه بیت نمی‌گفت و گهی چامه — گر نمی‌خواند کسی دفتر و دیوانش
روح، عریان و تو هم دَرزی و هم نَسّاج — جامه کن زین دو هنر بر تن عریانش
لشکر عقل پی فتح تو می‌کوشد — چه همی کُند کنی خنجر و پیکانش
خرد از دام تو بگریخته، باز آرش — هنر از نزد تو برخاسته، بنشانش
کار را کارگر نیک دهد رونق — چه کند کاهلِ نادانِ تن‌آسانش؟
همه دود است کباب حسد و نخوت — نخورَد کس نه ز خام و نه ز بریانش
سود دلّال وجود تو خسارت شد — تاجر وقت بگیرد ز تو تاوانش
گنج هستی بستانند ز ما، پروین — ما نبودیم، قضا بود نگهبانش

۲۵

ای بی‌خبر ز منزل و پیشاهنگ — دور از تو همرهانِ تو صد فرسنگ
در راه راست، کج چه روی چندین؟ — رفتار راست کن، تو نه‌ای خرچنگ
رخسار خویش را نکنی روشن — ز آیینهٔ دل ار نزدایی زنگ

چون گلشنی‌ست دل که در آن روید از گلبنی هزار گل خوشرنگ
در هر رهی فتاده و گمراهی تا نیست رهبرت هنر و فرهنگ
چشم تو خفته است، از آن هرکس زین باغ، سیب می‌برد و نارنگ
این روبهک به نیّت طاوسی افکنده دُمِ خویش به خُمّ رنگ
بازیچه‌هاست گنبد گردان را نامی شنیده‌ای تو ازین شترنگ
در دام بسته شبرو چرخت سخت در بر گرفته اژدر دهرت تنگ
انجام کار درفکند ما را سنگیم ما و چرخ چو غُلماسنگ
خار جهان چه می‌شکنی در چشم بر چهره چند می‌فِکنی آژنگ
سالک به هر قدم نَفُتَد از پا عاقل ز هر سخن نشود دلتنگ
تو آدمی نگر که بدین رتبت بی‌خود ز باده است و خراب از بَنگ
گوهرفروشِ کان قضا، پروین یک ره گهر فروخته، صد ره سنگ

۲۶

در خانه شحنه خفته و دزدان به کوی و بام ره دیولاخ و قافله بی‌مقصد و مرام
گر عاقلی، چرا بَرَدت توسن هَوی؟ ور مردمی، چگونه شده‌ستی به دیو رام؟
کس را نماند از تک این خِنگ بادپای پا در رکاب و سر به تن و دست در لگام
در خانه گر که هیچ نداری شگفت نیست کالات می‌برند و تو خوابیده‌ای مدام
دزد آنچه برده بازنیاورده هیچ‌گاه هرگز به اهرمن مده ایمان خویش وام
می‌کاهدت سپهر، چنین بی‌خبر مخُسب می‌سوزدت زمانه، بدین‌سان مباش خام

از کار جان چرا زنی، ای تیره‌روز، تن؟ در راه نان چرا نهی، ای بی‌تمیز، نام؟
از بهر صید خاطر ناآزمودگان صیّاد روزگار به هر سو نهاده دام
بس سقف شد خراب و نگشت آسمان خراب بس عمر شد تمام و نشد روز و شب تمام
منشین گرسنه کاین هوس خام پختن است جوشیده سال‌ها و نپخته‌ست این طعام
بگشای گر که زنده‌دلی وقت پویه چشم بردار گر که کارگری بهر کار گام
در تیرگی چو شب‌پره تا چند می‌پری بشناس فرق روشنی، ای دوست! از ظلام
ای زورمند، روز ضعیفان سیه مکن خونابه می‌چکد همی از دست انتقام
فتوی دهی به غصب حقِ پیرزن ولیک بی‌روزه هیچ روز نباشی مه صیام
وقت سخن مترس و بگو آنچه گفتنی‌ست شمشیر روز معرکه، زشت است در نیام
درد از طبیب خویش نهفتی، از آن سبب این زخم کهنه دیر پذیرفت التیام
از بهر حفظ گلّه، شبان چون به خواب رفت سگ باید ای فقیه، نه آهوی خوش‌خرام
چاهت چراست جای؟ گرت میل برتری‌ست حرصت چراست خواجه؟ اگر نیستی غلام
چندی ز بارگاه سلیمان برون مرو تا دیو هیچ‌گه نفرستد تو را پیام
عمری‌ست ره‌نوردی و چون کودکان هنوز آگه نه‌ای که چاه کدام است و ره کدام
پروین، شراب معرفت از جام علم نوش ترسم که دیر گردد و خالی کنند جام

۲۷

نخواست هیچ خردمند وام از ایّام که با دسیسه و آشوب بازخواهد وام
به چشم عقل درین رهگذار تیره ببین که گستراند قضا و قدر به راه تو دام

هــزار بــار بـلـغـزانـدت بــه هــر قـدمـی
که سخت، خام‌فریب است روزگار و تو خام

اگــر حـکـایـت بـهـرام گـور مـی‌پـرسـی
شکار گور شد ای دوست! عاقبت بهرام

ز غم مباش غمین و مشو ز شادی شاد
که شـادی و غم گیتی نمی‌کنند دوام

ز تخم تلخ نخورده‌ست کس بَرِ شیرین
ز شـاخ بید نچیده‌ست هیچ‌کس بـادام

از آن سبب نشدی هم‌عنان هشیاران
که بیهُشانه سپردی به دست نفس زمام

تو آرمیدی و این زاغ میوه برد همی
تو اوفتادی و این کاروان گذشت مدام

چو پای هست، چرا بازمانده‌ای از راه
چو نور هست، چرا گشته‌ای قرین ظلام

تو برج و باروی ملک وجود محکم کن
بِهِل که دیو بدآیین تو را دهد دشنام

تو را که خانهٔ دل خلوت خدا بوده‌ست
چرا به معبد شیطان کنی سجود و قیام

جفـای گیتی و کـج‌گـردی سپهر بلند
اگرچه توسنی، آخـر تو را نماید رام

به حرص و آز مبر فرصت عزیز به سر
به جهل و عُجب مکن عمر بی‌بدیل تمام

زمان رنج شد، ای کرده سال‌ها راحت
دم رحیل شد، ای جسته عمرها آرام

بـه مقصدی نـرسـی تـا رهـی نپیمایی
مـدار بیم ازیـن اسـب بی‌فسار و لگام

هر آن فروغ که از جسم تیره می‌طلبی
ز جان طلب که به ارواح زنده‌اند اجسام

مگوی هرکه کهن‌جامه‌شد، زعلم تهی‌ست
که خاص نیز بسی هست در میان عوام

به نیک‌جامه چو بی‌دانشی مناز که خلق
تو را، نه جامهٔ نیک تو را، کنند اکرام

چو گرگ حیله‌گر اندر لباس چوپان شد
شبان بگوی که تا چشم پوشد از اَغنام

چو وقت کار شود، باش چابک اندر کار
چو نوبت سخن آید، ستوده گوی کلام

ز جام علم می صاف زیرکان خوردند
هر آن‌که خامُش بنشست، گشت دُرد آشام

به شوق گنج یکی تیشه بر زمین نزدیم
همی به خیره، به ویرانه ساختیم مقام

اگر بلندتباری، چه جویی از پستی؟
اگر خدای‌پرستی، چه خواهی از اَصنام؟

کدام تشنه بنوشید از سبوی تو آب؟
کدام گرسنه در سفرهٔ تو خورد طعام؟

چگونه راهنمایی که خود گمی از راه؟
چگونه حاکم شرعی که فارغی ز احکام؟

بسی‌ست پرتگه اندر ره هَوی، پروین
مپوی جز ره پرهیز و باش نیک‌انجام

۲۸

نفس گفته‌ست بسی ژاژ و بسی مبهم
بِه کزین پس کندش نطق خرد اَبکم

ره پر پیچ و خم آز چو بگرفتی
روی در هم مکش اَر کار تو شد در هم

خشک شد زمزم پاکیزهٔ جان ناگه
شستشو کرد هریمن، چو درین زمزم

بِه که از مطبخ وسواس برون آییم
تا که خود را برهانیم ز دود و دم

کاخ مکر است درین کنگرهٔ مینا
چاه مرگ است درین سِیرگه خرّم

ز بداندیش فلک چند شَوی ایمن
ز ستم‌پیشه جهان چند کِشی اِستم

تو ندیدی مگر این دانهٔ داناکُش؟
تو ندیدی مگر این دامگه محکم؟

وارث ملک سلیمان نتوان خواندن
هرکسی را که در انگشت بوَد خاتم

آن که هر لحظه به زخم تو زند زخمی
تو ازو خیره چه داری طمع مرهم؟

فلک آن‌گونه به ناورد دلیر آید
که نه از زال اثر ماند و نَز رستم

نه ببخشود به موسی خلف عمران
نه وفا کرد به عیسی پسر مریم

تخت جمشید حکایت کند اَر پُرسی
که چه آمد به فریدون و چه شد بر جم

ز خوشی‌ها چه شوی خوش که درین معبر
به یکی سور قرین است، دوصد ماتم؟

تو به نی بین که ز هر بند چِسان نالد
ز زبردستی ایّام به زیر و بم

داستان گویَدَت از بابِلیان بابِل
عبرت آموزَدَت از دیلمیان دیلم

فرصتی را که به دست است، غنیمت دان
بهر روزی که گذشته‌ست چه داری غم؟

زآن گل تازه که بشکفت سحرگاهان
نه سر و ساق به جا ماند، نه رنگ و شَم

گر صباحی‌ست، مَسایی رسدش از پی
ور بهاری‌ست، خزانی بودش توأم

صبحدم اشک به چهر گل از آن بینی
که شبانگه به چمن گریه کند شبنم

اندرین دشت مخوف، ای بَرهٔ مسکین
بیم جان است، چه شد کز رمه کردی رَم؟

مخور ای کودک بی‌تجربه زین حلوا
که شد آمیخته با روغن و شهدش سم

دست و پایی بزن ای غرقه، توانی گر
تا مگر بازرهانند تو را زین یَم

مشک حیف است که با دوده شود همسر
کبک زشت است که با زاغ شود همدم

برو ای فاخته، با مرغ سحر بنشین
برو ای گل، به صف سرو و سمن بَردَم

ز چنار آموز، ای دوست گران‌سنگی
چه شوی بر صفت بید ز بادی خم؟

خویش و پیوند هنر باش که تا روزی
نروی از پی نان بر در خال و عَم

روح را سیر کن از مائدهٔ حکمت
به یکی نان جوین سیر شود اشکم

جز که آموخت تو را خواب و خور و غفلت
به چه کار آمدت این سفله تن مُلحَم؟

خزف است اینکه تو داریش چُنو گوهر
رسن است اینکه تو بینیش چو ابریشم

مار خود، هم تو خودی، مار چه افسایی؟
به‌خود، ای بی‌خبر از خویش، فسون می‌دَم

ز تو در هر نفسی کاسته می‌گردد
غم خود خور، چه خوری انده بیش و کم؟

بیم آن است که صرّاف قضا ناگه
زر سرخ تو بگیرد به یکی درهم

کشت یک دانه کسی را ندهد خرمن
بذل یک جوز کسی را نکند حاتم

به پَری پَر که عقابان نکنندت سر
به رهی رو که بزرگان نکنندت ذم

جان چو کان آمد و دانش گهرش، پروین
دل چو خورشید شد و ملک تنش عالم

۲۹

تا به بازار جهان سوداگریم
گاه سود و گه زیان می‌آوریم

گر نکو بازارگانیم از چه روی
هرگز این سود و زیان را نشمریم؟

جان زبون گشته است و در بند تنیم
عقل فرسوده است و در فکر سریم

روح را از ناشتایی می‌کشیم
سفره‌ها از بهر تن می‌گستریم

گرچه عقل آیینهٔ کردار ماست
ما در آن آیینه هرگز ننگریم

گر گران‌باریم، جرم چرخ چیست؟
بار کردار بد خود می‌بریم

چون سیاهی شد بضاعت دهر را
ما سیه‌کاریم کآن را می‌خریم

پند نیکان را نمی‌داریم گوش
اندرین فکرت کزیشان بهتریم

پهلوان اما به کنج خانه‌ایم
آتش اما در دل خاکستریم

کاردانان راه دیگر می‌روند
ما تبه‌کاران به راه دیگریم

گرگ را نشناختستیم از شبان
در چراگاهی که عمری می‌چریم

بر سپهر معرفت کی بر شویم؟
تا به پر و بال چوبین می‌پریم

واعظیم، اما نه بهر خویشتن
از برای دیگران بر منبریم

آگـه از عـیب عـیان خـود نـه‌ایم		پـرده‌هـای عـیب مـردم مـی‌دریم
سـفلگی‌ها مـی‌کـند نـفس زبـون		مـا همـی ایـن سفـله را مـی‌پروریم
بشکنیم از جهل و خـود را نشکنیم		بـگذریـم از جـان و از تـن نـگذریم
بـادهٔ تحقیق چـون خـواهیم خـورد؟		مـا کـه مست هـر خـم و هـر ساغریم
چون که هر برزیگری را حاصلی‌ست		حـاصل مـا چیست گـر بـرزیـگریم؟
چـون کـه بـاری گـم شـدیم انـدر رهی		بِـه کـه بـار دیـگر آن رَه نسپریم
زآن پـراکـندند اوراق کـمال		تـا بـه کـوشش جمله را گـرد آوریـم
تـا بـیفشانند، بـر چینندمان		طـوطـی وقـت و زمـان را شکّـریم

۳۰

بـدمـنشان‌اند زیـر گـنبد گـردان		از بـدشـان چـهر جـان پـاک بـگردان
پـای بسی را شکسته‌اند به نیرنگ		دسـت بسی را ببسته‌اند بـه دستان
تـا خـر لنگی فـتاده اسـت ز سستی		توسن خـود را دوانـده‌انـد بـه میدان
جز بد و نیک تـو، چرخ می‌ننویسد		نیک و بد خویش را تو بـاش نگهبان
گـر ستم از بهر خویش می‌نپسندی		عـادت کـژدم مگیر و پیشهٔ ثعبان
چند کنی همچو گرگ، حمله به مردم		چند دری‌شان همی به ناخن و دندان
دامـن خلق خـدای را چـو بـسوزی		آتشـت افـتد بـه آسـتین و بـه دامـان
هرچه دهی دهر را، همان دهدت باز		خـواسـتهٔ بـد نـمی‌خرند جـز ارزان
خـواهـی اگـر راه راسـت؛ راه نکویی		خواهی اگر شمع راه؛ دانش و عرفان

کارگران طعنه می‌زنند به کاهل | اهل هنر خنده می‌کنند به نادان
از خُم صَبّاغ روزگار برآید | هر نفسی صد هزار جامهٔ الوان
غارت عمر تو می‌کنند به گشتن | دی‌مه و اردیبهشت و آذر و آبان
جز به فنا چهر جان نبینی، اَزیراک | جان تو زندانی است و جسم تو زندان
عالِمی و بهره‌ایت نیست ز دانش | رهروی و توشه‌ایت نیست در انبان
تیه خیالت به مقصدی نرساند | راهروان راه برده‌اند به پایان
کشتی اخلاص ما نداشت شراعی | ور نه به دریا نه موج بود و نه طوفان
کعبهٔ نیکی‌ست دل، ببین که به راهش | جز طمع و حرص، چیست خار مغیلان
بندگی خود مکن که خویش‌پرستی | کرده بسی پاک‌دل فریشته، شیطان
تا تو شدی خُرد، آز یافت بزرگی | تا تو شدی دیو، دیو گشت سلیمان
راهنمایی چه سود در ره باطل؟ | دیبهٔ چینی چه سود در تن بی‌جان؟
نفس تو زنگی شد و سپید نگردد | صد ره اگر شویی‌اش به چشمهٔ حیوان
راستی از وی مجوی زآنکه نروید | هیچگه از شوره‌زار لاله و ریحان
بار لئیمان مکش ز بهر جوی زر | خدمت دونان مکن برای یکی نان
گنج حقیقت بجوی و پیله‌وری کن | اهل هنر باش و پوش جامهٔ خلقان
روز سعادت ز شب چگونه شناسد | آن که ز خورشید شد چو شب‌پره پنهان؟
دور شو از رنگ و بوی بیهده، پروین | از در معنی درای، نَز در عنوان

۳۱

حاصل عمر تو افسوس شد و حرمان | عیب خود را مکن ای دوست ز خود پنهان
وقت ضایع نکند هیچ هنرپیشه | جفتِ باطل نشود هیچ حقیقت دان
هیچگه نیست ره و رسم خردمندی | گرسنه خفتن و در سفره نهفتن نان
دهر گرگی‌ست گرسنه، رخ از او برگیر | چرخ دیوی‌ست سیه‌دل، دل ازو بستان
پا بر این رهگذر سخت گران‌تر نه | اسب زین دشت خطرناک سبک‌تر ران
موج و طوفان و نهنگ است درین دریا | بان‌باید اندیشه کند زین همه کشتی
هیچ آگاه نیاسود درین ظلمت | هیچ دیوانه نشد بستهٔ این زندان
ای بسا خرمن امید که در یک دم | کرد خاکسترش این صاعقهٔ سوزان
تکیه بر اختر فیروز مکن چندین | ایمن از فتنهٔ ایّام مشو چندان
بی‌تو بس خواهد بودن دی و فروردین | بی‌تو بس خواهد گشتن فلک گردان
چو شود جان، به چه دردیت رسد پیکر؟ | چو رود سر، به چه کاریت خورد سامان؟
تو خود اَر با نگهی پاک به خود بینی | یابی آن گنج که جوییش درین ویران
چو کتابی‌ست ریا، بی‌ورق و بی‌خط | چو درختی‌ست هوی، بی‌بن و بی‌اغصان
هیچ عاقل ننهد بر کف دست آتش | هیچ هشیار نساید به زبان سوهان
تا تو چون گوی درین کوی به سر گردی | بایدت خیره جفا دیدن از این چوگان
گشت هنگام درو، کِشت چه کردی؟ هین | آمد آوای جرس، توشه چه داری؟ هان
رهرو گمشده و راهزنان در پیش | شب تار و خر لنگ و ره بی‌پایان
بکُش این نفس حقیقت‌کش خودبین را | این نه جرمی‌ست که خواهند ز تو تاوان

به یکی دل نتوان کار تن و جان کرد	به یکی دست، دو طنبور زدن، نتوان
خرد استاد و تو شاگرد و جهان مکتب	چه رسیدت که چنین کودنی و نادان
تو شدی کاهل و از کار بری گشتی	نه زمستان گنهی داشت، نه تابستان
بوستان بود وجود تو گه خلقت	تخم کردار بدش کرد چو شورستان
تو مپندار که عنّاب دهد علقم	تو مپندار که عزّت رسد از خذلان
منشین با همه‌کس، کز پی بدکاری	آدمی‌روی توانند شدن دیوان
گشت ابلیس چو غوّاص به بحر دل	ماند بر جا شَبَه و رفت دُرِ غلطان
پویه آسوده نکرده‌ست کسی زین ره	لقمه‌بی‌سنگ‌نخورده‌ست‌کسی‌زین‌خوان
گر شوی باد، به گردش نرسی هرگز	طائر عمر چو از دام تو شد پرّان
دی شد امروز، به خیره مخور اندوهش	کز پسِ مرده خردمند نکرد افغان
خر تو می‌برد این غول بیابانی	آخر کار تو میمانی و این پالان
شبرو دهر نگردد همه در یک راه	گشتن چرخ نباشد همه بر یکسان
کام‌ها تلخ شد از تلخی این حلوا	عهدها سست شد از سستی این پیمان
آن که نشناخته از هم الف و با را	زو چه داری طمع معرفت قرآن؟
پرتوی ده، تو نه‌ای دیو درون‌تیره	کوششی کن، تو نه‌ای کالبد بی‌جان
به تو هرچ آن رسد از تنگی و مسکینی	همه از توست، نه از کجروی دوران
نام جویی؟ چو ملک باش نکو کردار	قدر خواهی؟ چو فلک باش بلند ارکان
برو ای قطره در آغوش صدف بنشین	روی بنمای چو گشتی گهر رخشان
یاری از علم و هنر خواه، چو درمانی	نه فلان با تو کند یاری و نه بهمان

دانش اندوز، چه حاصل بود از دعوی؟ معنی آموز، چه سودی رسد از عنوان؟
بستهٔ شوق بود از دو جهان آزاد کُشتهٔ عشق بود زندهٔ جاویدان
همه زارع نبرد وقت درو خرمن همه غوّاص نیارد گهر از عمّان
زیب یابد سر و تن از ادب و دانش زنده گردد دل و جان از هنر و عرفان
عقل گنج است، نباید که بَرَد دزدش علم نور است، نباید که شود پنهان
هستی از بهر تن‌آسانی اگر بودی چه بُدی برتری آدمی از حیوان؟
گر نبودی سخن طیبت و رنگ و بو خَسَک و خشک بدی همچو گل و ریحان
جامهٔ جان تو زیور علم‌آراست چه غم ار پیرهن تنت بود خلقان؟
سِحرباز است فلک، لیک چه خواهد کرد سحر با آن که بود چون پسر عمران؟
چو شدی نیک، چه پروات ز بدروزی؟ چو شدی نوح، چه اندیشه‌ات از طوفان؟
برو از تیه بلا گمشده‌ای دریاب بزن آبی و ز جانی شرری بنشان
به یکی لقمه، دل گرسنه‌ای بنواز به یکی جامه، تن برهنه‌ای پوشان
بینوا مُرد به حسرت ز غم نانی خواجه دل‌کوفته گشت از برهٔ بریان
سوخت گر در دل شب خرمن پروانه شمع هم تا به سحرگاه بوَد مهمان
بی‌هنر گرچه به تن دیبهٔ چین پوشد به پشیزی نخرندش چو شود عریان
همه یاران تو از چستی و چالاکی پرنیان‌باف و تو در کارگه کتان
آن که صرّاف گهر شد ننهد هرگز سنگ را با دُر شهوار به یک میزان
ز چه، ای شاخک نورس، ندهی باری؟ به امید ثمری کشت تو را دهقان

هیچ، آزاده نشد بندهٔ تن، پروین
هیچ پاکیزه نیالود دل و دامان

۳۲

دزد تو شد این زمانهٔ ریمن — آن بِه که نگردیش به پیرامن
گر برتری‌ات دهد، فروتن شو — ور ایمنی‌ات دهد، مشو ایمن
کشته است هماره خنجر گیتی — نه دوست شناخته‌ست، نه دشمن
امروز گذشت و بگذرد فردا — دی رفته و رفتنی بود بهمن
بی‌نیش، عسل که خورد ازین کندو؟ — بی‌خار که چید، گل ازین گلشن؟
این بی‌هنر آسیای گردنده — ساییده هزارها سر و گردن
ایّام بود چو شبروی چابک — یا همچو یکی سیاه‌دل رهزن
ما را ببرند بی‌گمان روزی — زین کهنه‌سرای بی‌در و روزن
روغن به چراغ جان ز علم افزای — کم‌نور بود چراغ کم‌روغن
از گندم و کاه خویش آگه باش — تو خرمنی و سپهر پرویزن
خواهی که نه تلخ باشدت حاصل — در مزرعه تخم تلخ مپراکن
هنگام زراعت آنچه کشتستی — آنت برسد به موسم خرمن
گر سوی تو دیو نفس ره یابد — تاریک نمایدت دل روشن
بی‌شبهه فرشته اهرمن گردد — چندی چو شود رفیق اهریمن
ابلیس فروخت زرق و با خود گفت — زین بیش چه می‌توان خرید از من؟
زین باغ که باغبانی‌اش کردی — جز خار تو را چه ماند در دامن؟
مرغان تو را همی‌کشد روبه — همیان تو را همی‌برد رهزن
تا پای بود، ره ادب می‌رو — تا دست بود، درِ هنر می‌زن

یک جامه بخر که روح را شاید
بس دیبه خریدی و خز اَدکَن

مرجان خرد ز بحر جان آورد
مینای دل از شراب عقل آکن

بی‌دست چه زور بود بازو را؟
بی‌گاو چه کار کرد گاوآهن؟

از چاه دروغ و ذل بدنامی
باید به طناب راستی رستن

باید ز سر این غرور را راندن
باید ز دل این غبار را رُفتن

کس شمع نسوخت زین فروزینه
کس جامه ندوخت زین نخ و سوزن

خواهی که نیفکنند در دامت
دیوان وجود را به دام افکن

در دفتر نفس درس‌ها خواندی
در مکتب مردمی شدی کودن

گرم است هنوز کورهٔ هستی
سرد از چه زنیم مشت بر آهن

جز باد نبیختیم در غربال
جز آب نکوفتیم در هاون

جان گوهر و جسم، معدن است آن را
روزی ببرند گوهر از معدن

گر کج روشی، به راستی بگرای
آیینهٔ راستگوی را مشکن

از پردهٔ عنکبوت عبرت گیر
بر بام و در وجود، تاری تن

۳۳

دگرباره شد از تاراج بهمن
تهی از سبزه و گل، راغ و گلشن

پری‌رویان ز طرف مرغزاران
همه یکباره برچیدند دامن

خزان کرد آن‌چنان آشوب بر پای
که هنگام جدل شمشیر قارن

ز بس گردید، هر دم تیره ابری
حجاب چهرهٔ خورشید روشن

هوا مسموم شد، چون نیش کژدم | جهان تاریک شد، چون چاه بیژن
بنفشه بر سمن بگرفت ماتم | شقایق در غم گل کرد شیون
سترده شد فروغ روی نسرین | پریشان گشت چینِ زلف سوسن
به باغ افتاد عالمسوز برقی | به یک دم باغبان را سوخت خرمن
خسک در خانهٔ گل جست راحت | زَغَن در جای بلبل کرد مسکن
به سختی گشت همچون سنگ خارا | به باغ آن فرش همچون خَز ادکن
سیه بادی چو پُر آفت سَمومی | گرفت اندر چمن ناگه وزیدن
به بی‌باکی بِسان مردم مست | به بدکاری به کردار هریمن
شهان را تاج زر بربود از سر | بتان را پیرهن بدرید بر تن
تو گویی فتنه‌ای بُد روح‌فرسا | تو گویی تیشه‌ای بُد بیخ برکن
ز پای افکند بس سرو سهی را | به یک نیرو چو دیو مردم‌افکن
به هر سویی، فسرده شاخ و برگی | بپرتابید چون سنگ فلاخن
کسی بر خیره، جز گردون گردان | نشد با دوستدار خویش دشمن
به پستی کشت بس همّت‌بلندان | چنان اسفندیار و چون تهمتن
نمود آن‌قدر خون اندر دل کوه | که تا یاقوت شد، سنگی به معدن
در آغوش زمی بنهفت بسیار | سر و بازو و چشم و دست و گردن
در این ناوردگاه آن بِه که پوشی | ز دانش مِغفر و از صبر جوشن
چگونه بر من و تو رام گردد؟ | چو رام کس نگشت این چرخ توسن
مرو فارغ که نبود رفتگان را | دگر باره امید بازگشتن

مشو دل‌بستهٔ هستی که دوران
هر آن را زاد، زاد از بهر کشتن
به غیر از گلشن تحقیق، پروین
چه باغی از خزان بوده‌ست ایمن

۳۴

پردهٔ کس نشد این پردهٔ میناگون
زشت‌رویی چه کند آینهٔ گردون
نام را ننگ بکشت و تو شدی بدنام
وام را نفس گرفت و تو شدی مدیون
تو درین نیلپری طشت، چو بندیشی
چو یکی جامهٔ شوخی و قضا صابون
گهری کز صدف آز و هوی بردی
شَبَهی بود که کردی چو گهر مخزون
چند ای نور، قرینی تو بدین ظلمت؟
چند ای گنج، به خاک سیهی مدفون؟
کرد ای طائر وحشی که چنین رامت؟
چون به کنج قفس افکند قضایت، چون؟
به درآی از تن خاکی و ببین آن‌گه
که چه تابنده گهر بود در آن مکنون
مَچَر آزاده که گرگ است درین مَکمَن
مخور آسوده که زهر است درین معجون
چه شدی دوست برین دشمن بی‌رحمت؟
چه شدی خیره برین منظر بوقلمون؟
بهر سود آمدی اینجا و زیان کردی
کرد سوداگر ایّام تو را مغبون
پُشتهٔ آز چو خم کرد، روان را پشت
به چه کار آیدت این قد خوش موزون؟
شبروان فلک از پای درآرندت
از گلیم خود اگر پای نهی بیرون
بر حذر باش ازین اژدر بی‌پروا
که نیندیشد از افسونگر و از افسون
دهر بر جاست، تو ناگاه شوی زآن کم
چرخ برپاست، تو یک روز شوی وارون
رفت می‌باید و زین آمدن و رفتن
نشد آگه، نه ارسطو و نه افلاطون

توشه‌ای گیر که بس دور بود منزل   شمعی افروز که بس تیره بود هامون
تو چنین گمره و یاران همه در مقصد   تو چنین غرقه و دریا ز دُرَر مشحون
عامل سودگر نفس مکن خود را   تا که هر دم نشود کار تو دیگرگون
آنچه مقسوم شد از کارگه قسمت   دگر آن را نتوان کرد کم و افزون
دی و فردات خیال است و هوس، پروین   اگرت فکرت و رایی‌ست، بکوش اکنون

۳۵

گرت ای دوست بود دیدهٔ روشن‌بین   به جهان گذران تکیه مکن چندین
نه بقایی‌ست به اسفند مه و بهمن   نه ثباتی‌ست به شهریور و فروردین
پی اعدام تو زین آینه‌گون ایوان   صبح کافورفشان آید و شب مشکین
فلک ای دوست به شطرنج همی‌ماند   که زمانیت کند مات و گهی فرزین
دل به سوگند دروغش نتوان بستن   که به هر لحظه دگرگونه کند آیین
به گذرگاه تو ایّام بود رهزن   چه همی بار خود از جهل کنی سنگین
بربوده‌ست ز دارا و ز اسکندر   مهر، سیمین کمر و مه، کلهِ زرّین
ندهد هیچ‌کسی نسبت طاوسی   به شغالی که دُم زشت کند رنگین
چو کبوتربچه پرواز مکن فارغ   که به پروازگه توست قضا شاهین
ز کمان قدر آن تیر که بگریزد   کُشدت گرچه سراپای شوی رویین
همه خونِ دل خلق است در این ساغر   که دهد ساقی دهرت چو می نوشین
خاک خورده‌ست بسی گل رخ و نسرین تن   که همی‌روید از آن سرو و گل و نسرین

مرو ای پیشرو قافله زین صحرا که نیامد خبر از قافلهٔ پیشین
دل خودبینت بیازرد، چنان کژدم تن خاکیت ببلعید، چنان تنّین
روز بگذشت، ز خواب سحری بگذر کاروان رفت، رهی گیر و برو، منشین
به چمنزار دو، ای خوش‌خط‌وخال آهو به سماوات شو، ای طایر عِلّیّین
به چه امید در این کوه کنی خارا؟ چو تو کُشته‌ست بسی کوه‌کن، این شیرین

۳۶

تو بلندآوازه بودی، ای روان با تن دون یار گشتی، دون شدی
صحبت تن تا توانست از تو کاست تو چنان پنداشتی کافزون شدی
بس که دیگرگونه گشت آیین تن دیدی آن تغییر و دیگرگون شدی
جای افسون کردن مار هوی زین فسون‌سازی تو خود افسون شدی
اندرون دل چو روشن شد ز تو شمع خود بگرفتی و بیرون شدی
آخر کارت بدزدید آسمان این کلاغ دزد را صابون شدی
با همه کارآگهی و زیرکی اندرین سوداگری مغبون شدی
درس آز آموختی و ره زدی وام تن پذرفتی و مدیون شدی
نور بودی، نارِ پندارت بکشت پیش از این چون بودی، اکنون چون شدی
گنج امکانی و دل گنجور توست در تن ویرانه زآن مدفون شدی
ملک آزادی چه نقصانت رساند؟ کامدی در حِصن تن، مَسجون شدی
هرچه بود آیینهٔ روی تو بود نقش خود را دیدی و مفتون شدی

زورقی بودی به دریای وجود
که ز طوفان قضا وارون شدی

ای دل خُرد، از درشتی‌های دهر
بس که خون خوردی، در آخر خون شدی

زندگی خواب و خیالی بیش نیست
بی‌سبب از اندهش محزون شدی

کَنده شد بنیادها ز امواج تو
جویباری بودی و جیحون شدی

بی‌خریدار است اشک، ای کانِ چشم
خیره زین گوهر چرا مشحون شدی؟

۳۷

گردون نرهد ز تندرفتاری
گیتی ننهد ز سر، سیه‌کاری

از گرگ چه آمده‌ست جز گرگی؟
وز مار چه خاسته‌ست جز ماری؟

بس بی‌بصری، اگرچه بینایی
بس بی‌خبری، اگرچه هشیاری

تو غافلی و سپهر گردان را
فارغ ز فسون و فتنه پنداری

تو گندم آسیای گردونی
گر یک من و گر هزار خرواری

معماری عقل چون نپذرفتی
در ملک تو جهل کرد معماری

سوداگر دُرّ شاهوارستی
خرمهره چرا کنی خریداری؟

زنهار! مخواه از جهان زنهار
کاین سفله به کس نداد زنهاری

پرگار زمانه بر تو می‌گردد
چون نقطه تو در حصار پرگاری

یک‌چند شوی به خواب چون مستان
ناگه برسد زمان بیداری

آید گَه درگذشتنت ناچار
خود بگذری، آنچه هست بگذاری

رفتند به چابکی سبکباران
زین مرحله، ای خوشا سبکباری

کـــردار بـــد تـــو گـــشــت زنـــگـــارش آیـــیـــنـــهٔ دل نـــبـــود زنـــگـــاری
از لـــقـــمـــهٔ تـــن بـــکـــاه تـــا روزی بـــر آتـــش آز، دیـــگ مـــگـــذاری

بـــشـــنـــاس زیـــان ز ســـود، تـــا وقـــتـــی
ســـرمـــایـــه بـــه دســـت دزد نـــســـپـــاری

۳۸

سود خود را چه شماری که زیان‌کاری؟ رهٔ نیکان چه سپاری که گران‌باری؟
تو به خوابی، که چنین بی‌خبری از خود خفته را آگهی از خود نبود، آری
بال و پر چند زنی خیره؟ نمی‌بینی که تو گنجشک‌صفت در دهن ماری؟
بر بلندی چو سپیدار چه افزایی بارور باش، تو نخلی نه سپیداری
چیست این جسم که هر لحظه کشی بارش؟ چیست این جیفه که چون جانش خریداری؟
طینت گرگ بر آن شد که بیازارد ز گزندش نرهی گرش نیازاری
اهرمن را سخنان تو نترساند که تو کردار نداری، همه گفتاری
به زبونی گرویدی و زبون گشتی تو سیه‌طالع این عادت و هنجاری
دل و دین تو ربودند و ندانستی دین چه فرمان دهدت؟ بندهٔ دیناری
غم گمراهی و پستی نخوری هرگز ز رهٔ نفس اگر پای نگهداری
ماند آن‌کس که به جا نام نکو دارد تو پس از خویش ز نیکی چه به جا داری
تا که سرگشتهٔ این پست گذرگاهی هرچه افلاک کند با تو، سزاواری
دامن آلوده مکن، چون که ز پاکانی بندهٔ نفس مشو، چون که ز احراری
جان تو پاک سپرده‌ست به تو ایزد همچنان پاک ببایدش که بسپاری

وقت بس تنگ بود، ای سره بازرگان | کالهٔ خود بخر اکنون که به بازاری
سپر و جوشن عقل از چه تبه کردی؟ | تو به میدان جهان از پی پیکاری
بود بازوت توانا و نکوشیدی | کاهلی بیخ تو برکند، نه ناچاری
چرخ، دندان تو بشمرد نخستین روز | چه به هیچش نشماری و چه بشماری

کمتری جوی گر افزون طلبی، پروین
که همیشه ز کمی خاسته بسیاری

۳۹

ای شده سوختهٔ آتش نفسانی | سال‌ها کرده تباهی و هوس‌رانی
دزد ایّام گرفته‌ست گریبانت | بس کن این بی‌خودی و سر به گریبانی
صبح رحمت نگشاید همه تاریکی | یوسف مصر نگردد همه زندانی
راه پر خار مغیلان و تو بی‌مُوزه | سفره بی‌توشه و شب تیره و بارانی
ای به خود دیده چو شدّاد، خدابین شو | جز خدا را نسزد رتبت یزدانی
تو سلیمان شدن آموزی اگر، دیوان | نتوانند زدن لاف سلیمانی
تا به کِی کودنی و مستی و خودرایی؟ | تا به کی کودکی و بازی و نادانی؟
تو در این خاک سیه، زرّ دل‌افروزی | تو در این دشت و چمن، لالهٔ نعمانی
پیش دیوان مبر اندوه دل و مگری | که بخندند چو بینند که گریانی
عقل آموخت به هر کارگری کاری | او چو استاد شد و ما چو دبستانی
خود نمی‌دانی و از خلق نمی‌پرسی | فارغ از مشکل و بیگانه ز آسانی
که بَرَد بار تو امروز که مسکینی؟ | که تو را نان دهد امروز که بی‌نانی؟

دست تقوی بگشا، پای هوی بربند
تا ببینند که از کرده پشیمانی

گهری‌های حقیقت گهر خود را
نفروشند بدین هیچی و ارزانی

دیدهٔ خویش نهان‌بین کن و بین آن‌گه
دامهایی که نهادند به پنهانی

حَیَوان گشتن و تن‌پروری آسان است
روح پرورده کن از لقمهٔ روحانی

با خِرد جان خود آن بِه که بیارایی
با هنر عیب خود آن بِه که بپوشانی

با خبر باش که بی‌مصلحت و قصدی
آدمی را نبرد دیو به مهمانی

نفس جو داد که گندم ز تو بستاند
بِه که هرگز ندهی رشوت و نستانی

دشمنان‌اند تو را زرق و فساد، اما
به گمانِ تو که در حلقهٔ یارانی

تا زبونِ طمعی، هیچ نمی‌ارزی
تا اسیر هوسی، هیچ نمی‌دانی

خوش‌تر از دولت جم، دولت درویشی
بهتر از قصر شهی، کلبهٔ دهقانی

خانگی باشد اگر دزد، به صد تدبیر
نتوان کرد از آن خانه نگهبانی

برو از ماه، فراگیر دل‌افروزی
برو از مهر، بیاموز درخشانی

پیش زاغان مفکن گوهر یک‌دانه
پیش خربنده مَبَر لعل بدخشانی

گر که همصحبت تو دیو نبودستی
ز که آموختی این شیوهٔ شیطانی؟

صفتی جوی که گویند نکوکاری
سخنی گوی که گویند سخن‌دانی

بُگذر از بحر و ز فرعونِ هوی مندیش
دهرْ دریا و تو چون موسی عِمرانی

اژدهای طمع و گرگ طبیعت را
گر بترسی، نتوانی که بترسانی

بفْکن این لاشهٔ خونین، تو نه ناهاری
برکَن این جامهٔ چرکین، تو نه عریانی

گر توانی، به دلی توش و توانی ده
که مبادا رسد آن روز که نتْوانی

خونِ دل چند خوری در دل سنگ، ای لعل؟ مشتری‌هاست برای گهر کانی
گرچه یونان، وطنِ بس حکما بوده‌ست نیست آگاه ز حکمت همه یونانی
کلبه‌ای را که نه فرشی و نه کالایی‌ست بر دَرَش می‌نبوَد حاجت دربانی
زنده با گفتن پندم نتوانی کرد که تو خود نیز چو من کشتهٔ عصیانی
کینه می‌ورزی و در دایرهٔ صدقی رهزنی می‌کنی و در رهٔ ایمانی
تا کی این خام فریبی؟ تو نه یأجوجی چند بلعیدن مردم؟ تو نه ثعبانی
مقصد عافیت از گمشدگان پرسی رو که بر گمشدگان خویش تو برهانی
گوسفندان تو ایمن ز تو چون باشند؟ که شبانگاه تو در مکمن گرگانی
گاه از رنگرزانِ خم تزویری گاه بر پشت خرِ وسوسه، پالانی
تشنه خون خورْد و تو خودبین به لب جویی گرْسنه مرد و تو گمره به سر خوانی
دود آه است بنایی که تو می‌سازی چاهِ راه است کتابی که تو می‌خوانی
!دیده بگشای، نه این است جهان‌بینی کفر بس کن، نه چنین است مسلمانی
چو نهالی‌ست روان و تو کشاورزی چو جهانی‌ست وجود و تو جهانبانی
تو چراغی! ز چه رو همنفس بادی؟ تو امیدی! ز چه همخانهٔ حرمانی؟
تو در این بزم، چو افروخته قندیلی تو در این قصر، چو آراسته ایوانی
تو ز خود رفته و وادی شده پر آفت تو به خواب اندر و کشتی شده طوفانی
تو رسیدن نتوانی به سبکباران که به رفتار، نه مانندهٔ ایشانی
فکر فردا نتوانی که کنی دیگر مگر امروز که در کشور امکانی
عاقبت کشتهٔ شمشیر مه و سالی آخر کار شکار دی و آبانی

هوشیاری و شب و روز به میخانه / همدم دُردکشان، همسر مستانی

همچو برزیگر آفت‌زده‌محصولی / همچو رزم‌آورِ غارت‌شده‌خفتانی

مار در لانه، ولی مور به افسونی / گُرد در خانه، ولی گَرد به میدانی

دل بیچاره و مسکین مخراش امروز / رسد آن روز که بی‌ناخن و دندانی

داستانت کند این چرخ کهن، هرچند / نام‌جوینده‌تر از رستم دستانی

روز بر مسند پاکیزهٔ انصافی / شام در خلوت آلودهٔ دیوانی

دست مسکین نگرفتی و توانایی / میوه‌ای گِرد نکردی و به بستانی

ظاهر است این که بد اُفتی چو شوی بدخواه / روشن است این که برنجی چو برنجانی

دیو بسیار بود در ره دل، پروین / کوش تا سر ز ره راست نپیچانی

۴۰

اگر روی طلب زآیینهٔ معنی نگردانی / فساد از دل فروشویی، غبار از جان برافشانی

هنر شد خواسته، تمییز بازار و تو بازرگان / طمع زندان شد و پندار، زندانبان، تو زندانی

یکی دیوار ناسُتوار بی‌پایه‌ست خودکامی / اگر بادی وزد، ناگه گذارد رو به ویرانی

درین دریا بسی کشتی برفت و گشت ناپیدا / تو را اندیشه باید کرد زین دریای طوفانی

به‌چشم از معرفت نوری بیفزای، اَرنه بی‌چشمی / به‌جان از فضل و دانش جامه‌ای پوش، اَرنه بی‌جانی

به‌کس مپسند رنجی کز برای خویش نپسندی / به‌دوش کس منه باری که خود بردنش نتوانی

قناعت کن اگر در آرزوی گنج قارونی / گدای خویش باش ار طالب ملک سلیمانی

مترس از جان‌فشانی گر طریق عشق می‌پویی / چو اسمعیل باید سر نهادن روز قربانی

به نرد زندگانی مهره‌های وقت و فرصت را — همه‌یک‌باره‌می‌بازی، نه‌می‌پرسی، نه‌می‌دانی
تو را پاک آفرید ایزد، ز خود شرمت نمی‌آید — که روزی پاک بوده‌ستی، کنون آلوده‌دامانی
از آن رو می‌پذیری ژاژخایی‌های شیطان را — که هرگز دفتر پاک حقیقت را نمی‌خوانی
مخوان جز درس عرفان تا که از رفتار و گفتارت — بداند دیو کز شاگردهای این دبستانی
چه زنگی می‌توان از دل ستردن با سیه‌رایی؟ — چه کاری می‌توان از پیش بردن با تن‌آسانی؟
درین ره پیشوایان تو دیوان‌اند و گمراهان — سمند خویش را هرجاکه‌می‌خواهند، می‌رانی
مزن جز خیمهٔ علم و هنر تا سر برافرازی — مگو جز راستی تا گوش اهریمن بپیچانی
ز بدکاری قبا کردی و از تلبیس پیراهن — بسی زیبنده‌تر بود از قبای ننگ، عریانی
همی‌کندی در و دیوار بام قلعهٔ جان را — یکی روزش نکردی چون نگهبانان نگهبانی
زخودبینی سیه‌کردی دل بی‌غش، زخودبینی — ز نادانی درافتادی درین آتش، ز نادانی
چرا در کارگاه مردمی بی‌مایه و سودی؟ — چرا از آفتاب علم چون خفّاش پنهانی؟
چه می‌بافی پرند و پرنیان در دوک نخ‌ریسی — چه‌می‌خواهی درین‌تاریک‌شب، زین‌تیه‌ظلمانی
عصا را اژدها بایست کردن، شعله را گلزار — تو با دعوی، گه ابراهیم و گاهی پور عِمرانی
چرا تا زرّ و داروییت هست از درد بخروشی؟ — چرا تا دست و بازوییت هست از کار وامانی؟
چوزرع‌وخوشه‌داری، ازچه‌معنی‌خوشه‌چینستی؟ — چو اسب و توشه‌داری، از چه اندر راه حیرانی؟
چه کوشی بهر یک گوهر به کان تیرهٔ هستی؟ — تو خود هم گوهر یف گر تربیت یابی و هم کانی
تو خواهی دردها درمان کنی، اما به بی‌دردی — تو خواهی صعب‌ها آسان کنی، اما به آسانی
بیابانی‌ست تن، پر سنگلاخ و ریگ سوزنده — فریبد تا مقیم این بیابانی‌سرابت می
چو نورت تیرگی‌ها را منوّر کرد، خورشیدی — چو در دل پرورانیدی گل معنی، گلستانی
خرابی‌های جان را با یکی تغییر معماری — خسارت‌های تن را با یکی تدبیر تاوانی

به نور افزای، ناید هیچگاه از نور تاریکی   به نیکی کوش، هرگز ناید از نیکی پشیمانی

تو اندر دکهٔ دانش خریداری و دلّالی   تو اندر مزرع هستی کشاورزی و دهقانی

مکن خود را غبار از صَرصَر جهل و هوی و کین   درین جمعیت گمره نیابی جز پریشانی

همی مردم بیازاری و جای مردمی خواهی   همی در هم کشی ابروی، چون گویند ثعبانی

چو پتک اَر زیردستان را بکوبی و نیندیشی   رسد روزی که بینی چرخ پتک است و تو سندانی

چو شمع حق برافروزند و هر پنهان شود پیدا   تو دیگر کی توانی عیب کار خود بپوشانی؟

عوامت دست می‌بوسند و تو پابند سالوسی   خواصت شیر می‌خوانند و تو از گربه ترسانی

تو را فرقان دبیرستانِ اخلاق و معالی شد   چرا چون طفل کودن زین دبیرستان گریزانی؟

نگردد با تو تقوی دوست تا همکاسهٔ آزی   نباشد با تو دین انباز، تا انباز شیطانی

به دانش نیستی نام‌آور و منعم به دیناری   به معنی نیستی آزاده و عارف به عنوانی

تو تصویر و هَوی نقّاش و خودکامی نگارستان   از آن رو گه سپیدی، گه سیاهی، گاه الوانی

جز آلایش چه زاید زین زبونی و سیه‌رایی؟   جز اهریمن که را افتد پسند، این خوی حیوانی؟

پلنگ اندر چراخور، یوز در ره، گرگ در آغل   تو چوپان نیستی، بهر تو عنوان است چوپانی

قماش خود ندانم با چه تار و پود می‌بافی   نه زربفتی، نه دیبایی، نه کرباسی، نه کتانی

برای شستشوی جان ز شوخ و ریم آلایش   ز علم و تربیت بهتر چه صابونی، چه اشنانی

ز جوی علم، دل را آب ده تا بر لب جویی   ز خوان عقل، جان را سیر کن تا بر سر خوانی

روان ناشتا را کُشت ناهاری و مسکینی   تو گه در پرسش آبی و گه در فکرت نانی

بیاکندند بارت تا نینگاری که بی‌توشی   گران کردند سنگت تا نپنداری که ارزانی

ز آلایش نداری باک تا عقل است معیارت   سبکساری نبینی تا درین فرخنده میزانی

چرا با هزل و مستی بگذرانی زندگانی را؟   چرا مستی کنی و هوشیاران را بخندانی؟

به غیر از درگه اخلاص، بر هر درگهی خاکی / به غیر از کوچهٔ توفیق، در هر کو به جولانی
به صحرای وجود اندر، بوَد صد چشمهٔ حیوان / گناه کیست؟ چون هرگز نمی‌نوشی و عطشانی
برای غرق گشتن اندرین دریا نیفتادی / مکن فرصت تبه، غوّاص مروارید و مرجانی
همی اهریمنان را بدسرشت و پست می‌نامی / تو با این بدسگالی‌ها کجا بهتر از یشانی؟
ندیدی لاشه‌های مطبخ خونین شهرت را / اگر دیدی، چرا بر سفره‌اش هر روز مهمانی؟
نکوکارت چرا دانند؟ بدرای و بداندیشی / سبک‌بارت چرا خوانند؟ زیر بار عصیانی
به تیغ مردم‌آزاری چرا دل را بفرسایی؟ / برای پیکر خاکی چرا جان را برنجانی؟
دبیری و دبیر بی‌کتاب و خط و املایی / هژبری و هژبر بی‌دل و چنگال و دندانی
کجا با تندباد زندگی دانی درافتادن / تو مسکین کز نسیم اندکی چون بید لرزانی
درین گلزار نتوانی نشستن جاودان، پروین / همان بِه تا که بنشستی، نهالی چند بنشانی

۴۱

بسوز اندرین تیه، ای دل نهانی / مخواه از درخت جهان سایبانی
سبک دانه در مزرع خود بیفشان / گر این برزگر می‌کند سرگرانی
چو کارآگهان کار بایست کردن / چه رسم و رهی بهتر از کاردانی
زمانه به گنج تو تا چشم دارد / نیاموزدت شیوهٔ پاسبانی
سیاه و سفیدند اوراق هستی / یکی انده و آن یکی شادمانی
همه صید صیّاد چرخیم روزی / برای که این دام می‌گسترانی؟
ندوزد قبای تو این سفله دَرزی / بگردانَدَت سر به چیره‌زبانی
چو شاگردی مکتب دیو کردی / ببایست لوح و کتابش بخوانی

همه دیدنی‌ها و دانستنی‌ها / ببین و بدان تا که روزی بدانی
چرا توبهٔ گرگ را می‌پذیری / چرا تحفهٔ دیو را می‌ستانی
چو نیروی بازوت هست، ای توانا / به درماندگان رحم کن تا توانی
درین نیلگون‌نامه، ثبت است با هم / حساب توانایی و ناتوانی
جوانا، به روز جوانی ز پیری / بیندیش، کز پیر ناید جوانی
روانی که ایزد تو را رایگان داد / بگیرد یکی روز هم رایگانی
چو کار تو ز امروز مانَد به فردا / چه کاری کنی چون به فردا نمانی؟
غرض کشتن ماست، وَرنه شب و روز / به خیره نکردند با هم تبانی
بدزدد ز تو باز دهر این کبوتر / گرش پر ببندی و گر برپرانی
بود خواب‌های تو بی‌گاه و سنگین / بود حمله‌های قضا ناگهانی
زیان را تو برداشتی، سود را چرخ / شگفتی‌ست این‌گونه بازارگانی
تو خود می‌روی از پی نفس گمراه / بدین ورطه خود را تو خود می‌کشانی
ندارد ز کس رهزنِ آز پروا / ز بام اوفتد، گرش از در برانی
چه می‌دزدی از فرصت کار و کوشش / تو خود نیز کالای دزد جهانی
ترازوی کار تو شد چرخ اخضر / ز کردارها گه سبک، گه گرانی
به تدبیر، مار هوی را فسونی / به تمییز، تیغ خرد را فسانی
بسی عیب‌های تو پوشیده ماند / اگر پردهٔ جهل را بردرانی
ز گرداب نفس ار توانی رهیدن / ز گرداب‌ها خویش را وارهانی
همی گرگ ایّام بر تو بخندد / که چون برّه، این گرگ می‌پرورانی

میان تو و نیستی جز دمی نیست / بسیجی کن اکنون که خود در میانی
ز روز نخستین همین بود گیتی / تو نیز از نخست آنچه بودی همانی
به سرچشمهٔ جان، شکسته سبویی / به میخانهٔ تن، ز دُردی‌کشانی
به دوکِ وجود آن‌چنان کار می‌کن / که سررشتهٔ عقل را نگسلانی
دفینه است عقل و تو گنجور عاقل / سفینه است عمر و تواَش بادبانی
به صد چشم می‌بیندت چرخ گردان / مپندار کز چشم گیتی نهانی
درین دایره هرچه هستی، پدیدی / درین آینه هرکه هستی، عیانی
تو چون ذرّه این باد را در کمندی / تو چو صعوه این مار را در دهانی
شنیدی چو اندرز من، از تو خواهم / که بشنیدهٔ خویش را بشنوانی
تو را سفره آماده و دیو ناهار / بر این سفره بنگر که را می‌نشانی
از آن روز بر نان گرمی رسیدی / که گر ناشتایی‌ست، نانش رسانی
زمانه بسی بیشتر از تو داند / چه خوش می‌کنی دل که بسیار دانی؟
کِشد کام و ناکام، چرخت به میدان / کُشد گر جُبانی و گر پهلوانی
کمان سپهرت بیندازد آخر / تو مانند تیری که اندر کمانی
مه و سال چون کاروانی‌ست خامُش / تو یک‌چند همراه این کاروانی
حکایت کند رشتهٔ کارگاهت / اگر دیبه، گر بوریا، گر کتانی
هنرها گهرهای پاک وجودند / تو یک روز بحری و یک روز کانی
نکو خانه‌ای ساختی ای کبوتر / ندیدی که با باز هم‌آشیانی؟
به ما جهل زآن کرد دستان که هرگز / نکردیم با عقل همداستانی

بر آن است دیو هوی تا بسوزی | تو نیز از سیه‌روزگاری بر آنی
در این باغ دلکش که گیتیش نام است | قضا و قدر می‌کند باغبانی
به گلزار، گل یک نفس بود مهمان | فلک زود رنجید از میزبانی
بیا تا خرامیم سوی گلستان | به نظّارهٔ دولت بوستانی
سحر ابر آذاری آمد ز دریا | به طرف چمن کرد گوهرفشانی
زمین از صفای ریاحین الوان | زند طعنه بر نقش ارژنگ مانی
نهاده به سر نرگس از زر کلاهی | به بر کرده پیراهن پرنیانی
ازین کوچگه کوچ بایست کردن | که کرده‌ست بر روی پل زندگانی
قفس بشکن ای روح، پرواز می‌کن | چرا پایبند اندرین خاکدانی؟
همایی تو و سدره‌ات آشیان است | مکن خیره بر کرکسان میهمانی
دلیران گرفتند اَقطار عالم | به شمشیر هندی و تیغ یمانی
از آن نامداران و گردن‌فرازان | نشانی نمانده‌ست جز بی‌نشانی
ببین تا چه کرده‌ست گردون گردان | به جمشید و طهمورث باستانی
گشوده دهان طاق کسری و گوید | چه شد تاج و تخت انوشیروانی؟

چنین است رسم و ره دهر، پروین
بدین‌گونه شد گردش آسمانی

۴۲

همی با عقل در چون و چرایی | همی پوینده در راه خطایی
همی کار تو کار ناستوده است | همی کردار بد را میستایی

گرفتار عقاب آرزوئی　　اسیر پنجهٔ باز هوایی

کمین گاه پلنگ است این چراگاه　　تو همچون بره غافل در چرایی

سرانجام، اژدهای توست گیتی　　تو آخر طعمهٔ این اژدهایی

ازو بیگانه شو، کاین آشناکش　　ندارد هیچ پاس آشنایی

جهان همچون درخت است و تو بارش　　بیفتی چون در آن دیری بپایی

ازین دریای بی‌کنه و کرانه　　نخواهی یافتن هرگز رهایی

ز تیر آموز اکنون راستکاری　　که مانند کمان فردا دوتایی

به ترک حرص گوی و پارسا شو　　که خوش نبوَد طمع با پارسایی

چه حاصل از سر بی‌فکرت و رای؟　　چه سود از دیدهٔ بی‌روشنایی؟

نهنگ ناشتا شد نفس، پروین
بباید کشتنش از ناشتایی

مثنویات، تمثیلات و مقطعات

۱

به لاله نرگس مخمور گفت وقت سحر | که هرکه در صفِ باغ است صاحب هنری ست
بنفشه مـژدهٔ نـوروز مـی‌دهـد مـا را | شکوفه را ز خزان و ز مهرگان خبری ست
بجز رُخ تو که زیب و فَرَش ز خونِ دل است | به هر رخی که درین منظر است، زیب و فَری ست
جـواب داد کـه مـن نیز صـاحـبِ هنرم | درین صحیفه ز من نیز نقشی و اثری ست
مـیـان آتـشـم و هـیـچـگـه نـمـی‌سـوزم | هَماره بر سرم از جور آسمان شرری ست
علامت خطر است این قَبای خون‌آلود | هر آن‌که در رهِ هستی‌ ست در رهِ خطری ست
بریخت خونِ من و نوبتِ تو نیز رسد | به دستِ رهزن گیتی هَماره نیشتری ست
خوش است اگر گلِ امروز، خوش بوَد فردا | ولی میانِ ز شب تا سحرگهان اگری ست
از آن، زمانه به ما ایستادگی آموخت | که تا ز پای نیفتیم تا که پا و سری ست
یکی نظر به گل افکند و دیگری به گیاه | ز خوب و زشت چه منظور؟ هرکه را نظری ست
نه هر نسیم که اینجاست بر تو می‌گذرد | صبا صباست، به هر سبزه و گلش گذری ست
میان لاله و نرگس چه فرق؟ هر دو خوش‌اند | که گل به طرف چمن هرچه هست، عشوه‌گری ست
تو غرق سیم و زر و من ز خون دل رنگین | به فقر خلق چه خندی؟ تو را که سیم و زری ست
ز آب چشمه و باران نمی‌شود خاموش | که آتشی که در اینجاست آتش جگری ست
هـنـرنـمـای نـبـودم بـدیـن هنرمندی | سخن حدیث دگر، کار قصهٔ دگری ست
گل از بساط چمن تنگ‌دل نخواهد رفت | بدان دلیل که مهمانِ شامی و سحری ست
تو رویِ سخت قضا و قدر ندیدستی | هنوز آنچه تو را می‌نماید آستری ست

از آن، دراز نکردم سخن درین معنی
که کار زندگیِ لاله، کار مختصری‌ست

خوش آن که نام نکویی به یادگار گذاشت
که عمرِ بی‌ثمرِ نیک، عمر بی‌ثمری‌ست

کسی که در طلب نام نیک رنج کشید
اگرچه نام و نشانیش نیست، ناموری‌ست

۲

ای خوشا مستانه سر در پای دلبر داشتن
دل تهی از خوب و زشت چرخ اخضر داشتن

نزد شاهین محبت بی‌پر و بال آمدن
پیش باز عشق، آیین کبوتر داشتن

سوختن، بگداختن چون شمع و بزم افروختن
تن به یاد روی جانان اندر آذر داشتن

اشک را چون لعل پروردن به خوناب جگر
دیده را سوداگر یاقوت احمر داشتن

هر کجا نور است، چون پروانه خود را باختن
هر کجا نار است، خود را چون سمندر داشتن

آب حیوان یافتن بی‌رنج در ظلمات دل
زآن همی نوشیدن و یاد سکندر داشتن

از برای سود، در دریای بی‌پایان علم
عقل را مانند غوّاصان، شناور داشتن

گوشوار حکمت اندر گوش جان آویختن
چشم دل را با چراغ جان منوّر داشتن

در گلستانِ هنر چون نخل بودن بارور
عار از ناچیزی سرو و صنوبر داشتن

از مس دل ساختن با دست دانش زرّ ناب
علم و جان را کیمیا و کیمیاگر داشتن

همچو مور اندر رهِ همّت همی پا کوفتن
چون مگس همواره دست شوق بر سر داشتن

۳

ای خوشا سودای دل از دیده پنهان داشتن
مبحث تحقیق را در دفتر جان داشتن

دیبه‌ها بی‌کارگاه و دوک و جولا بافتن　　گنج‌ها بی‌پاسبان و بی‌نگهبان داشتن
بندهٔ فرمان خود کردن همه آفاق را　　دیو بستن، قدرت دست سلیمان داشتن
در دِه ویران دل، اقلیم دانش ساختن　　در رهِ سیل قضا، بنیاد و بنیان داشتن
دیده را دریا نمودن، مردمک را غوصگر　　اشک را مانند مروارید غلطان داشتن
از تکلّف دور گشتن، ساده و خوش زیستن　　ملک دهقانی خریدن، کار دهقان داشتن
رنجبر بودن، ولی در کشتزار خویشتن　　وقت حاصل خرمن خود را به دامان داشتن
روز را با کشت و زرع و شخم آوردن به شب　　شامگاهان در تنور خویشتن نان داشتن
سربلندی خواستن در عین پستی، ذرّه‌وار　　آرزوی صحبت خورشید رخشان داشتن

۴

ای خوش از تن کوچ کردن، خانه در جان داشتن　　روی مانند پری از خلق پنهان داشتن
همچو عیسی بی‌پر و بی‌بال بر گردون شدن　　همچو ابراهیم در آتش گلستان داشتن
کشتی صبر اندرین دریا درافکندن چو نوح　　دیده و دل فارغ از آشوب طوفان داشتن
در هجوم ترک‌تازان و کمان‌داران عشق　　سینه‌ای آماده بهر تیرباران داشتن
روشنی دادن دل تاریک را با نور علم　　در دل شب، پرتو خورشید رخشان داشتن
همچو پاکان، گنج در کنج قناعت یافتن　　مور قانع بودن و ملک سلیمان داشتن

۵

ای خوشا خاطر ز نور علم مشحون داشتن　　تیرگی‌ها را ازین اقلیم بیرون داشتن

همچو موسی بودن از نور تجلّی تابناک	گفتگوها با خدا در کوه و هامون داشتن
پاک کردن خویش را زآلودگی‌های زمین	خانه‌چون‌خورشید در اقطار گردون داشتن
عقل را بازارگان کردن به بازار وجود	نفس را بردن برین بازار و مغبون داشتن
بی‌حضور کیمیا، از هر مسی زر ساختن	بی‌وجود گوهر و زر، گنج قارون داشتن
گشتن اندر کان معنی گوهری عالم‌فروز	هر زمانی پرتو و تابی دگرگون داشتن
عقل و علم و هوش را با یکدگر آمیختن	جان‌ و دل‌را زنده زین‌جان‌بخش معجون‌داشتن
چون نهالی تازه، در پاداش رنج باغبان	شاخه‌های خرد خویش از بار، وارون داشتن
هر کجا دیو است، آنجا نور یزدانی شدن	هر کجا مار است، آنجا حکم افسون داشتن

۶

ای خوش اندر گنج دل زرّ معانی داشتن	نیست گشتن، لیک عمر جاودانی داشتن
عقل را دیباچهٔ اوراق هستی ساختن	علم را سرمایهٔ بازارگانی داشتن
کِشتن اندر باغ جان هر لحظه‌ای رنگین گلی	وَندران فرخنده گلشن باغبانی داشتن
دل برای مهربانی پروراندن لاجرم	جان به تن تنها برای جان‌فشانی داشتن
ناتوانی را به لطفی خاطر آوردن به دست	یاد عجز روزگار ناتوانی داشتن
در مدائن میهمان جغد گشتن یک شبی	پرسشی از دولت نوشیروانی داشتن
صید بی‌پر بودن و از روزن بام قفس	گفتگو با طائران بوستانی داشتن

۷

کبوتربچّه‌ای با شوق پرواز	به جرئت کرد روزی بال و پر باز

پرید از شاخکی بر شاخساری
گذشت از بامکی بر جوکناری

نمودش بس که دور آن راه نزدیک
شدش گیتی به پیش چشم تاریک

ز وحشت سست شد بر جای ناگاه
ز رنج خستگی درماند در راه

گه از اندیشه بر هر سو نظر کرد
گه از تشویش سر در زیر پر کرد

نه فکرش با قضا دمساز گشتن
نه‌اش نیروی زآن ره بازگشتن

نه گفتی کآن حوادث را چه نام است
نه راه لانه دانستی کدام است

نه چون هر شب حدیث آب و دانی
نه از خواب خوشی، نام و نشانی

فتاد از پای و کرد از عجز فریاد
ز شاخی مادرش آواز درداد

که زین‌سان است رسم خودپسندی
چنین افتند مستان از بلندی

بدین خُردی نیاید از تو کاری
به پشت عقل باید بردباری

تو را پرواز بس زودست و دشوار
ز نوکاران که خواهد کار بسیار؟

بیاموزندت این جرئت مه و سال
هَمَت نیرو فزاید، هم پر و بال

هنوزت دل ضعیف و جثّه خرد است
هنوز از چرخ، بیم دستبرد است

هنوزت نیست پای برزن و بام
هنوزت نوبت خواب است و آرام

هنوزت اندُه بند و قفس نیست
بجز بازیچه، طفلان را هوس نیست

نگردد پخته کس با فکر خامی
نپوید راه هستی را به گامی

تو را توش هنر می‌باید اندوخت
حدیث زندگی می‌باید آموخت

بباید هر دو پا محکم نهادن
از آن پس، فکر بر پای ایستادن

پریدن بی‌پر تدبیر، مستی‌ست
جهان را گه بلندی، گاه پستی‌ست

به پستی در، دچار گیر و داریم　　به بالا، چنگ شاهین را شکاریم
من اینجا چون نگهبانم، تو چون گنج　　تو را آسودگی باید، مرا رنج
تو هم روزی رَوی زین خانه بیرون　　ببینی سِحربازی‌های گردون
از این آرامگه وقتی کنی یاد　　که آبش برده خاک و باد بنیاد
نه‌ای تا زآشیان امن دل‌تنگ　　نه از چوبت گزند آید، نه از سنگ
مرا در دامها بسیار بستند　　ز بالم کودکان پرها شکستند
گه از دیوار سنگ آمد، گه از در　　گَهَم سرپنجه خونین شد، گهی سر
نگشت آسایشم یک لحظه دمساز　　گهی از گربه ترسیدم، گه از باز
هجوم فتنه‌های آسمانی　　مرا آموخت علم زندگانی

نگردد شاخک بی‌بن برومند
ز تو سعی و عمل باید، ز من پند

۸

جهان‌دیده کشاورزی به دشتی　　به عمری داشتی زَرعی و کِشتی
به وقت غلّه، خرمن توده کردی　　دل از تیمار کار آسوده کردی
ستمها می‌کشید از باد و از خاک　　که تا از کاه می‌شد گندمش پاک
جفا از آب و گل می‌دید بسیار　　که تا یک روز می‌انباشت انبار
سخن‌ها داشت با هر خاک و بادی　　به هنگام شیاری و حصادی
سحرگاهی هوا شد سرد زآن‌سان　　که از سرما به خود لرزید دهقان
پدید آورد خاشاکی و خاری　　شکست از تاک پیری شاخساری

نهاد آن هیمه را نزدیک خرمن
فروزینه زد، آتش کرد روشن

چو آتش دود کرد و شعله سرداد
به ناگه طائری آواز درداد

که ای برداشته سود از یکی شصت
درین خرمن مرا هم حاصلی هست

نشاید کآتش اینجا برفروزی
مبادا خانمانی را بسوزی

بسوزد گر کسی این آشیان را
چنان دانم که می‌سوزد جهان را

اگر برقی به ما زین آذر افتد
حساب ما برون زین دفتر افتد

بسی جستم به شوق از حلقه و بند
که خواهم داشت روزی مرغکی چند

هنوز آن ساعت فرخنده دور است
هنوز این لانه بی‌بانگ سرور است

تو را زین شاخ آن کاو داد باری
مرا آموخت شوق انتظاری

به هر گامی که پویی کامجویی‌ست
نهفته، هر دلی را آرزویی‌ست

توانی بخش، جان ناتوان را
که بیم ناتوانی‌هاست جان را

۹

شنیده‌اید که آسایش بزرگان چیست
برای خاطر بیچارگان نیاسودن

به کاخ دهر که آلایش است بنیادش
مقیم گشتن و دامان خود نیالودن

همی ز عادت و کردار زشت کم کردن
هماره بر صفت و خوی نیک افزودن

ز بهر بیهده، از راستی بری نشدن
برای خدمت تن، روح را نفرسودن

برون شدن ز خرابات زندگی هشیار
ز خود نرفتن و پیمانه‌ای نپیمودن

رهی که گمرهی‌اش در پی است نسپردن
دری که فتنه‌اش اندر پس است نگشودن

۱۰

از ساحت پاک آشیانی   مرغی بپرید سوی گلزار
در فکرت توشی و توانی   افتاد بسی و جَست بسیار
رفت از چمنی به بوستانی   بر هر گل و میوه سود منقار
تا خفت ز خستگی زمانی   یغماگر دهر گشت بیدار
تیری بجهید از کمانی   چون برق جهان ز ابر آذار

گردید نژند خاطری شاد

چون بال و پرش تپید در خون   از یاد برون شدش پریدن
افتاد ز گیرودار گردون   نومید ز آشیان رسیدن
از پر سر خویش کرد بیرون   نالید ز درد سر کشیدن
دانست که نیست دشت و هامون   شایستهٔ فارغ آرمیدن
شد چهرهٔ زندگی دگرگون   در دیده نماند تاب دیدن

مانا که دل از تپیدن افتاد

مجروح ز رنج زندگی رست   از قلب بریده گشت شریان
آن بال و پر لطیف بشکست   وآن سینهٔ خُرد، خَست پیکان
صیّاد سیه‌دل از کمین جست   تا صید ضعیف گشت بی‌جان
در پهلوی آن فتاده بنشست   آلوده به خون مرغ دامان
بنهاد به پشتواره و بست   آمد سوی خانه شامگاهان

وآن صید به دست کودکان داد

چون صبح دمید، مرغکی خرد	افتاد ز آشیانه در جَر
چون دانه نیافت، خون دل خورد	تقدیر، پَرش بکند یکسر
شاهین حوادثش فروبرد	نشنید حدیث مهر مادر
دور فلکش به هیچ نشمرد	نفکند کسیش سایه بر سر
نادیده سپهر زندگی، مُرد	پرواز نکرده، سوختش پَر

رفت آن هوس و امید بر باد

آمد شب و تیره گشت لانه	وآن رفته نیامد از سفر باز
کوشید فسونگر زمانه	کز پرده برون نیفتد این راز
طفلان به خیال آب و دانه	خفتند و نخاست دیگر آواز
از بامک آن بلندخانه	کس روز عمل نکرد پرواز
یکباره برفت از میانه	آن شادی و شوق و نعمت و ناز

زان گمشدگان نکرد کس یاد

آن مسکنِ خُردِ پاکِ ایمن	خالی و خراب ماند فرجام
افتاد گِلَش ز سقف و روزن	خار و خسکش بریخت از بام
آرامگهی نه بهر خفتن	بامی نه برای سیر و آرام
بر باد شد آن بنای روشن	نابود شد آن نشانه و نام
از گردش روزگار توسن	وز بدسری سپهر و اجرام

دیگر نشد آن خرابی آباد

شد ساقی چرخ پیر خرسند	پُر دید ز خون چو ساغری را

دستی سر راه دامی افکند
پیچاند به رشته‌ای سری را
جمعیّت ایمنی پراکند
شیرازه درید دفتری را
با تیشهٔ ظلم ریشه‌ای کند
بربست ز فتنه‌ای دری را
خون ریخت به کام کودکی چند
برچید بساط مادری را
فرزند مگر نداشت صیّاد؟

۱۱

وقت سحر، به آینه‌ای گفت شانه‌ای
کاوخ! فلک چه کج‌رو و گیتی چه تندخوست
ما را زمانه رنجکش و تیره‌روز کرد
خُرّم کسی که همچو توأش طالعی نکوست
هرگز تو بارِ زحمتِ مردم نمی‌کشی
ما شانه می‌کشیم به هرجا که تار موست
از تیرگی و پیچ و خَم راه‌های ما
در تاب و حلقه و سر هر زلف گفتگوست
با آنکه ما جفای بُتان بیشتر بریم
مشتاق روی توست، هر آن‌کس که خوبروست
گفتا هر آن که عیب کسی در قفا شمرد
هرچند دل‌فریبد و روخوش کُند، عدوست
در پیشِ روی خَلق به ما جا دهند از آنک
ما را هر آنچه از بَد و نیک است، روبروست
خاری به طعنه گفت چه حاصل ز بو و رنگ
خندید گل که هرچه مراهست رنگ و بوست
چون شانه، عیب خلق مکن مو به‌مو عیان
در پشت سر نهند کسی را که عیب‌جوست
زآن‌کس که نام خلق به گفتار زشت کُشت
دوری گُزین که از همه بدنام‌تر هم اوست
ز انگِشت آز، دامن تقوی سیه مکن
این جامه چون درید، نه شایستهٔ رفوست
از مهر دوستان ریاکار خوش‌تر است
دشنام دشمنی که چو آیینه راستگوست

آن کیمیا که می‌طلبی، یار یکدل است / دردا که هیچگه نتوان یافت، آرزوست

پروین، نشان دوست، درستی و راستی‌ست
هرگز نیازموده، کسی را مدار دوست

۱۲

بارید ابر بر گل پژمرده‌ای و گفت / کز قطره بهر گوش تو آویزه ساختم
از بهر شستن رخ پاکیزه‌ات ز گرد / بگرفتم آب پاک ز دریا و تاختم
خندید گل که دیر شد این بخشش و عطا / رخساره‌ای نماند، ز گرما گداختم
ناسازگاری از فلک آمد وگرنه من / با خاک خوی کردم و با خار ساختم
ننواخت هیچگاه مرا، گرچه بی‌دریغ / هر زیر و بم که گفت قضا، من نواختم
تا خیمهٔ وجود من افراشت، بخت گفت / کز بهر واژگون شدنش برفراختم
دیگر ز نرد هستی‌ام، امید بُرد نیست / کز طاق و جفت، آنچه مرا بود باختم
منظور و مقصدی نشناسد به جز جفا / من با یکی نظاره، جهان را شناختم

۱۳

مرغی نهاد روی به باغی ز خرمنی / ناگاه دید دانهٔ لعلی به روزنی
پنداشت چینه‌ای‌ست، به چالاکی‌اش ربود / آری، نداشت جز هوس چینه چیدنی
چون دید هیچ نیست، فکندش به خاک و رفت / زین سانش آزمود! چه نیک آزمودنی
خواندش گهر به پیش که من لعل روشنم / روزی به این شکاف فتادم ز گردنی
چون من نکرده جلوه‌گری هیچ شاهدی / چون من نپرورانده گهر، هیچ معدنی

ما را فکند حادثه‌ای، ورنه هیچگاه
گوهر چو سنگ‌ریزه نیفتد به برزنی

با چشم عقل گر نگهی سوی من کنی
بینی هزار جلوه به نظّاره کردنی

درچهره‌ام ببین چه خوشی‌ها و تاب‌هاست
افتاده و زبون شدم از اوفتادنی

خندید مرغ و گفت که با این فروغ و رنگ
بفروشمت اگر بخرد کس، به ارزنی

چون فرق دُرّ و دانه تواند شناختن
آن کاو نداشت وقت نگه، چشم روشنی؟

در دهر بس کتاب و دبستان بود، ولیک
درس ادیب را چه کند طفل کودنی؟

اهل مجاز را ز حقیقت چه آگهی‌ست؟
دیو آدمی نگشت به اندرز گفتنی

آن بِه که مرغ صبح زند خیمه در چمن
خفّاش را به دیده چه دشتی، چه گلشنی

دانا نجست پرتو گوهر ز مهره‌ای
عاقل نخواست پاکی جان خوش از تنی

پروین، چگونه جامه تواند برید و دوخت
آن کس که نخ نکرده به یک عمر سوزنی؟

۱۴

بی‌روی‌دوست، دوش‌شب‌ماسحرنداشت
سوز و گداز شمع و من و دل اثر نداشت

مهر بلند، چهره ز خاور نمی‌نمود
ماه از حصار چرخ، سر باختر نداشت

آمد طبیب بر سر بیمار خویش، لیک
فرصت گذشته بود و مداوا ثمر نداشت

دانی که نوشداروی سهراب کی رسید؟
آن‌گه که او ز کالبدی بیشتر نداشت

دی، بلبلی گلی ز قفس دید و جان فشاند
بار دگر امید رهایی مگر نداشت؟

بال و پری نزد چو به دام اندر اوفتاد
این صید تیره‌روز، مگر بال و پر نداشت؟

پروانه جز به شوق در آتش نمی‌گداخت
میدید شعله در سر و پروای سر نداشت

بشنو ز من، که ناخلف افتاد آن پسر — کز جهل و عُجب، گوش به پند پدر نداشت
خرمن نکرده توده کسی موسم درو — در مزرعی که وقت عمل برزگر نداشت

من اشک خویش را چو گهر پرورانده‌ام
دریای دیده تا که نگویی گهر نداشت

۱۵

روزی گذشت پادشهی از گذرگهی — فریاد شوق بر سر هر کوی و بام خاست
پرسید زان میانه یکی کودک یتیم — کاین تابناک چیست که بر تاج پادشاست؟
آن یک جواب داد چه دانیم ما که چیست — پیداست آن‌قدر که متاعی گران‌بهاست
نزدیک رفت پیرزنی گوژپشت و گفت — این اشک دیدهٔ من و خون دل شماست
ما را به رخت و چوب شبانی فریفته‌ست — این گرگ سال‌هاست که با گله آشناست
آن پارسا که ده خرَد و ملک، رهزن است — آن پادشا که مال رعیّت خورَد گداست
بر قطرهٔ سرشک یتیمان نظاره کن — تا بنگری که روشنی گوهر از کجاست
پروین، به‌کج‌روان‌سخن‌از‌راستی‌چه‌سود؟ — کو آن‌چنان کسی که نرنجد ز حرف راست؟

۱۶

بلبل آهسته به گل گفت شبی — که مرا از تو تمنّایی هست
من به پیوند تو یکرای شدم — گر تو را نیز چنین رایی هست
گفت فردا به گلستان باز آی — تا ببینی چه تماشایی هست
گر که منظور تو زیبایی ماست — هر طرف چهرهٔ زیبایی هست

پا به هرجا که نهی برگ گلی‌ست | همه‌جا شاهد رعنایی هست
باغبانان همگی بیدارند | چمن و جوی مصفّایی هست
قدح از لاله بگیرد نرگس | همه‌جا ساغر و صهبایی هست
نه ز مرغان چمن گمشده‌ای‌ست | نه ز زاغ و زغن آوایی هست
نه ز گلچین حوادث خبری‌ست | نه به گلشن اثر پایی هست
هیچکس را سر بدخویی نیست | همه را میل مدارایی هست
گفت رازی که نهان است ببین | اگرت دیدهٔ بینایی هست
هم از امروز سخن باید گفت | که خبر داشت که فردایی هست؟

۱۷

به نومیدی، سحرگه گفت امّید | که کس ناسازگاری چون تو نشنید
به هرسو دست شوقی بود، بستی | به هرجا خاطری دیدی، شکستی
کشیدی بر در هر دل سپاهی | ز سوزی، ناله‌ای، اشکی و آهی
زبونی هرچه هست و بود از توست | بساط دیده اشک‌آلود از توست
بس است این کار بی‌تدبیر کردن | جوانان را به حسرت پیر کردن
بدین تلخی ندیدم زندگانی | بدین بی‌مایگی بازارگانی
نهی بر پای هر آزاده بندی | رسانی هر وجودی را گزندی
به اندوهی بسوزی خرمنی را | کشی از دست مهری دامنی را
غبارت چشم را تاریکی آموخت | شرارت ریشهٔ اندیشه را سوخت

دوصد راه هوس را چاه کردی هزاران آرزو را آه کردی
ز امواج تو ایمن، ساحلی نیست ز تاراج تو فارغ، حاصلی نیست
مرا در هر دلی، خوش جایگاهی‌ست به سوی هر ره تاریک راهی‌ست
دهم آزردگان را مومیایی شوم در تیرگی‌ها روشنایی
دلی را شاد دارم با پیامی نشانم پرتوی را با ظلامی
عروس وقت را آرایش از ماست بنای عشق را پیدایش از ماست
غمی را ره ببندم با سروری سلیمانی پدید آرم ز موری
به هر آتش، گلستانی فرستم به هر سرگشته، سامانی فرستم
خوش آن رمزی که عشقی را نوید است خوش آن دل کاندران نور امید است
بگفت ای دوست، گردش‌های دوران شما را هم کند چون ما پریشان
مرا با روشنایی نیست کاری که ماندم در سیاهی، روزگاری
نه یکسان‌اند نومیدی و امّید جهان بگریست بر من، بر تو خندید
در آن مدّت که من امید بودم به کردار تو خود را می‌ستودم
مرا هم بود شادی‌ها، هوس‌ها چمن‌ها، مرغ‌ها، گل‌ها، قفس‌ها
مرا دل‌سردی ایّام بگداخت همان ناسازگاری، کار من ساخت
چراغ شب ز باد صبحگه مُرد گل دوشینه یک شب ماند و پژمرد
سیاهی‌های محنت جلوه‌ام برد درشتی دیدم و گشتم چنین خرد
شبانگه در دلی تنگ آرمیدم شدم اشکی و از چشمی چکیدم
ندیدم ناله‌ای بودم سحرگاه شکنجی دیدم و گشتم یکی آه

تو بنشین در دلی کز غم بود پاک
خوش‌اند آری مرا دل‌های غمناک

چو گوی از دست ما بردند فرجام
چه فرق اَر اسب توسن بود یا رام

گذشت امّید و چون برقی درخشید
هماره کِی درخشد برق امّید؟

۱۸

با دوکِ خویش، پیرزنی گفت وقتِ کار
کاوخ! ز پنبه ریشتنم موی شد سفید

از بس که بر تو خَم شدم و چشم دوختم
کم‌نور گشت دیده‌ام و قامتم خمید

اَبر آمد و گرفت سر کُلبهٔ مرا
بر من گریست زار که فصل شَتا رسید

جز من که دستم از همه‌چیز جهان تهی‌ست
هرکس که بود، برگ زمستان خود خرید

بی‌زر، کسی به کس ندهد هیزم و زغال
این آرزوست گر نگری، آن یکی امید

بربست هر پرنده درِ آشیان خویش
بگریخت هر خزنده و در گوشه‌ای خزید

نور از کجا به روزنِ بیچارگان فُتَد
چون گشت آفتابِ جهان‌تاب ناپدید

از رنجِ پاره دوختن و زحمتِ رفو
خونابهٔ دلم ز سرانگشت‌ها چکید

یک جایِ وصله در همهٔ جامه‌ام نماند
زین روی وصله کردم، از آن رو ز هم درید

دیروز خواستم چو به سوزن کنم نخی
لرزید بند دستم و چشمم دگر ندید

من بس گرسنه خفتم و شب‌ها مَشام من
بوی طعام خانهٔ همسایگان شنید

ز اندوه دیر گشتن اندود بام خویش
هرگه که اَبر دیدم و باران، دلم طپید

پرویزن است سقفِ من، از بس شکستگی
در برف و گِل چگونه تواند کس آرمید

هنگامِ صبح در عوض پرده، عنکبوت
بر بام و سقفِ ریخته‌ام، تارها تنید

در بـاغِ دهـر بـهـر تـمـاشـای غنچه‌ای
بر پای من به هر قدمی خارها خَلید

سـیـلاب‌هـای حـادثـه بـسـیـار دیـده‌ام
سیل سرشک زآن سبب از دیده‌ام دوید

دولت چه شد که چهره ز درماندگان بتافت؟
اقبال از چه راه، ز بیچارگان رمید؟

پروین، توانگران غمِ مسکین نمی‌خورند
بیهوده‌اش مکوب که سرد است این حَدید

۱۹

تا به کی جان کندن اندر آفتاب ای رنجبر؟
ریختن از بهر نان، از چهر آب ای رنجبر؟

زین همه خواری که بینی ز آفتاب و خاک و باد
چیست مزدت جز نکوهش یا عتاب ای رنجبر؟

از حقوق پایمال خویشتن کن پرسشی
چند می‌ترسی ز هر خان و جناب ای رنجبر؟

جمله آنان را که چون زالو مکندت خون بریز
وَندر آن خون دست و پایی کن خضاب ای رنجبر

دیو آز و خودپرستی را بگیر و حبس کن
تا شود چهر حقیقت بی‌حجاب ای رنجبر

حاکم شرعی که بهر رشوه فتوا می‌دهد
کی دهد عرض فقیران را جواب ای رنجبر؟

آن که خود را پاک می‌داند ز هر آلودگی
می‌کند مردارخواری چون غُراب ای رنجبر

گر که اطفال تو بی‌شامند شب‌ها باک نیست
خواجه تِیهو می‌کند هر شب کباب ای رنجبر

گر چراغت را نبخشیده است گردون روشنی
غم مخور، می‌تابد امشب ماهتاب ای رنجبر

درخور دانش امیرانند و فرزندانشان
تو چه خواهی فهم کردن از کتاب ای رنجبر؟

مردم آنان‌اند کز حکم و سیاست آگه‌اند
کارگر کارش غم است و اضطراب ای رنجبر

هر که پوشد جامهٔ نیکو، بزرگ و لایق اوست
رو تو صدها وصله داری بر ثیاب ای رنجبر

جامه‌ات شوخ است و رویت تیره رنگ از گرد و خاک
از تو می‌بایست کردن اجتناب ای رنجبر

هرچه بنویسند حُکّام اندرین محضر رواست
کس نخواهد خواستن زیشان حساب ای رنجبر

۲۰

ای گربه، تو را چه شد که ناگاه رفتی و نیامدی دگر بار؟
بس روز گذشت و هفته و ماه معلوم نشد که چون شد این کار
جای تو شبانگه و سحرگاه در دامن من تهی‌ست بسیار
در راه تو کَند آسمان چاه کار تو زمانه کرد دشوار
پیدا نه به خانه‌ای، نه بر بام
ای گمشدهٔ عزیز، دانی کز یاد نمی‌شوی فراموش
بُرد آن که تو را به میهمانی دستیت کشید بر سر و گوش؟
بنواخت تو را به مهربانی؟ بنشاند تو را دمی در آغوش؟
می‌گویمت این سخن نهانی در خانهٔ ما ز آفت موش
نه پخته به جای ماند و نه خام
آن پنجهٔ تیز در شب تار کرده‌ست گهی شکار ماهی
گشته‌ست به حیله‌ای گرفتار در چنگ تو مرغ صبحگاهی
افتد گذرت به سوی انبار بانو دهدت هر آنچه خواهی
در دیگ طمع، سرت دگر بار آلود به روغن و سیاهی
چونی به زمان خواب و آرام؟
آن روز تو داشتی سه فرزند از خندهٔ صبحگاه خوش‌تر
خفتند نژند روزکی چند در دامن گربه‌های دیگر
فرزند ز مادر است خرسند بیگانه کجا و مهر مادر؟

چون عهد شد و شکست پیوند گشتند بسان دوک لاغر
مردند و برون شدند زین دام

از بازی خویش یاد داری بر بام، شبی که بود مهتاب
گشتی چو ز دست من فراری افتاد و شکست کوزهٔ آب
ژولید، چو آب گشت جاری آن موی به از سمور و سنجاب
زان آشتی و ستیزه‌کاری ماندی تو ز شبروی، من از خواب
با آن همه توسنی شدی رام

آنجا که طبیب شد بداندیش افزوده شود به دردمندی
این مار همیشه می‌زند نیش زنهار به زخم کس نخندی
هشدار، بسی‌ست در پس و پیش بیغوله و پستی و بلندی
با حمله قضا نرانی از خویش با حیله ره فلک نبندی
یغماگر زندگی‌ست ایّام

۲۱

ای مرغک خرد، ز آشیانه پرواز کن و پریدن آموز
تا کی حرکات کودکانه در باغ و چمن چمیدن آموز
رام تو نمی‌شود زمانه رام از چه شدی؟ رمیدن آموز
مندیش که دام هست یا نه بر مردم چشم، دیدن آموز
شو روز به فکر آب و دانه هنگام شب، آرمیدن آموز

از لانه برون مخسب زنهار

این لانهٔ ایمنی که داری	دانی که چسان شده‌ست آباد
کردند هزار استواری	تا گشت چنین بلند بنیاد
دادند به اوستادکاری	دوریش ز دستبرد صیّاد
تا عمر، تو با خوشی گذاری	وز عهد گذشتگان کنی یاد
یک روز، تو هم پدید آری	آسایش کودکان نوزاد

گه دایه شوی، گهی پرستار

این خانهٔ پاک، پیش از این بود	آرامگه دو مرغ خرسند
کرده به گِل آشیانه اندود	یکدل شده از دو عهد و پیوند
یکرنگ، چه در زیان چه در سود	هم رنجبر و هم آرزومند
از گردش روزگار خشنود	آورده پدید بیضه‌ای چند
آن یک، پدر هزار مقصود	وین مادرِ بس نهفته فرزند

بس رنج کشید و خورد تیمار

گاهی نگران به بام و روزن	بنشست برای پاسبانی
روزی بپرید سوی گلشن	در فکرت قوت زندگانی
خاشاک بسی ز کوی و برزن	آورد برای سایبانی
یکچند به لانه کرد مسکن	آموخت حدیث مهربانی
آنقدر پرش بریخت از تن	آنقدر نمود جان‌فشانی

تا راز نهفته شد پدیدار

آن بیضه به هم شکست و مادر　　در دامن مهر پروراندت
چون دید تو را ضعیف و بی‌پر　　زیر پر خویشتن نشاندت
بس رفت به کوه و دشت و کُهسر　　تا دانه و میوه‌ای رساندت
چون گشت هوای دهر خوش‌تر　　بر بامک آشیانه خواندت
بسیار پرید تا که آخر　　از شاخه به شاخه‌ای پراندت
آموخت بَسیت رسم و رفتار
داد آگهی‌اَت چنان‌که دانی　　از زحمت حبس و فتنهٔ دام
آموخت همی که تا توانی　　بی‌گاه مَپَر به برزن و بام
هنگام بهار زندگانی　　سرمست به راغ و باغ مخرام
کوشید بسی که درنمانی　　روز عمل و زمان آرام
برد این‌همه رنج رایگانی　　چون تجربه یافتی سرانجام
رفت و به تو واگذاشت این کار

۲۲

عالِمی طعنه زد به نادانی　　که به هر موی من دوصد هنر است
چون تویی را به نیمجو نخرند　　مرد نادان ز چارپا بَتَر است
نه تن این، بر دل تو بار بلاست　　نه سر این، بر تن تو دردسر است
بَرِ شاخ هنر چگونه خوری؟　　تو که کارت همیشه خواب و خَور است
نشود هیچگاه پیرو جهل　　هرکه در راه علم، رهسپر است

نسزد زندگی و بی‌خبری	مرده است، آن که چون تو بی‌خبر است
ره آزادگان، دگر راهی‌ست	مردمی را اشارتی دگر است
راحت آن را رسد که رنج بَرَد	خرمن آن را بود که برزگر است
هنر و فضل در سپهر وجود	عالم‌افروز چون خور و قمر است
گر تو هفتاد قرن عمر کنی	هستی‌اَت هیچ و فرصتت هدر است
سرِ ما را به سر بسی سوداست	رهِ ما را هزار رهگذر است
نه شما را ز دهر منظوری‌ست	نه کسی را سوی شما نظر است
همهٔ خلق، دوستان من‌اند	مگسان‌اند هر کجا شکر است
همچو مرغ هوا سبک بپرم	که مرا علم، همچو بال و پر است
وقت تدبیر، دانشم یار است	روز میدان، فضیلتم سپر است
باغ حکمت، خزان نخواهد دید	هر زمان جلوه‌ایش تازه‌تر است
هم‌ترازوی گنج عرفان نیست	هرچه در کان دهر، سیم و زر است
عقل، مرغ است و فکر دانهٔ او	جسم راهی و روح راهبر است
هم ز جهل تو سوخت حاصل تو	عمر چون پنبه، جهل چون شرر است
صبح ما شامگه نخواهد داشت	آفتاب شما به باختر است
تو ز گفتار من بسی بتری	آنچه گفتم هنوز مختصر است
گفت ما را سر مناقشه نیست	این چه پُرگویی و چه شور و شر است؟
بی‌سبب گرد جنگ و کینه مگرد	که نه هر جنگجوی را ظفر است
فضل، خود همچو مشک، غَمّاز است	علم، خود همچو صبح، پرده‌در است

چون بنایی‌ست پست، خودبینی	که نه‌اش پایه و نه بام و در است
گفتهٔ بی‌عمل چو باد هواست	ابره را محکمی ز آستر است
هیچ‌گه شمع بی‌فتیله نسوخت	تا عمل نیست، علم بی‌اثر است
خویش را خیره بی‌نظیر مدان	مادر دهر را بسی پسر است
اگرت دیده‌ای‌ست، راهی پوی	چند خندی بر آن که بی‌بصر است؟
نیکنامی ز نیککاری زاد	نه ز هر نام، شخص نامور است
خویشتن‌خواه را چه معرفت است؟	شاخه عُجب را چه برگ و بر است؟
از سخن گفتن تو دانستم	که نه خشک اندرین سبد، نه تر است
در تو برقی ز نور دانش نیست	همه باد بُروتِ بی‌ثمر است
اگر این است فضل اهل هنر	خُنُکا آنکسی که بی‌هنر است

۲۳

عدسی وقت پختن، از ماشی	روی پیچید و گفت این چه کسی‌ست؟
ماش خندید و گفت غرّه مشو	زآنکه چون من فزون و چون تو بسی‌ست
هرچه را می‌پزند، خواهد پخت	چه تفاوت که ماش یا عدسی‌ست
جز تو در دیگ، هرچه ریخته‌اند	تو گمان می‌کنی که خار و خسی‌ست
زحمتِ من برای مقصودی‌ست	جست و خیز تو بهر مُلتَمَسی‌ست
کارگر هرکه هست محترم است	هرکسی در دیار خویش کسی‌ست
فرصت از دست می‌رود، هشدار	عمر چون کاروان بی‌جَرسی‌ست

هر پری را هوای پروازی‌ست — گر پرِ باز و گر پرِ مگسی‌ست
جز حقیقت، هر آنچه می‌گوییم — های‌هویی و بازی و هوسی‌ست
چه توان کرد اندرین دریا؟ — دست و پا می‌زنیم تا نفسی‌ست
نه تو را بر فرار، نیرویی‌ست — نه مرا بر خلاص، دسترسی‌ست
همه را بار برنهند به پُشت — کس نپرسد که فاره یا فَرسی‌ست
گر که طاووس یا که گنجشکی — عاقبت رمز دامی و قفسی‌ست

۲۴

بادی وزید و لانهٔ خردی خراب کرد — بشکست بامکی و فروریخت بر سری
لرزید پیکری و تبه گشت فرصتی — افتاد مرغکی و ز خون سرخ شد پری
از ظلم رهزنی، ز رهی ماند رهروی — از دستبرد حادثه‌ای، بسته شد دری
از هم گسست رشتهٔ عهد و مودتی — نابود گشت نام و نشانی ز دفتری
فریاد شوق دیگر از آن لانه برنخاست — و آن خار و خس فکنده شد آخر در آذری
ناچیز گشت آرزوی چند ساله‌ای — دور اوفتاد کودک خردی ز مادری

۲۵

بلبلی از جلوهٔ گل بی‌قرار — گشت طربناک به فصل بهار
در چمن آمد غزلی نغز خواند — رقص‌کنان بال و پری برفشاند
بی‌خود از این سوی بدان سو پرید — تا که به شاخ گل سرخ آرمید

پهلوی جانان چو بیفکند رخت / مورچه‌ای دید به پای درخت
با همه هیچی، همه تدبیر و کار / با همه خردی، قدمش استوار
ز انده ایّام نگردد زبون / رایت سَعیَش نشود واژگون
قصّه نرانَد ز بتان چمن / پا ننهد جز به رهِ خویشتن
مرغک دلداده به عجب و غرور / کرد یکی لحظه تماشای مور
خنده‌کنان گفت که ای بی‌خبر / مور ندیدم چو تو کوته‌نظر
روز نشاط است، گه کار نیست / وقت غم و توشهٔ انبار نیست
همرهی طالع فیروز بین / دولت جان‌پرور نوروز بین
هان مکش این زحمت و مَشکَن کمر / هین بنشین، می‌شنو و می‌نگر
نغمهٔ مرغان سحرخیز را / معجزهٔ ابر گهرریز را
مور بدو گفت، بدین‌سان جواب / غافلی، ای عاشق بی‌صبر و تاب
نغمهٔ مرغ سحری هفته‌ای‌ست / قهقهٔ کبک دری هفته‌ای‌ست
روز تو یک روز به پایان رسد / نوبت سرمای زمستان رسد
همچو من ای دوست، سرایی بساز / جایگه توش و نوایی بساز
برنشد از روزن کس، دود ما / نیست جز از مایهٔ ما، سود ما
ساخته‌ام بام و در و خانه‌ای / تا نروم بر در بیگانه‌ای
تو به سخن تکیه کنی، من به کار / ما هنر اندوخته‌ایم و تو عار
کارگر خاکم و مزدور باد / مزد مرا هرچه فلک داد، داد
لانه بسی تنگ و دلم تنگ نیست / بس هنرم هست، ولی ننگ نیست

کار خود، ای دوست نکو می‌کنم	پارگی وقت رفو می‌کنم
شبچره داریم شب و روز چاشت	روزی ما کرد سپهر آنچه داشت
سر ننهادیم به بالین کس	بالش ما همّت ما بود و بس
رنجه کن امروز چو ما، پای خویش	گرد کن آذوقهٔ فردای خویش
خیز و بیندای به گِل، بام را	بنگر از آغاز، سرانجام را
لانه دل‌افروزتر است از چمن	کار، گران‌سنگ‌تر است از سخن
گر نروی راست در این راه راست	چرخ بلند از تو کند بازخواست
گر نشوی پخته در این کارها	دهر به دوش تو نهد بارها
گل دو سه روزی‌ست تو را میهمان	می‌بردش فتنهٔ باد خزان
گفت ز سرما و زمستان مگو	مسألهٔ توبه به مستان مگو
نوگل ما را ز خزان باک نیست	باد چرا می‌بردش؟ خاک نیست
ما ز گِل اندود نکردیم بام	دامن گُل بستر ما شد مدام
عاشق دل‌سوخته آگه نشد	آگه ازین فرصت کوته نشد
شب‌همه‌شب بر سر آن شاخه خُفت	هر سحرش «چشم بَدَت دور» گفت
کاش بدان‌گونه که امّید داشت	باغ و چمن رونق جاوید داشت
چون که مهی چند بدین‌سان گذشت	گشت خریف و گه جولان گذشت
چِهر چمن زرد شد از تندباد	برگ ز گل، غنچه ز گلشن فتاد
دولت گلزار به یکجا برفت	وآن گل صد برگ به یغما برفت
در رخ دلدار جمالی نماند	شام خوشی، روز وصالی نماند

طرح چمن طیب و صفایی نداشت　　گلبن پژمرده بهایی نداشت
دزد خزان آمد و کالا ربود　　راحت از آن عاشق شیدا ربود
دید که هنگام زمستان شده　　موسم هشیاری مستان شده
خرمنش از برق هوی سوخته　　دانه و آذوقه نیندوخته
اندُهش از دیده و دل نور برد　　دست طلب نزد همان مور برد
گفت چنین خانه و مهمان کجا؟　　مور کجا، مرغ سلیمان کجا؟
گفت یکی روز مرا دیده‌ای　　نیک بیندیش کجا دیده‌ای؟
گفت حدیث تو به گوش آشناست　　مُنعم دوشینه، چرا بی‌نواست؟
در صف گلشن نه چنان دیدمت　　رقص‌کنان، نغمه‌زنان دیدمت
لقمهٔ بی‌دود و دمی داشتی　　صحبت زیباصنمی داشتی
بر لب هر جوی، صلا می‌زدی　　طعنه به خاموشی ما می‌زدی
بسترت آن روز گل‌آمود بود　　خاطرت آسوده و خشنود بود
ریخته بال و پر زرّین تو　　چونی و چون است نگارین تو؟
گفت نگارین مرا باد برد　　می‌شنوی؟ آن گل نوزاد مُرد
مرحمتی می‌کن و جاییم ده　　گرسنه‌ام، برگ و نواییم ده
گفت که در خانه مرا سور نیست　　ریزه‌خور مور به جز مور نیست
رو که در خانهٔ خود بسته‌ایم　　نیست گه کار، بسی خسته‌ایم
دانه و قوتی که در انبان ماست　　توشهٔ سرمای زمستان ماست
رو بنشین تا که بهار آیدت　　شاهد دولت به کنار آیدت

چرخ به کار تو قراری دهد شاخ گلی روید و باری دهد
ما نگرفتیم ز بیگانه وام پخته ندادیم به سودای خام
مورچه گر وام دهد، خود گداست چون تو در ایّام شَتا، ناشتاست

۲۶

به ماه دی، گلستان گفت با برف که ما را چند حیران می‌گذاری؟
بسی باریده‌ای بر گلشن و راغ چه خواهد بود گر زین پس نباری؟
بسی گلبن، کفن پوشید از تو بسی کردی به خوبان سوگواری
شکستی هرچه را، دیگر نپیوست زدی هر زخم، گشت آن زخم کاری
هزاران غنچهٔ نشکفته بردی نوید برگ سبزی هم نیاری
چو گستردی بساط دشمنی را هزاران دوست را کردی فراری
بگفت ای دوست، مهر از کینه بشناس ز ما ناید به جز تیمارخواری
هزاران راز بود اندر دل خاک چه کردستیم ما جز رازداری؟
به هر بی‌توشه ساز و برگ دادم نکردم هیچ‌گه ناسازگاری
بهار از دکّهٔ من حُلّه گیرد شکوفه باشد از من یادگاری
من آموزم درختان کهن را گهی سرسبزی و گه میوه‌داری
مرا هر سال، گردون می‌فرستد به گلزار از پی آموزگاری
چمن یکسر نگارستان شد از من چرا نقش بد از من می‌نگاری؟
به گل گفتم رموز دل‌فریبی به بلبل، داستان دوستاری

ز من، گل‌های نوروزی شب و روز　فراگیرند درس کامکاری
چو من گنجور باغ و بوستانم　درین گنجینه داری، هرچه داری
مرا با خود ودیعت‌هاست پنهان　ز دوران بدین بی‌اعتباری
هزاران گنج را گشتم نگهبان　بدین بی‌پایی و ناپایداری
دل و دامن نیالودم به پستی　بَری بودم ز ننگ بدشعاری
سپیدم زآن سبب کردند در بر　که باشد جامهٔ پرهیزکاری
قضا بس کار بشمرد و به من داد　هزاران کار کردم، گر شماری
برای خواب سرو و لاله و گل　چه شب‌ها کرده‌ام شب زنده‌داری
به خیری گفتم اندر وقت سرما　که میل خواب داری؟ گفت آری
به بلبل گفتم اندر لانه بنشین　که ایمن باشی از باز شکاری
چو نسرین اوفتاد از پای، گفتم　که باید صبر کرد و بردباری
شکستم لاله را ساغر که دیگر　ننوشد می به وقت هوشیاری
فشردم نرگس مخمور را گوش　که تا بیرون کند از سر خماری
چو سوسن خسته شد، گفتم چه خواهی؟　بگفت اَر راست باید گفت، یاری
ز برف آماده گشت آب گوارا　گوارایی رسد زین ناگواری
بهار از سردی من یافت گرمی　مَنَش دادم کلاه شهریاری
نه گندم داشت برزیگر، نه خرمن　نمی‌کردیم گر ما پرده‌داری
اگر یک سال گردد خشکسالی　زبونی باشد و بدروزگاری
از این پس، باغبان آید به گلشن　مرا بگذشت وقت آبیاری

روان آید به جسم، این مردگان را	ز باران و ز باد نوبهاری
درختان، برگ و گل آرند یکسر	بدل بر فربهی گردد نزاری
به چهر سرخ گل، روشن کنی چشم	نه بیهودهست این چشمانتظاری
نثارم گل، رهآوردم بهار است	رهآورد مرا هرگز نیاری
عروس هستی از من یافت زیور	تو اکنون از مَنَش کن خواستگاری
خبر ده بر خداوندان نعمت	که ما کردیم این خدمتگزاری

۲۷

شنیدستم که وقت برگریزان	شد از باد خزان، برگی گریزان
میان شاخهها خود را نهان داشت	رخ از تقدیر، پنهان چون توان داشت؟
به خود گفتا کز این شاخ تنومند	قضایم هیچگه نتواند افکند
سَموم فتنه کرد آهنگ تاراج	ز تنها سر، ز سرها دور شد تاج
قبای سرخ گل دادند بر باد	ز مرغان چمن برخاست فریاد
ز بُن برکند گردون بس درختان	سیه گشت اختر بس نیکبختان
به یغما رفت گیتی را جوانی	که را بود این سعادت جاودانی؟
ز نرگس دل، ز نسرین سر شکستند	ز قمری پا، ز بلبل پر شکستند
برفت از روی، رونق بوستان را	چه دولت بیگلستان، باغبان را؟
ز جانسوز اخگری برخاست دودی	نه تاری ماند زآن دیبا، نه پودی
به خود هر شاخهای لرزید ناگاه	فتاد آن برگ مسکین بر سر راه

از آن افتادن بی‌گه، برآشفت نهان با شاخک پژمان چنین گفت

که پروردی مرا روزی در آغوش به روز سختی‌ام کردی فراموش

نشاندی شاد چون طفلان به مَهدم زمانی شیر دادی، گاه شهدم

به خاک افتادنم، روزی چرا بود؟ نه آخر دایه‌ام باد صبا بود؟

هنوز از شکر نیکی‌هات شادم چرا بی‌موجبی دادی به بادم

هنرهای تو نیرومندی‌ام داد ره و رسم خوشت، خرسندی‌ام داد

گمان می‌کردم ای یار دلارای که از سعی تو باشم پای بر جای

چرا پژمرده گشت این چهر شاداب؟ چه شد کز من گرفتی رونق و آب؟

به یاد رنج روز تنگدستی خوش است از زیردستان سرپرستی

نمودی همسر خوبان باغم ز طیب گل، بیاکندی دماغم

کنون بگسستی‌ام پیوند یاری ز خورشید و ز باران بهاری

دمی کز باد فروردین شکفتم به دامان تو روزی چند خفتم

نسیمی دلکشم آهسته بنشاند مرا بر تن، حریر سبز پوشاند

من آن‌گه خرّم و فیروز بودم نخستین مژدهٔ نوروز بودم

نویدی داد هر مرغی ز کارم گهرها کرد هر ابری نثارم

گرفتم، داشتم فرخنده نامی چه حاصل؟ زیستم صبحی و شامی

بگفتا بس نمانَد برگ بر شاخ حوادث را بوَد سرپنجه گستاخ

چو شاهین قضا را تیز شد چنگ نه از صلحت رسد سودی، نه از جنگ

چو مانَد شبرو ایّام بیدار نه مست اندر امان باشد، نه هشیار

جهان را هر دم آیینی و راییست — چمن را هم سَموم و هم صباییست
تو را از شاخکی کوته فکندند — ولیک از بس درختان ریشه کندند
تو از تیر سپهر اَر باختی رنگ — مرا نیز افکند دست جهان سنگ
نخواهد ماند کس دائم به یک حال — گل پارین نخواهد رُست امسال
ندارد عهد گیتی استواری — چه خواهی کرد غیر از سازگاری؟
ستمکاری، نخست آیین گرگ است — چه داند برّه کوچک یا بزرگ است
تو همچون نقطه، درمانی درین کار — که چون میگردد این فیروزه پرگار؟
نه تنها بر تو زد گردون شبیخون — مرا نیز از دل و دامن چکد خون
جهانی سوخت ز آسیب تگرگی — چه غم کز شاخکی افتاد برگی؟
چو تیغ مهرگانی برستیزد — ز شاخ و برگ، خون ناب ریزد
بساط باغ را بیگل صفا نیست — تو برگی، برگ را چندان بها نیست
چو گل یک هفته ماند و لاله یک روز — نزیبد چون تویی را ناله و سوز
چو آن گنجینه را گلشن شد از دست — چه غم گر برگ خشکی نیست یا هست؟
مرا از خویشتن برتر مپندار — تو بشکستی، مرا بشکست بازار
کجا گردن فرازد شاخساری — که بر سر نیستش برگی و باری؟
نماند بر بلندی هیچ خودخواه — درافتد چون تو روزی بر گذرگاه

۲۸

بنفشه صبحدم افسرد و باغبان گفتش — که بیگه از چمن آزرد و زود روی نهفت

جواب داد که ما زود رفتنی بودیم	چرا که زود فسرد آن گلی که زود شکفت
کنون شکسته و هنگام شام، خاک رهم	تو خود مرا سحر از طرف باغ خواهی رُفت
غم شکستگی‌ام نیست، زآنکه دایهٔ دهر	به روز طفلی‌ام از روزگـار پیری گفت
ز نَرد زندگی ایمن مشو که طاسک بخت	هـزار طـاق پـدیـد آرد از پـی جفت
به جرم یک دو صباحی نشستن اندر باغ	هـزار قرن در آغـوش خاک باید خفت
خوش آن کسی که چو گل، یک دو شب به گلشن عمر	نخفت و شبرو ایّام هرچه گفت، شنفت

۲۹

خمید نرگس پژمرده‌ای ز اَنده و شرم	چـو دیـد جـلـوهٔ گـل‌هـای بوستانی را
فِکند بـر گـل خـودروی دیـدهٔ امّید	نهفته گفت بدو این غم نهانی را
که بر نکرده سر از خاک، در بسیط زمین	شـدم نشـانه، بلاهـای آسـمانی را
مرا به سفرهٔ خالی، زمانه مهمان کرد	ندیده چشم کس اینگونه میهمانی را
طبیب باد صبا را بگوی از ره مهر	که تا دوا کند این درد ناگهانی را
ز کاردانی دیروز من چه سود امروز؟	چو کار نیست، چه تأثیر کاردانی را
به چشم خیرهٔ ایّام هرچه خیره شدم	ندید دیدهٔ من روی مـهـربانی را
من از صبا و چمن بَدگمان نمی‌گشتم	زمـانـه در دلـم افکند بدگمانی را
چنان خوش‌اند گُل و ارغوان که پنداری	خـریـده‌اند همه مُلک شادمانی را
شکستم و نشد آگـاه بـاغبـان قضا	نخوانده بود مگر درس باغبانی را؟
به من جوانی خود را به سیم و زر بفروش	که زرّ و سیم کلید است کامرانی را

جواب داد که آیین روزگار این است
بسی بلندی و پستی‌ست زندگانی را

به کس نداد توانایی این سپهر بلند
که از پیَش نفرستاد ناتوانی را

هنوز تازه رسیدی و اوستاد فَلک
نگفته بهر تو اَسرار باستانی را

درآن‌مکان‌که‌جوانی‌دمی‌وعمر، شبی‌است
به خیره می‌طلبی عمرِ جاودانی را

نهان‌به‌هرگل‌وهرسبزه‌ای‌دوصدمعنی‌ست
به جز زمانه نداند کس این معانی را

ز گنج وقت، نوایی ببر که شبرو دهر
به رایگان بَرَد این گنج رایگانی را

ز رنگِ سرخِ گلِ ارغوان مشو دل‌تنگ
خزان سیه کند آن روی ارغوانی را

گران‌بهاست گل اندر چمن، ولی مشتاب
بَدل کنند به ارزانی این گرانی را

زمانه بر تن ریحان و لاله و نسرین
بسی دریده قباهای پرنیانی را

من و تو را ببرد دزدِ چرخِ پیر، از آنک
ز دزد خواسته بودیم پاسبانی را

چمن چگونه رَهَد ز آفتِ دی و بهمن؟
صبا چه چاره کند باد مهرگانی را؟

تو زرّ و سیم نگهدار کاندرین بازار
به سیم و زر نخریده‌ست کس جوانی را

۳۰

بزرگی داد یک درهم گدا را
که هنگام دعا یاد آر ما را

یکی خندید و گفت این درهم خُرد
نمی‌ارزید این بیع و شَرا را

روان پاک را آلوده مپسند
حجاب دل مکن روی و ریا را

مکن هرگز به طاعت خودنمایی
بران زین خانه، نفس خودنما را

بزن دزدان راه عقل را راه
مطیع خویش کن حرص و هوی را

چه دادی جز یکی درهم که خواهی بهشت و نعمت ارض و سما را؟
مشو گر ره‌شناسی، پیرو آز که گمراهی‌ست راه، این پیشوا را
نشاید خواست از درویش پاداش نباید کشت، احسان و عطا را
صفای باغ هستی، نیککاری‌ست چه رونق، باغ بی‌رنگ و صفا را؟
به نومیدی، در شفقت گشودن بس است امید رحمت، پارسا را
تو نیکی کن به مسکین و تهی‌دست که نیکی، خود سبب گردد دعا را
از آن بزمت چنین کردند روشن که بخشی نور، بزم بی‌ضیا را
از آن بازوت را دادند نیرو که گیری دست هر بی‌دست و پا را
از آن معنی پزشکت کرد گردون که بشناسی ز هم درد و دوا را
مشو خودبین که نیکی با فقیران نخستین فرض بوده‌ست اغنیا را
ز محتاجان خبر گیر، ای که داری چراغ دولت و گنج غنا را

به وقت بخشش و انفاق، پروین
نباید داشت در دل جز خدا را

۳۱

به غاری تیره، درویشی دمی خفت درآن خفتن، به او گنجی چنین گفت
که من گنجم، چو خاکم پست مشمار مرا زین خاکدان تیره بردار
بس است این انزوا و خاکساری کشیدن رنج و کردن بردباری
شکستن خاطری در سینه‌ای تنگ نهادن گوهر و برداشتن سنگ
فشردن در تنی، پاکیزه جانی همایی را فکندن استخوانی

به نام زندگی هر لحظه مردن
به جای آب و نان، خونابه خوردن

به خشت آسودن و بر خاک خفتن
شدن خاکستر و آتش نهفتن

تو را زین پس نخواهد بود رنجی
که دادت آسمان، بی‌رنج گنجی

ببر زین گوهر و زر، دامنی چند
بخر پاتابه و پیراهنی چند

برای خود مهیّا کن سرایی
چراغی، مُوزه‌ای، فرشی، قبایی

بگفت ای دوست، ما را حاصل از گنج
نخواهد بود غیر از محنت و رنج

چو می‌باید فکند این پشته از پشت
زر و گوهر چه یک دامن، چه یک مشت

تو را بهتر که جوید نامجویی
که ما را نیست در دل آرزویی

مرا افتادگی آزادگی داد
نیفتاد آن که مانند من افتاد

چو ما بستیم دیو آز را دست
چه غم گر دیو گردون دست ما بست؟

چو شد هر گنج را ماری نگهدار
نه این گنجینه می‌خواهم، نه آن مار

نهان در خانهٔ دل، رهزنان‌اند
که دائم در کمین عقل و جان‌اند

چو زر گردید اندر خانه بسیار
گهی دزد از در آید، گه ز دیوار

سبکباران سبک رفتند ازین کوی
نکردند این گل پر خار را بوی

ز تن زآن کاستم کز جان نکاهم
چو هیچم نیست، هیچ از کس نخواهم

فسون دیو، بی‌تأثیر خوش‌تر
عدوی نفس، در زنجیر خوش‌تر

هراس راه و بیم رهزنم نیست
که دیناری به دست و دامنم نیست

به سر خاک پدر، دخترکی	صورت و سینه به ناخن میخست
که نه پیوند و نه مادر دارم	کاش روحم به پدر میپیوست
گریه‌ام بهر پدر نیست که او	مُرد و از رنج تهی‌دستی رَست
زآن کنم گریه که اندر یَمِ بخت	دام بر هر طرف انداخت، گسست
شصت سال آفت این دریا دید	هیچ ماهیش نیفتاد به شست
پدرم مرد ز بی‌دارویی	وندرین کوی، سه داروگر هست
دل مسکینم از این غم بگداخت	که طبیبیش به بالین ننشست
سوی همسایه پی نان رفتم	تا مرا دید، در خانه ببست
همه دیدند که افتاده ز پای	لیک روزی نگرفتندش دست
آب دادم به پدر چون نان خواست	دیشب از دیدۀ من آتش جست
هم قبا داشت ثریا، هم کفش	دل من بود که ایّام شکست
این‌همه بخل چرا کرد؟ مگر	من چه می‌خواستم از گیتی پست
سیم و زر بود، خدایی گر بود	آه از این آدمی دیوپرست

۳۳

دید موری در رهی پیلی سترگ	گفت باید بود چون پیلان بزرگ
من چنین خرد و نزارم زآن سبب	که نه روز آسایشی دارم، نه شب
بار بردم، کار کردم هر نفس	نه گرفتم مزد، نه گفتند بس
ره سپردم روزها و ماه‌ها	اوفتادم بارها در راه‌ها

خاک را کندیم با جان‌کندنی		ساختیم آرامگاه و مأمنی
دانه آوردیم از جوی و جری		لانه پر کردیم با خشک و تری
خوی کردم با بد و نیک سپهر		نیکی‌ام را بد شمرد آن سست‌مهر
فیل با این جثّه دارد فیلبان		من بدین خُردی، زبون آسمان
نان فیل آماده هر شام و سحر		آب و دان مور اندر جوی و جر
فیل را شد، زینِ اطلس زیب پشت		بردباری، مور را افکند و کشت
فیل می‌بالد به خرطوم دراز		مور می‌سوزد برای برگ و ساز
کارم از پرهیزکاری بِه نشد		جز به نان حرص، کس فربه نشد
اوفتادستیم زیر چرخ جور		بر سر ما می‌زند این چرخ دور
آسیای دهر را چون گندمیم		گرچه پیداییم، پنهان و گمیم
بِه کزین پس ترک گویم لانه را		بهر موران واگذارم دانه را
از چه گیتی کرد بر من کار تنگ؟		از چه رو در راه من افکند سنگ؟
باید این سنگ از میان برداشتن		راه روشن در برابر داشتن
من از این ساعت شدم پیل دمان		نیست اینجا جای پیل و پیلبان
لانهٔ موران کجا و پیل مست؟		باید اندر خانهٔ دیگر نشست
حامی زور است چرخ زورمند		زورمندم من! نترسم از گزند
بعد از این باز است ما را چشم و گوش		کم نخواهد داد چرخ کمفروش
فیل گفت این راه مشکل واگذار		کار خود می‌کن، تو را با ما چه کار؟
گر شوی یک لحظه با من همسفر		هم در آن یک لحظه پیش آید خطر

گر بیایی یک سفر ما را ز پی	در سر و ساقت نه رگ ماند، نه پی
من به هر گامی که بنهادم به خاک	صد هزاران چون تو را کردم هلاک
من چه میدانم ملخ یا مور بود	هرچه بود، از آتش ما گشت دود
همعنان من شدن، کار تو نیست	توشهٔ این راه در بار تو نیست
در خیال آنکه کاری میکنی	خویش را گرد و غباری میکنی
ضعف خود گر سنجی و نیروی من	نگروی تا پای داری سوی من
لانه نزدیک است، از من دور شو	پیلی از موران نیاید، مور شو
حلقه بهر دام خودبینی مساز	آنچه بردستی، به نادانی مباز
من نمیبینم تو را در زیر پای	تا توانی زیر پای من میای
فیل را آن مور از دنبال رفت	هرکه رفت از ره، بدین منوال رفت
ناگهان افتاد زیر پای پیل	هم کثیر از دست داد و هم قلیل
روح بیپندار، زرّ بیغش است	آتش است این خودپسندی، آتش است
پنبهٔ این شعلهٔ سوزان شدیم	آتش پندار را دامان زدیم
جملگی همسایهٔ این اخگریم	پیش از آن کآبی رسد خاکستریم
حاصلی کِش آبیار، اهریمن است	سوزد، اریک خوشه، گرصد خرمن است
بار هرکس، در خور یارای اوست	موزهٔ هرکس برای پای اوست

گفت دیوار قصر پادشهی | که بلندی، مرا سزاوار است
هرکه مانند من سرافرازد | پایدار و بلندمقدار است
فرّخم زآن سبب که سایهٔ من | جای آسایش جهان‌دار است
نقش بام و دَرَم ز سیم و زر است | پرده‌ام از حریر گلنار است
در پناه من ایمن است ز رنج | شاه، گر خفته یا که بیدار است
سوی من، دزد ره نیابد از آنک | تا کمند افکند گرفتار است
همگی بر در من‌اند گدای | هرچه میر و وزیر و سالار است
قفل سیمم به نزد سیمگر است | پردهٔ اطلسم به بازار است
با مَنَش هیچ حیله درنگرفت | گرچه شبگرد چرخ، غدّار است
باد و برفم بسی بخَست و هنوز | قوّت و استقامتم یار است
من ز تدبیر خود بلند شدم | هرکه کوته‌نظر بود، خوار است
نیک‌بخت آن که نیّتش نیکوست | نیک‌نام آن که نیک‌رفتار است
قرن‌ها رفت و هیچ خم نشدم | گرچه دائم به پشت من بار است
اثر من به جای خواهد ماند | زآنکه محکم‌ترینِ آثار است
پایه گفت این‌قدر به خویش مناز | در و دیوار و بام، بسیار است
اندر آنجا که کار باید کرد | چه فضیلت برای گفتار است؟
نشنیدی که مردم هنری | هنر و فضل را خریدار است
معرفت هرچه هست، در معنی‌ست | نه درین صورت پدیدار است
گرچه فرخنده است مرغ همای | چون که افتاد و مُرد، مردار است

از تـو، کـار تـو پیشرفت نکرد		نکتهٔ دیگری دریـن کـار است
همه سنگینی تـو، روی من است		گر جـوی، گـر هـزار خـروار است
تـو ز مـن داری ایـن گران‌سنگی		پیکر بـی‌روان، سبکسار است
همه بـر پـای، از ثبات مـن‌اند		هرچه ایـوان و بـام و انبار است
گرچه ایـن کـاخ را منم بنیاد		سخن از خویش گفتنم عار است
کارهـا را شـمردن آسـان است		فکر و تدبیر کار دشـوار است
بـار هـر رهـنورد، یکسان نیست		ایـن سبک‌بار و آن گران‌بار است
هرکسی را وظیفه و عملی‌ست		رشتـه‌ای پـود و رشتـه‌ای تار است
وقـت پـرواز، بـال و پر باید		کـه نه ایـن کار چنگ و منقار است
همه پـروردگـان آب و گل‌اند		هرچه در باغ از گل و خار است
عـافیت از طبیب تـنهـا نیست		هـم ز دارو، هـم از پرستار است
هـر کجا نقطـه‌ای و دایـره‌ای‌ست		قصّـه‌ای هـم ز سیر پرگـار است
رو کـه اوّل، حدیث پایه کنند		هـر کجا گفتگوی دیـوار است

۳۵

به آب روان گفت گل کز تـو خواهم		کـه رازی کـه گـویم بـه بلبل بگویی
پیام ار فرستد، پیامش بیاری		بـه خاک ار درافتد، غبارش بشویی
بگویی کـه مـا را بـود دیده بر ره		کـه فـردا بیایی و مـا را ببویی
بگفتا بـه جـوی آب رفته نیاید		نیابی مـرا، گرچه عمری بجویی

پیامی که داری به پیک دگر ده
به امّید من هرگز این ره نپویی

من از جوی چون بگذرم برنگردم
چو پژمرده گشتی تو، دیگر نرویی

به فردا چه می‌افکنی کار امروز
بخوان آن‌کسی را که مشتاق اویی

بد اندیشه گیتی، به ناگه بدزدد
ز بلبل خوشی و ز گل خوب‌رویی

چو فردا شود، دیگرت کس نبوید
که بی‌رنگ و بی‌بوی، چون خاک کویی

دل از آرزو یک نفس بود خرّم
تو اندر دل باغ، چون آرزویی

چو آب روان خوش کن این مرز و بگذر
تو مانند آبی‌که اکنون به جویی

نکوکار شو تا توانی که دائم
نمانده‌ست در روی نیکو، نکویی

تو پاکیزه‌خو را شکیبی نباشد
چو گردون گردان کُند تندخویی

نبیند گه سختی و تنگ‌دستی
ز یاران یک‌دل، کسی جز دورویی

۳۶

ز سری، موی سپیدی روید
خنده‌ها کرد بر او موی سیاه

که چرا در صف ما بنشستی؟
تو ز یک راهی و ما از یک راه

گفت من با تو عبث ننشستم
بنشاندند مرا خواه‌نخواه

گه روییدن من بود امروز
گل تقدیر نروید بی‌گاه

رهرو راه قضا و قدرم
راهم این بود، نبودم گمراه

قاصد پیری‌ام، از دیدن من
این یکی گفت دریغ، آن یک آه

خرمن هستی خود کرد درو
هرکه بر خوشهٔ من کرد نگاه

سپهی بود جوانی که شکست	پیری امروز برانگیخت سپاه
رست چون موی سیه، موی سپید	چه خبر داشت که دارند اکراه
رنگ بالای سیه بسیار است	نیستی از خم تقدیر آگاه
گه سیه‌رنگ کند، گاه سفید	رنگرز اوست، مرا چیست گناه؟
چو تو، یک روز سیه بودم و خوش	سیهی گشت، سپیدی ناگاه
تو هم ای دوست چو من خواهی شد	باش یک روز بر این قصّه گواه
هرچه دانی، به من امروز بخند	تا که چون من کندت هفته و ماه
از سپید و سیه و زشت و نکو	هرچه هستیم، تباهیم تباه
قصّهٔ خویش دراز از چه کنیم؟	وقت بی‌گه شد و فرصت کوتاه

۳۷

به دامان گلستانی شبانگاه	چنین می‌کرد بلبل راز با ماه
که ای امّیدبخش دوستداران	فروغ محفل شب‌زنده‌داران
ز پاکیت، آسمان را فرّ و پاکی	ز انوارت، زمین را تابناکی
شبی کز چهره، بُرقع برگشایی	به رخسار گل افتد روشنایی
مرا خوشتر نباشد زآن دمی چند	که بر گلبرگ، بینم شبنمی چند
مبارک با تو، هرجا نوبهاریست	مصفّا از تو، هرجا کشتزاریست
نکویی کن چو در بالا نشستی	نزیبد نیکوان را خودپرستی
تو نوری، نور با ظلمت نخوابد	طبیب از دردمندان رخ نتابد

به کان اندر، تو بخشی لعل را فام تجلّی از تو گیرد باده در جام
فروغ‌افکن به هر کوتاه بامی که هر بامی نشانی شد ز نامی
چراغ پیرزن بس زود میرد خوش است اَر کلبه‌اش نور از تو گیرد
بدین پاکیزگی و نیکرایی گهی پیدا و گه پنهان چرایی؟
مرو در حصن تاریکی دگربار دل صاحبدلان را تیره مگذار
نشاید رهنمون را چاه کندن زمانی سایه، گه پرتو فکندن
بدین گردن‌فرازی، بندگی چیست؟ سیه‌کاری چه و تابندگی چیست؟
بگفتا دیدهٔ ما را بَرَد خواب به پیش جلوهٔ مهر جهان‌تاب
نه از خویش این‌چنین رخشان و پاکم ز تاب چهرهٔ خور تابناکم
هر آن نوری که بینی در من، او راست من اینجا خوشه‌چینم، خرمن او راست
نه تنها چهرهٔ تاریکم افروخت هنرها و تجلّی‌هایم آموخت
جهان‌افروزی از اخگر نیاید بزرگی خردسالان را نشاید
درین بازار هم چون و چرایی‌ست مرا نیز ار بپرسی رهنمایی‌ست
چرا بالم که در بالا نشستم؟ چو از خود نیست هیچم، زیردستم
فروغ من بسی بی‌رنگ و تاب است کجا مهتاب همچون آفتاب است؟
رخ افروزد چو مهر عالم‌آرای همان بهتر که من خالی کنم جای
مرا آگاه زین آیین نکردند فراتر زین رَهَم تلقین نکردند
ز خطّ خویش گر بیرون نهم گام براندازندم از بالای این بام
من از نور دگر گشتم منوّر سحرگه بر تو بگشایند آن در

چو با نور و صفا کردیم پیوند
نمی‌پرسیم این چون است و آن چند

درین درگه، بلند او شد که افتاد
کسی استاد شد کاو داشت استاد

اگر کارآگهی، آگه ز کاری‌ست
هم از شاگردیِ آموزگاری‌ست

چه خوانی بندگی را بی‌نیازی؟
چه نامی عجز را گردن‌فرازی؟

درین شطرنج، فرزین دیگری بود
کجا مانند زر باشد زراندود

بباید زین مجازی جلوه رستن
سوی نور حقیقت رخت بستن

گهی پیدا شویم و گاه پنهان
چنین بوده‌ست حکم چرخ گردان

هزاران نکته اندر دل نهفتیم
یکی بود از هزار، اینها که گفتیم

ز آغاز، انده انجام داریم
زمانه وام ده، ما وامداریم

توانگر چون شویم از وام ایّام
چو فردا بازخواهدخواست این وام؟

بر آن قوم آگهان، پروین، بخندند
که بس بی‌مایه، امّا خودپسندند

۳۸

نهال تازه‌رسی گفت با درختی خشک
که‌ازچه‌روی، توراهیچ‌برگ‌و‌باری‌نیست؟

چرا بدین صفت از آفتاب سوخته‌ای؟
مگر به طرف چمن، آب و آبیاری نیست

شکوفه‌های من از روشنی چو خورشیدند
به برگ و شاخهٔ من، ذرّهٔ غباری نیست

چرا ندوخت قبای تو، دَرزی نوروز؟
چرا به‌گوش‌تو، از ژاله‌گوشواری‌نیست؟

شدی خمیده و بی‌برگ و بار و دم نزدی
به زیر بار جفا، چون تو بردباری نیست

مرا صنوبر و شمشاد و گل شدند ندیم
تو را چه‌شد که‌رفیقی و دوستاری‌نیست؟

جواب داد که یاران، رفیق نیمرهاند	به روز حادثه، غیر از شکیب، یاری نیست
تو قدر خرّمی نوبهار عمر بدان	خزان گلشن ما را دگر بهاری نیست
از آن به سوختن ما دلت نمی‌سوزد	کزین سموم، هنوزت به جان شراری نیست
شکستگی و درستی تفاوتی نکند	من و تو را چو درین بوستان قراری نیست
ز من به طرف چمن سال‌ها شکوفه شکفت	ز دهر، دیگرم امسال انتظاری نیست
بسی به کارگه چرخ پیر بردم رنج	گه شکستگی آگه شدم که کاری نیست
تو نیز همچو من آخر شکسته خواهی شد	حصاریان قضا را ره فراری نیست
گهی گران بفروشندمان و گه ارزان	به نرخ سودگر دهر، اعتباری نیست
هر آن قماش کزین کارگه برون آید	تمام نقش فریب است، پود و تاری نیست
هر آنچه می‌کند، ایّام می‌کند با ما	به دست هیچ‌کس ای دوست اختیاری نیست
به روزگار جوانی، خوش است کوشیدن	چرا که خوش‌تر ازین، وقت و روزگاری نیست
کدام غنچه که خونش به دل نمی‌جوشد؟	کدام گل که گرفتار طعن خاری نیست؟
کدام شاخته که دست حوادثش نشکست؟	کدام باغ که یک روز شوره‌زاری نیست؟
کدام قصر دل‌افروز و پایهٔ محکم	که پیش باد قضا خاک رهگذاری نیست؟
اگر سفینهٔ ما، ساحل نجات ندید	عجب مدار که این بحر را کناری نیست

۳۹

در دست بانویی، به نخی گفت سوزنی	کای هرزه‌گرد بی‌سر و بی‌پا چه می‌کنی؟
ما می‌رویم تا که بدوزیم پاره‌ای	هرجا که می‌رسیم، تو با ما چه می‌کنی؟

خندید نخ که ما همه‌جا با تو همرهیم
بنگر به روز تجربه تنها چه می‌کنی؟
هر پارگی به همّت من می‌شود درست
پنهان چنین حکایت پیدا چه می‌کنی؟
در راه خویشتن، اثر پای ما ببین
ما را ز خطّ خویش، مجزّا چه می‌کنی؟
تو پایبند ظاهر کار خودی و بس
پرسندت ار ز مقصد و معنی، چه می‌کنی؟
گر یک شبی ز چشم تو خود را نهان کنیم
چون روز روشن است که فردا چه می‌کنی
جایی که هست سوزن و آماده نیست نخ
با این گزاف و لاف، در آنجا چه می‌کنی؟
خودبین چنان شدی که ندیدی مرا به چشم
پیش هزار دیدهٔ بینا چه می‌کنی؟

پندار، من ضعیفم و ناچیز و ناتوان
بی‌اتحاد من، تو توانا چه می‌کنی؟

۴۰

لاله‌ای با نرگس پژمرده گفت
بین که ما رخساره چون افروختیم
گفت ما نیز آن متاع بی‌بدل
شب خریدیم و سحر بفروختیم
آسمان، روزی بیاموزد تو را
نکته‌هایی را که ما آموختیم
خرّمی کردیم وقت خرّمی
چون زمان سوختن شد، سوختیم
تا سفر کردیم بر ملک وجود
توشهٔ پژمردگی اندوختیم
درزی ایّام زآن ره می‌شکافت
آنچه را زین راه، ما می‌دوختیم

۴۱

دختری خرد، به مهمانی رفت
در صف دخترکی چند، خزید

آن یک افکند بر ابروی گره — وین یکی جامه به یک‌سوی کشید
این یکی، وصلهٔ زانوش نمود — وآن، به پیراهن تنگش خندید
آن، ز ژولیدگی مویش گفت — وین، ز بی‌رنگی رویش پرسید
گرچه آهسته سخن می‌گفتند — همه را گوش فرا داد و شنید
گفت خندید به افتاده، سپهر — زآن شما نیز به من می‌خندید
ز که رنجد دل فرسودهٔ من؟ — باید از گردش گیتی رنجید
چه شکایت کنم از طعنهٔ خلق؟ — به من از دهر رسید، آنچه رسید
نیستید آگه ازین زخم، از آنک — مار اِدبار شما را نگزید
درزی مفلس و منعم نه یکی‌ست — فقر، از بهر من این جامه برید
مادرم دست بشست از هستی — دست شفقت به سر من نکشید
شانهٔ موی من، انگشت من است — هیچکس شانه برایم نخرید
هیمه دستم بخراشید سحر — خون به دامانم از آن روی چکید
تلخ بود آنچه به من نوشاندند — مِی تقدیر بباید نوشید
خوش بوَد بازی اطفال، ولیک — هیچ طفلیم به بازی نگزید
بهره از کودکی، آن طفل چه برد؟ — که نه خندید و نه جَست و نه دوید
تا پدید آمدم، از صرصر فقر — چون پر کاه، وجودم لرزید
هرچه بر دوک امل پیچیدم — رشته‌ای گشت و به پایم پیچید
چشمهٔ بخت که جز شیر نداشت — ما چو رفتیم، از آن خون جوشید
بینوا هر نفسی صد ره مُرد — لیک باز از غم هستی نرهید

چشم چشم است، نخوانده‌ست این رمز
که همه‌چیز نمی‌باید دید

پارهٔ سبز مرا بند گسست
موزهٔ سرخ مرا رنگ پرید

جامهٔ عید نکردم در بر
سوی گرمابه نرفتم شب عید

شاخک عمر من، از برق و تگرگ
سر نیفراشته، بشکست و خمید

همه اوراق دل من سیه است
یک ورق نیست از آن جمله سفید

هرچه برزیگر طالع کِشته است
از گل و خار، همان باید چید

این ره و رسم قدیم فلک است
که توانگر ز تهی‌دست برید

خیره از من نرمیدید شما
هرکه آفت زده‌ای دید، رمید

به نوید و به نوا طفل خوش است
من چه دارم ز نوا و ز نوید؟

کس به رویم در شادی نگشود
آن که در بست، نهان کرد کلید

من از این دایره بیرونم از آنک
شاهد بخت، ز من رخ پوشید

کس درین ره نگرفت از دستم
قدمی رفتم و پایم لغزید

دوش تا صبح، توانگر بودم
زآن گهرها که ز چشمم غلطید

مادری بوسه به دختر می‌داد
کاش این درد به دل می‌گنجید

من کجا بوسهٔ مادر دیدم؟
اشک بود آنکه ز رویم بوسید

خرّم آن طفل که بودش مادر
روشن آن دیده که رویش می‌دید

مادرم گوهر من بود ز دهر
زاغ گیتی، گهرم را دزدید

گفت تیری با کمان، روز نبرد
کاین ستمکاری تو کردی، کس نکرد

تیرها بودت قرین، ای بوالهوس
درفکندی جمله را در یک نفس

ما ز بیداد تو سرگردان شدیم
همچو کاه اندر هوا رقصان شدیم

خوش به کار دوستان پرداختی
برگرفتی یک یک و انداختی

من دمی چند است کاینجا مانده‌ام
دیگران رفتند و تنها مانده‌ام

بیم آن دارم کزین جور و عناد
بر من افتد آنچه بر آنان فتاد

ترسم آخر بگذرد بر جان من
آنچه بگذشته‌ست بر یاران من

زآن همی‌لرزد دل من در نهان
که دراندازی مرا هم ناگهان

از تو می‌خواهم که با من خو کنی
بعد ازین کردار خود نیکو کنی

زآن گروه رفته نشماری مرا
مهربان باشی، نگهداری مرا

بِه که ما با یکدگر باشیم دوست
پارگی خُرد است و امّید رفوست

یک دل ار گردیم در سود و زیان
این شکایت‌ها نیاید در میان

گر تو از کردار بد باشی بَری
کس نخواهد با تو کردن بدسری

گر به یک پیمان، وفا بینم ز تو
یک نفس، آزرده ننشینم ز تو

گفت با تیر از سر مهر، آن کمان
در کمان، کی تیر ماند جاودان؟

شد کمان را پیشه، تیر انداختن
تیر را شد چاره با وی ساختن

تیر، یک دم در کمان دارد درنگ
این نصیحت بشنو، ای تیر خدنگ

ما جز این یک ره، رهی نشناختیم
هرکه ما را تیر داد، انداختیم

کیست کز جور قضا آواره نیست؟
تیر گشتی، از کمانت چاره نیست

عادت ما این بوَد، بر ما مگیر / نه کمان آسایشی دارد، نه تیر
درزی ایّام را اندازه نیست / جور و بدکاریش، کاری تازه نیست
چون تو را سرگشتگی تقدیر شد / بایدت رفت، اَر چه رفتن دیر شد
زین مکان، آخر تو هم بیرون روی / کس چه می‌داند کجا یا چون روی
از من آن تیری که می‌گردد جدا / من چه می‌دانم که رقصد در هوا
آگهم کز بند من بیرون نشست / من چه می‌دانم که اندر خون نشست
تیر گشتن در کمان آسمان / بهر افتادن شد، این معنی بدان
این کمان را تیر، مردم گشته‌اند / سِرّ کار این است، زآن سرگشته‌اند
چرخ و انجم، هستی ما می‌برند / ما نمی‌بینیم و ما را می‌برند
ره نمی‌پرسیم، اما می‌رویم / تا که نیرویی‌ست در پا، می‌رویم
کاش روزی زین ره دور و دراز / بازگشتن می‌توانستیم باز
کاش آن فرصت که پیش از ما شتافت / می‌توانستیم آن را بازیافت
دیدهٔ دل کاشکی بیدار بود / تا کمند دزد بر دیوار بود

۴۳

دختری خرد، شکایت سر کرد / که مرا حادثه بی‌مادر کرد
دیگری آمد و در خانه نشست / صحبت از رسم و ره دیگر کرد
موزهٔ سرخ مرا دور فکند / جامهٔ مادر من در بر کرد
یاره و طوق زر من بفروخت / خود گلوبند ز سیم و زر کرد

سوخت انگشت من از آتش و آب
او به انگشت خود انگشتر کرد

دختر خویش به مکتب بسپرد
نام من، کودن و بی‌مشعر کرد

به سخن گفتن من خرده گرفت
روز و شب در دل من نشتر کرد

هرچه من خسته و کاهیده شدم
او جفا و ستم افزون‌تر کرد

اشک خونین مرا دید و همی
خنده‌ها با پسر و دختر کرد

هر دو را دوش به مهمانی برد
هر دو را غرق زر و زیور کرد

آن گلوبند گهر را چون دید
دیده در دامن من گوهر کرد

نزد من دختر خود را بوسید
بوسه‌اش کار دوصد خنجر کرد

عیب من گفت همی نزد پدر
عیبجوییش مرا مضطر کرد

همه ناراستی و تهمت بود
هر گواهی که در این محضر کرد

هرکه بد کرد، بداندیش سپهر
کار او از همه‌کس بهتر کرد

تا نبینند پدرم روی مرا
دست بگرفت و به کوی اندر کرد

شب به جاروب و رفویم بگماشت
روزم آوارهٔ بام و در کرد

پدر از درد من آگاه نشد
هرچه او گفت ز من، باور کرد

چرخ را عادت دیرین این بود
که به افتاده، نظر کمتر کرد

مادرم مرد و مرا در یَمِ دهر
چو یکی کشتی بی‌لنگر کرد

آسمان، خرمن امید مرا
ز یکی صاعقه خاکستر کرد

چه حکایت کنم از ساقی بخت؟
که چو خونابه درین ساغر کرد

مادرم بال و پرم بود و شکست
مرغ، پرواز به بال و پر کرد

من، سیه‌روز نبودم ز ازل	هرچه کرد، این فلک اخضر کرد

۴۴

گفت ماهی‌خوار با ماهی ز دور	که چه می‌خواهی ازین دریای شور؟
خردی و ضعف تو از رنج شناست	این نه راه زندگی، راه فناست
اندرین آب گل‌آلود، ای عجب	تا به کی سرگشته باشی روز و شب؟
وقت آن آمد که تدبیری کنی	در سرای عمر تعمیری کنی
ما بساط از فتنه ایمن کرده‌ایم	صد هزاران شمع، روشن کرده‌ایم
هیچگه ما را غم صیّاد نیست	انده طوفان و سیل و باد نیست
گر بیایی در جوار ما دمی	بینی از اندیشه خالی عالمی
نیمروزی گر شوی مهمان ما	غرق گردی در یَم احسان ما
نه تپیدن هست و نه تاب و تبی	نه غم صبحی، نه پروای شبی
دام‌ها بینم به راه تو نهان	رفتنت باشد همان، مردن همان
تابه‌ها و شعله‌ها در انتظار	که تو یک روزی بسوزی در شرار
گر نمی‌خواهی در آتش سوختن	بایدت اندرز ما آموختن
گر سوی خشکی کنی با ما سفر	برنگردی جانب دریا دگر
گر ببینی آن هوا و آن نسیم	بشکنی این عهد و پیوند قدیم
گفت از ما با تو هرکس گشت دوست	تو به دست دوستی، کندیش پوست
گر که هر مطلوب را طالب شویم	با چه نیرو بر هوی غالب شویم؟

چشمهٔ نور است این آب سیاه		تو نکردی چون خریداران نگاه
خانهٔ هرکس برای او سزاست		بهر ماهی، خوش‌تر از دریا کجاست؟
گر به جوی و برکه لای و گل خوریم		بِه که از جور تو خون دل خوریم
جنس ما را نسبتی با خاک نیست		پیش ماهی، سیل وحشتناک نیست
آب و رنگ ما ز آب افزوده‌اند		خلقت ما را چنین فرموده‌اند
گر ز سطح آب بالاتر شویم		زآتش بیداد، خاکستر شویم
قرن‌ها گشتیم اینجا فوج‌فوج		می‌نترسیدیم از طوفان و موج
لیک از بدخواه، ما را ترس‌هاست		ترس جان، آموزگار درس‌هاست
بس که بدکار و جفاجو دیده‌ام		از بدی‌های جهان ترسیده‌ایم
برّه‌گان را ترس می‌باید ز گرگ		گردد از این درس، هر خردی بزرگ
با عدوی خود، مرا خویشی نبود		دعوت تو جز بداندیشی نبود
تا بوَد پایی، چرا مانم ز راه؟		تا بوَد چشمی، چرا افتم به چاه؟
گر به چنگ دام ایّام اوفتم		بِه که با دست تو در دام اوفتم
گر به دیگ اندر، بسوزم زار زار		بهتر است آن شعله زین گرد و غبار
تو برای صید ماهی آمدی		کی برای خیرخواهی آمدی؟
از تو نستانم نوا و برگ را		گر به چشم خویش بینم مرگ را

۴۵

به درویشی، بزرگی جامه‌ای داد		که این خلقان بنه، کز دوشَت افتاد

چرا بر خویش پیچی ژنده و دلق؟ چو می‌بخشند کفش و جامه‌ات خلق
چو خود عوری، چرا بخشی قبا را؟ چو رنجوری، چرا ریزی دوا را؟
کسی را قدرت بذل و کرم بود که دینارش در جای درم بود
بگفت ای دوست، از صاحبدلان باش به جان پرداز و با تن سرگران باش
تن خاکی به پیراهن نیرزد وگر ارزد، به چشم من نیرزد
ره تن را بزن، تا جان بماند ببند این دیو، تا ایمان بماند
قبایی را که سر مغرور دارد تن آن بهتر که از خود دور دارد
از آن فارغ ز رنج اِنقیادیم که ما را هرچه بود، از دست دادیم
از آن معنی نشستم بر سر راه که تا از ره‌شناسان باشم آگاه
مرا اخلاص اهل راز دادند چو جانم جامهٔ ممتاز دادند
گرفتیم آنچه داد اهریمن پست بدین دست و درافکندیم از آن دست
شنیدیم اعتذار نفس مدهوش ازین گوش و برون کردیم از آن گوش
درِ تاریک حرص و آز بستیم گشودند اَر چه صد ره، باز بستیم
همه پستی ز دیو نفس زاید همه تاریکی از ملک تن آید
چو جان پاک در حد کمال است کمال از تن طلب کردن وبال است
چو من پروانه‌ام نور خدا را کجا با خود کشم کفش و قبا را؟
کسانی کاین فروغ پاک دیدند ازین تاریک جا دامن کشیدند
گران‌باری ز بار حرص و آز است وجود بی‌تکلّف بی‌نیاز است
مکن فرمانبری اهریمنی را منه در راه برقی، خرمنی را

چه سود از جامهٔ آلوده‌ای چند؟ خیال بوده و نابوده‌ای چند
کلاه و جامه چون بسیار گردد کله عجب و قبا پندار گردد
چو تن رسواست، عیبش را چه پوشم؟ چو بی‌پرواست، در کارش چه کوشم؟
شکستیمش که جان مغزست و تن پوست کسی کاین رمز داند، اوستاد اوست
اگر هر روز، تن خواهد قبایی نماند چهرهٔ جان را صفایی
اگر هر لحظه سر جوید کلاهی زند طبع زبون هر لحظه راهی

۴۶

کودکی در بر، قبایی سرخ داشت روزگاری زآن خوشی خوش می‌گذاشت
همچو جان نیکو نگه می‌داشتش بهتر از لوزینه می‌پنداشتش
هم ضِیاع و هم عِقارش می‌شمرد هر زمان گرد و غبارش می‌سترد
از نظرباز حسودش می‌نهفت سرخی‌اش می‌دید و چون گل می‌شکفت
گر به دامانش سرشکی می‌چکید طفل خرد، آن اشک روشن می‌مکید
گر نخی از آستینش می‌شکافت بهر چاره سوی مادر می‌شتافت
نوبت بازی به صحرا و به دشت سرگران از پیش طفلان می‌گذشت
فتنه افکند آن قبا اندر میان عاریت می‌خواستندش کودکان
جمله دل‌ها ماند پیش او گرو دوست می‌دارند طفلان رخت نو
وقت رفتن، پیشوای راه بود روز مهمانی و بازی، شاه بود
کودکی از باغ می‌آورد بِه که بیا یک لحظه با من سوی ده

دیگری آهسته نزدش می‌نشست   تا زند بر آن قبای سرخ دست
روزی، آن رهپوی صافی اندرون   وقت بازی شد ز تلّی واژگون
جامه‌اش از خار و سر از سنگ خست   این یکی یکسر درید، آن یک شکست
طفل مسکین، بی‌خبر از سر که چیست   پارگی‌های قبا دید و گریست
از سرش گرچه بسی خوناب ریخت   او برای جامه از چشم آب ریخت
گر به چشم دل ببینیم ای رفیق   همچو آن طفلیم ما در این طریق
جامهٔ رنگین ما آز و هواست   هرچه بر ما می‌رسد از آز ماست
در هوس افزون و در عقل اندکیم   سال‌ها داریم، اما کودکیم
جان رها کردیم و در فکر تنیم   تن بمرد و در غم پیراهنیم

۴۷

نهان شد از گل زردی، گلی سپید که ما   سپیدجامه و از هر گنه مبرّاییم
جواب داد که ما نیز چون تو بی‌گنهیم   چرا که جز نفسی در چمن نمی‌پاییم
به ما زمانه چنان فرصتی نبخشوده است   که از غرور، دل پاک را بیالاییم
قضا، نیامده ما را ز باغ خواهد برد   نه می‌رویم به سودای خود، نه می‌آییم
به خود نظاره کنیم ار به چشم خودبینی   چگونه لاف توانیم زد که بیناییم
چو غنچه و گلِ دوشینه، صبحدم فرسود   من و تو جای شگفت است، گر نفرساییم
به گِرد ما گل زرد و سپید بسیارند   گمان مبر که به گلشن، من و تو تنهاییم
هزار بوته و برگ ار نهان کند ما را   به چشم خیرهٔ گلچین دهر پیداییم

بدین شکفتگی امروز چند غرّه شویم؟ چو روشن است که پژمردگان فرداییم
درین زمانه، فزودن برای کاستن است فلک بکاهدمان هرچه ما بیفزاییم
خوش است بادهٔ رنگین جام عمر، ولیک مجال نیست که پیمانه‌ای بپیماییم
ز طیب صبحدم آن بِه که توشه برگیریم که آگه است که تا صبح دیگر اینجاییم؟
فضای باغ، تماشاگه جمال حق است من و تو نیز در آن، از پی تماشاییم
چه فرق گر تو ز یک رنگ و ما ز یک فامیم تمام، دختر صنع خدای یکتاییم
همین خوش است که در بندگیش یک‌رنگیم همین بس است که در خواجگیش یک‌راییم
به رنگ ظاهر اوراق ما نگاه مکن که ترجمان بلیغ هزار معناییم
درین وجود ضعیف ار توان و توشی هست رهین موهبت ایزد توانا‌ییم
برای سجده درین آستان، تمام سریم پیِ گذشتن ازین رهگذر، همه پاییم
تمام، ذرّهٔ این بی‌زوال خورشیدیم تمام، قطرهٔ این بی‌کرانه دریاییم
درین صحیفه که زیبندگی‌ست حرف نخست چه فرق گر به نظر، زشت یا که زیباییم
چو غنچه‌های دگر بشکفند، ما برویم کنون بیا که صف سبزه را بیاراییم
درین دو روزهٔ هستی همین فضیلت ماست که جور می‌کند ایّام و ما شکیباییم
ز سرد و گرم تنور قضا نمی‌ترسیم برای سوختن و ساختن مهیّاییم
اسیر دام هوی و قرین آز شدن اگر دمی و اگر قرن‌هاست، رسواییم

۴۸

کاهلی در گوشه‌ای افتاد سست خسته و رنجور، اما تندرست

عنکبوتی دید بر در، گرم کار گوشه‌گیر از سرد و گرم روزگار
دوک همّت را به کار انداخته جز ره سعی و عمل نشناخته
پشت در افتاده، اما پیش‌بین از برای صید، دائم در کمین
رشته‌ها رِشتی ز مو باریک‌تر زیر و بالا، دورتر، نزدیک‌تر
پرده می‌آویخت پیدا و نهان ریسمان می‌تافت از آب دهان
درس‌ها می‌داد بی‌نطق و کلام فکرها می‌پخت با نخ‌های خام
کاردانان، کار زین‌سان می‌کنند تا که گویی هست، چوگان می‌زنند
گه تبه کردی، گهی آراستی گه درافتادی، گهی برخاستی
کار آماده ولی افزار نه دایره صد جا ولی پرگار نه
زاویه بی‌حد، مثلث بی‌شمار این مهندس را که بود آموزگار؟!
کار کرده، صاحب کاری شده اندر آن معموره معماری شده
این چنین سوداگری را سودهاست وندرین یک تار، تار و پودهاست
پای‌کوبان در نشیب و در فراز ساعتی جولا، زمانی بندباز
پست و بی‌مقدار، اما سربلند ساده و یکدل، ولی مشکل پسند
اوستاد اندر حساب رسم و خط طرح و نقشی خالی از سهو و غلط
گفت کاهل کاین چه کار سرسری‌ست؟ آسمان، زین کار کردن‌ها بری‌ست
کوه‌ها کارست در این کارگاه کس نمی‌بیند تو را، ای پر کاه
می‌تنی تاری که جاروبش کنند؟ می‌کشی طرحی که معیوبش کنند؟
هیچگه عاقل نسازد خانه‌ای که شود از عطسه‌ای ویرانه‌ای

پایه می‌سازی، ولی سست و خراب / نقش نیکو می‌زنی، اما بر آب
رونقی می‌جوی گر ارزنده‌ای / دیبه‌ای می‌باف گر بافنده‌ای
کس ز خلقان تو پیراهن نکرد / وین نخ پوسیده در سوزن نکرد
کس نخواهد دیدنت در پشت در / کس نخواهد خواندنت ز اهل هنر
بی‌سر و سامانی از دود و دمی / غرق در طوفانی از آه و نمی
کس نخواهد دادنت پشم و کلاف / کس نخواهد گفت کشمیری بباف
بس زبردست است چرخ کینه‌توز / پنبهٔ خود را در این آتش مسوز
چون تو نسّاجی، نخواهد داشت مزد / دزد شد گیتی، تو نیز از وی بدزد
خسته کردی زین تنیدن پا و دست / رو بخواب امروز، فردا نیز هست
تا نخوردی پشت پایی از جهان / خویش را زین گوشه‌گیری وارهان
گفت آگه نیستی ز اسرار من / !چند خندی بر در و دیوار من؟
علم ره بنمودن از حق، پا ز ما / قدرت و یاری از او، یارا ز ما
تو به فکر خفتنی در این رباط / فارغی زین کارگاه و زین بساط
در تکاپوییم ما در راه دوست / کارفرما او و کارآگاه اوست
گرچه اندر کنج عزلت ساکنم / شور و غوغایی‌ست اندر باطنم
دست من بر دستگاه محکمی‌ست / هر نخ اندر چشم من ابریشمی‌ست
کار ما گر سهل و گر دشوار بود / کارگر می‌خواست، زیرا کار بود
صنعت ما پرده‌های ما بس است / تار ما هم دیبه و هم اطلس است
ما نمی‌بافیم از بهر فروش / ما نمی‌گوییم کاین دیبا بپوش

عیب ما زین پرده‌ها پوشیده شد — پردهٔ پندار تو پوسیده شد
گر، دَرَد این پرده، چرخ پرده‌در — رخت بربندم، رَوَم جای دگر
گر سحر ویران کنند این سقف و بام — خانهٔ دیگر بسازم وقت شام
گر ز یک کنجم برانند روزگار — گوشهٔ دیگر نمایم اختیار
ما که عمری پرده‌داری کرده‌ایم — در حوادث، بردباری کرده‌ایم
گاه جاروب است و گه گرد و نسیم — کهنه نتوان کرد این عهد قدیم
ما نمی‌ترسیم از تقدیر و بخت — آگهیم از عمق این گرداب سخت
آن که داد این دوک، ما را رایگان — پنبه خواهد داد بهر ریسمان
هست بازاری دگر، ای خواجه‌تاش — کاندر آنجا می‌شناسند این قماش
صد خریدار و هزاران گنج زر — نیست چون یک دیدهٔ صاحب‌نظر
تو ندیدی پردهٔ دیوار را — چون ببینی پردهٔ اسرار را؟
خرده می‌گیری همی بر عنکبوت — خود نداری هیچ جز باد بُروت
ما تمام از ابتدا بافنده‌ایم — حرفت ما این بوَد تا زنده‌ایم
سعی کردیم آنچه فرصت یافتیم — بافتیم و بافتیم و بافتیم
پیشه‌ام این است، گر کم یا زیاد — من شدم شاگرد و ایّام اوستاد
کار ما این‌گونه شد، کار تو چیست؟ — بار ما خالی‌ست، دربار تو چیست؟
می نهم دامی، شکاری می‌زنم — جوله‌ام، هر لحظه تاری می‌تنم
خانهٔ من از غباری چون هباست — آن سرایی که تو می‌سازی کجاست؟
خانهٔ من ریخت از باد هوا — خرمن تو سوخت از برق هوا

من بری گشتم ز آرام و فراغ تو فکندی باد نخوت در دماغ
ما زدیم این خیمهٔ سعی و عمل تا بدانی قدر وقت بی‌بدل
گر که محکم بود و گر سست این بنا از برای ماست، نَز بهر شما
گر به کار خویش می‌پرداختی خانه‌ای زین آب و گل می‌ساختی
می‌گرفتی گر به همّت رشته‌ای داشتی در دست خود سررشته‌ای
عارفان، از جهل رخ برتافتند تار و پودی چند در هم بافتند
دوختند این ریسمان‌ها را به هم از دراز و کوته و بسیار و کم
رنگرز شو، تا که در خم هست رنگ برق شد فرصت، نمی‌داند درنگ
گر بنایی هست باید برفراشت ای بسا امروز کان فردا نداشت
نقد امروز اَر ز کف بیرون کنیم گر که فردایی نباشد، چون کنیم؟
عنکبوت، ای دوست، جولای خداست چرخه‌اش می‌گردد، اما بی‌صداست

۴۹

کسی که بر سر نرد جهان قمار نکرد سیاه‌روزی و بدنامی اختیار نکرد
خوش آن که از گل مسموم باغ دهر رمید به رفق گر نظری کرد، جز به خار نکرد
به تیه فقر، ازآن روی گشت دل حیران که هیچگه شتر آز را مهار نکرد
نداشت دیدهٔ تحقیق، مردمی کز دور بدید خیمهٔ اهریمن و فرار نکرد
شکار کرده بسی در دل شب، این صیّاد مگو که روز گذشت و مرا شکار نکرد
سپهر پیر بسی رشتهٔ محبت و انس گرفت و بست به هم، لیک استوار نکرد

مشو چو وقت که یک لحظه پایدار نماند مشو چو دهر که یک عهد پایدار نکرد
برو ز مورچه آموز بردباری و سعی که کار کرد و شکایت ز روزگار نکرد
غبار گشت ز باد غرور، خرمن دل چنین معامله را باد با غبار نکرد
بان‌سفینه‌ای که در آن فتنه بود کشتی برفت روز و شب و ره سوی کنار نکرد
مباف جامهٔ روی و ریا که جز ابلیس کس این دو رشتهٔ پوسیده پود و تار نکرد
کسی ز طعنهٔ پیکان روزگار رهید که گاه حملهٔ او، سستی آشکار نکرد
طبیب دهر، بسی دردمند داشت ولیک طبیب‌وار سوی هیچیک گذار نکرد
چرا وجود منزّه به تیرگی پیوست چرا محافظت پنبه از شرار نکرد
ز خواب جهل، بس امسال‌ها که پار شدند خوش آن که بیهده، امسال خویش پار نکرد
روا مدار پس از مدت تو گفته شود
که دیر ماند فلانی و هیچ کار نکرد

۵۰

گنجشک خُرد گفت سحر با کبوتری کآخر تو هم برون کن ازین آشیان سری
آفاق روشن است، چه خسبی به تیرگی روزی بپر، ببین چمن و جویی و جری
در طرف بوستان، دهن خشک تازه کن گاهی ز آب سرد و گه از میوهٔ تری
بنگر من از خوشی چه نکوروی و فربهم ننگ است چون تو مرغک مسکین لاغری
گفتا حدیث مهر بیاموزدت جهان روزی تو هم‌شوی چو من ای دوست مادری
گِرد تو چون که پُر شود از کودکان خرد جز کار مادران نکنی کار دیگری
روزی که رسم و راه پرستاری‌ام نبود می‌دوختم بسان تو، چشمی به منظری

گیرم که رفته‌ایم از اینجا به گلشنی   با هم نشسته‌ایم به شاخ صنوبری
تا لحظه‌ای‌ست، تا که دمیده‌ست نوگلی   تا ساعتی‌ست، تا که شکفته‌ست عبهری
در پرده، قصه‌ای‌ست که روزی شود شبی   در کار نکته‌ای‌ست که شب گردد اختری
خوشبخت، طائری که نگهبان مرغکی‌ست   سرسبز، شاخکی که بچینند از آن بری
فریاد شوق و بازی اطفال، دلکش است   وآنگه به بام لانهٔ خرد محقّری
هرچند آشیانه گِلین است و من ضعیف   باور نمی‌کنم چو خود اکنون توانگری
ترسم که گر روم، بَرَد این گنج‌ها کسی   ترسم در آشیانه فتد ناگه آذری
از سینه‌ام اگرچه زبس رنج، پوست ریخت   ناچار رنج‌های مرا هست کیفری
شیرین نشد چو زحمت مادر، وظیفه‌ای   فرخنده‌تر ندیدم ازین، هیچ دفتری
پرواز، بعد ازین هوس مرغکان ماست   ما را به تن نماند ز سعی و عمل، پری

۵۱

بلبلی شیفته می‌گفت به گل   که جمال تو چراغ چمن است
گفت، امروز که زیبا و خوشم   رخ من شاهد هر انجمن است
چون که فردا شد و پژمرده شدم   کیست آنکس که هواخواه من است
به تن، این پیرهن دلکش من   چو گه شام بیایی، کفن است
حرف امروز چه گویی؟ فرداست   که تو را بر گل دیگر وطن است
همه‌جا بوی خوش و روی نکوست   همه‌جا سرو و گل و یاسمن است
عشق آن است که در دل گنجد   سخن است آنکه همی بر دهن است

بـهـر مـعـشـوقـه بـمـیـرد عـاشـق — کار باید، سخن است این، سخن است
مـی‌شـنـاسـیـم حـقـیـقـت ز مـجـاز — چـون تـو، بسیار دریـن نـارون است

۵۲

به‌طعنه پیش سگی گفت گربه‌کای مسکین — قبیلهٔ تـو بسی تـیـره‌روز و ناشادند
میان کوی بخسبی و استخوان خایی — بداختری چو تو را، کاشکی نمی‌زادند
برو به مطبخ شه یا به مخزن دهقان — به شهر و قریه، بسی خانه‌ها که آبادند
کباب و مرغ و پنیر است و شیر، طعمهٔ من — ز حیله‌ام همه کـارآگـهـان بـه فریادند
جفای نان نکشیده‌ست یک تن از ما، لیک — گـرسـنـگـان شـمـا بیشتر ز هفتادند
بگفت، راسـت نـگـردد بـنـای طالع ما — چـرا که از ازلـش پایه، راسـت ننهادند
مرا به پشت سر افکند حکم چرخ، ز خلق — شگفت نیست گرم در به روی نگشادند
کسی به خانهٔ مردم به میهمانی رفت — که روز سور، کسی از پِی‌اَش فرستادند
به روزی دگران چون طمع توانم کرد — مرا ز خوان قضا، قسمت استخوان دادند
تو خلق دهر ندانسته‌ای چه بی‌باک‌اند — تو عهدها نشنیدی چه سست بنیادند
کسی به لطف، به درماندگان نظر نکند — درین معامله، دل‌ها ز سنگ و پولادند
هزار مرتبه، فقر از توانگری خوش‌تر — توانگران، همه بدنام ظلم و بیدادند
نخست رسم و ره ما، درستکاری ماست — قبیلهٔ تـو، در آیـیـن دزدی استادند
بـرای پـرورش تـن، بـه دام بدنامی — نیوفتند کسانی کـه بـخـرد و رادنـد
پی هوی و هوس، نوع خودپرست شما — سحر به بصره و هنگام شب به بغدادند

زجورسال‌ومه‌ای‌دوست‌کس‌نَرَست، تمام
اسیر فتنهٔ دی ماه و تیر و مردادند

به‌چهره‌ها منگر، خاطر شکسته بسی‌ست
عروس دهر چو شیرین و خلق فرهادند

من از فتادگی خویش هیچ غم نخورم
فتادگان چنین، هیچگه نیفتادند

اسیر نفس تویی، همچو ما گرفتاران
ز بند بندگی حرص و آز، آزادند

تو شاد باش و دل‌آسوده زندگانی کن
سگان، به بدسری روزگار معتادند

۵۳

بر سر راهی، گدایی تیره‌روز
ناله‌ها می‌کرد با صد آه و سوز

کای خدا، بی‌خانه و بی‌روزی‌ام
زآتش ادبار، خوش می‌سوزی‌ام

شد پریشانی چو باد و من چو کاه
پیش باد، از کاه آسایش مخواه

ساختم با آنکه عمری سوختم
سوختم یک عمر و صبر آموختم

آسمان، کس را بدین پستی نکشت
چون من از درد تهی‌دستی نکشت

هیچکس مانند من، حیران نشد
روز و شب سرگشته بهر نان نشد

ایستادم در پس درها بسی
داد دشنامم کسی و ناکسی

رشته را رِشتم، ولی از هم گسیخت
بخت را خواندم، ولی از من گریخت

پیش من خوردند مردم نان گرم
من همی خون جگر خوردم ز شرم

دیده‌ام رنگی ندید از رخت نو
سیر، یک نوبت نخوردم نان جو

این ترازو، گر ترازوی خداست
این کژی و نادرستی از کجاست؟

در زمستانم، تَف دل آتش است
برف و باران خوابگاه و پوشش است

آبرو بردم، ندیدم از تو روی　　　گم شدم، هرگز نکردی جستجوی
گفتش اندر گوش دل، رب وَدود　　　گر نبودی کاردان، جرم تو بود
نیست راه کج، ره حق جلیل　　　کج‌روان را حق نمی‌گردد دلیل
تو به راه من بِنِه گامی تمام　　　تا مَنَت نزدیک آیم بیست گام
گر به نام حق گشایی دفتری　　　جز درِ اخلاص نشناسی دری
گر کنی آیینهٔ ما را نظر　　　عیب‌هایت سربه‌سر گردد هنر
ما تو را بی‌توشه نفرستاده‌ایم　　　آنچه می‌بایست دادن، داده‌ایم
دست دادیمت که تا کاری کنی　　　دِرهَمی گر هست، دیناری کنی
پای دادیمت که باشی پا به جای　　　وارهانی خویش را از تنگنای
چشم دادم تا دلت ایمن کند　　　بر تو راه زندگی، روشن کند
بر تن خاکی دمیدم جان پاک　　　خیرگی‌ها دیدم از یک مشت خاک
تا تو خاکی را منظّم شد نفس　　　ای عجب! خود را پرستیدی و بس
ما کسی را ناشتا نگذاشتیم　　　این بنا از بهر خلق افراشتیم
کار ما جز رحمت و احسان نبود　　　هیچگاه این سفره بی‌مهمان نبود
در نمی‌بندد به کس، دربان ما　　　کم نمی‌گردد ز خوردن، نان ما
آن که جان کرده‌ست بی‌خواهش عطا　　　نان کجا دارد دریغ از ناشتا؟
این توانایی که در بازوی توست　　　شاهدِ بخت است و در پهلوی توست
گنجها بخشیدمت، ای ناسپاس　　　که نگنجد هیچکس را در قیاس
آنچه گفتی نیست، یک یک در تو هست　　　گنجها داری و هستی تنگدست

عقل و رای و عزم و همّت، گنج توست | بهترین گنجور، سعی و رنج توست
عارفان، چون دولت از ما خواستند | دست و بازوی توانا خواستند
ما نمی‌گوییم سائل در مزن | چون زدی این در، در دیگر مزن
آن که بر خوان کریمان کرد پُشت | از لئیمان بشنود حرف دُرشت
آن درشتی، کیفر خودکامه‌هاست | ورنه بهر نامجویان، نامه‌هاست
هیچ خودبین، از خدا خرسند نیست | شاخ بی‌بر، درخور پیوند نیست
زین همه شادی، چراغم خواستی | از کریمان، از چه رو کم خواستی؟
نور حق، همواره در جلوه‌گری‌ست | آن که آگه نیست، از بینش بری‌ست
گُلبُن ما باش و بهر ما بروی | هم صفا از ما طلب، هم رنگ و بوی
زارع ما، خوشه را خروار کرد | هرچه کم کردند، او بسیار کرد
تا نباشی قطره، دریا چون شوی؟ | تا نه‌ای گمگشته، پیدا چون شوی؟

۵۴

مرغی به باغ رفت و یکی میوه کند و خورد | ناگه ز دست چرخ به پایش رسید سنگ
خونین به لانه آمد و سر زیر پر کشید | غلتید چون کبوترِ با باز کرده جنگ
بگریست مرغ خرد که برخیز و سرخ کن | مانند بال خویش، مرا نیز بال و چنگ
نالید و گفت خون دل است این، نه رنگ و زیب | صیّاد روزگار، به من عرصه کرد تنگ
آخر تو هم ز لانه، پی دانه برپری | از خون، پرِ تو نیز بدین‌سان کنند رنگ
در سبزه گر رَوی، کندت دست جور پر | بر بام گر شوی، کندت سنگ فتنه لنگ

آهسته میوه‌ای بکن از شاخی و برو　　در باغ و مرغزار، مکن هیچگه درنگ

میدان سعی و کار، شما راست بعد ازین
ما رفتگان به نوبت خود تاختیم خنگ

۵۵

آن قصّه شنیدید که در باغ، یکی روز　　از جور تبر، زار بنالید سپیدار
کز من نه دگر بیخ و بنی ماند و نه شاخی　　از تیشهٔ هیزم‌شکن و ارّهٔ نجار
این با که توان گفت که در عین بلندی　　دست قدرم کرد به ناگاه نگونسار
گفتش تبر آهسته که جرم تو همین بس　　کاین موسم حاصل بود و نیست تو را بار
تا شام نیفتاد صدای تبر از گوش　　شد توده در آن باغ، سحر هیمهٔ بسیار
دهقان چو تنور خود ازین هیمه برافروخت　　بگریست سپیدار و چنین گفت دگر بار
آوخ که شدم هیزم و آتشگر گیتی　　اندام مرا سوخت چنین زآتش ادبار
هر شاخه‌ام افتاد در آخر به تنوری　　زین جامه نه یک پود به جا ماند و نه یک تار
چون ریشهٔ من کنده شد از باغ و بخشکید　　در صفحهٔ ایّام، نه گل باد و نه گلزار
از سوختن خویش همی‌زارم و گریم　　آن را که بسوزند، چو من گریه کند زار
کو دولت و فیروزی و آسایش و آرام؟　　کو دعوی دیروزی و آن پایه و مقدار؟
خندید برو شعله که از دست که نالی؟　　ناچیزی تو کرد بدین‌گونه تو را خوار
آن شاخ که سر برکشد و میوه نیارد　　فرجام به جز سوختنش نیست سزاوار
جز دانش و حکمت نبوَد میوهٔ انسان　　ای میوه‌فروش هنر، این دکّه و بازار
از گفتهٔ ناکردهٔ بیهوده چه حاصل؟　　کردار نکو کن که نه سودی‌ست ز گفتار

آسان گذرد گر شب و روز و مه و سالت / روز عمل و مزد، بوَد کار تو دشوار
از روز نخستین اگرت سنگ گران بود / دور فلکت پست نمی‌کرد و سبکسار
امروز، سرافرازیِ دی را هنری نیست
می‌باید از امسال سخن راند، نه از پار

۵۶

به الماس می‌زد چکش، زرگری / به هر لحظه می‌جست از آن اخگری
بنالید الماس کای تیره‌رای / ز بیداد تو، چند نالم چو نای؟
بجز خوبی و پاکی و راستی / چه کردم که آزار من خواستی؟
بگفتا مکن خاطر خویش تنگ / ترازوی چرخت گران کرده سنگ
مرنج ار تنت را جفایی رسد / کزین کار، کارت به جایی رسد
هم اکنون، تراش تو گردد تمام / به رویت کند نیکبختی سلام
همین دم، فروزان و پاکت کنم / پسندیده و تابناکت کنم
دگرباره بگریست گوهر نهان / که آوخ! سیه شد به چشمم جهان
بدین خردی‌ام، آسمان درشت / به دام بلای تو افکند و کشت
مرا هر رگ و هر پی و بند بود / بخشکید پاک، این چه پیوند بود؟
که این تیشهٔ کین به دست تو داد؟ / فتاد این وجود نزارم، فتاد
ببخشای لَختی، نگهدار دست / شکست این سر دردمندم، شکست
نه آسایشی ماند اندر تنم / نه رونق به رخسارهٔ روشنم
بگفتا چو زین دخمه بیرون شوی / به زیبایی خویش، مفتون شوی

بشوییم از رویت این گرد را
به خوبان دهیم این ره‌آورد را

چو بردارد این پرده را پرده‌دار
سخن‌های پنهان شود آشکار

در آن حال، دانی که نیکی نکوست
که بینی تو مغزی و رفته‌ست پوست

سوم بار، برخاست بانگ چکش
به ناگاه بر هم شد آن روی خوش

بگفت ای ستمکار، مشکن مرا
به بَدرایی، از پا میفکن مرا

وفا داشتم چشم و دیدم جفا
بگشتم ز هر روی، خوردم قفا

بگفت ار صبوری کنی یک نفس
کشد بار جور تو بسیار کس

چو رفت این سیاهی و آلودگی
نماند زبونی و فرسودگی

دلت گر ز اندیشه خون کرده‌ام
به چهر، آب و رنگت فزون کرده‌ام

بریدم، ولی تیره و زشت را
شکستم، ولی سنگ و انگِشت را

چو بینند روی دل‌آرای تو
چو آگه شوند از تجلّای تو

چو پرسند از موجِ این آبها
ازین جلوه‌ها، رنگ‌ها، تابها

بتی چون به گردن دراندازدت
فراتر ز دل، جایگه سازدت

چو نقّاد چرخ از تو کالا کند
چو هر روز، نرخ تو بالا کند

چو زین داستان گفتگوها رود
چو این آب حیوان به جوها رود

چو هر دم بیفزایدت خواستار
چو آیند سوی تو از هر کنار

چو بیداربختی ببیند تو را
چو بر دیگران برگزیند ترا

چو بر چهر خوبان تبسّم کنی
چو این کوی تاریک را گم کنی

چو در مخزنت جا دهد گوهری
چو بنشاندت اندر انگشتری

چو در تیرگی، روشنایی شوی　　چو آمادهٔ دل‌ربایی شوی
چو بیرون کشی رخت زین تنگنای　　چو اقبال گردد تو را رهنمای
چو آسودگی زاید این روز سخت　　چو فرخنده گردی و پیروزبخت
چو پیرایه‌ها ماندت در گرو　　چو بینی ره نیک و آیین نو
چو افتادی اندر ترازوی مهر　　چو صد راه داد و گرفتت سپهر
رهایی دهندت چو زین رنج‌ها　　چو ریزند بر پای تو گنج‌ها
چو بازارگانان خرندت به زر　　برندت ز شهری به شهر دگر
چو دیهیم شاهت نشیمن شود　　چو از دیدنت، دیده روشن شود
به یاد آر، زین دکهٔ تنگ من　　ز سنگینی آهن و سنگ من
چو نام تو خوانند دریای نور　　درودیم بفرست، زآن راه دور
تو را هرچه قیمت نهد روزگار　　بدار از من و این چکش یادگار
چو مَشّاطه، رخسارت آراستم　　فزودم دوصد، گر یکی کاستم
تو روزی که از حِصن کان آمدی　　بس آلوده و سرگران آمدی
بدین‌گونه روشن نبودی و پاک　　به هم بود مخلوط، الماس و خاک
حدیثِ نهانِ چکش گوش دار　　نگین سازدت چرخ یا گوشوار
نه مشت و قفایت به سر می‌زنم　　بدین درگهِ نور، در می‌زنم

۵۷

حکایت کرد سرهنگی به کسری　　که دشمن را ز پشت قلعه راندیم

فراری‌های چابک را گرفتیم	گرفتاران مسکین را رهاندیم
به خون کشتگان، شمشیر شستیم	بر آتش‌های کین، آبی فشاندیم
ز پای مادران کندیم خلخال	سرشک از دیدهٔ طفلان چکاندیم
ز جام فتنه، هر تلخی چشیدیم	همان شربت به بدخواهان چشاندیم
بگفت این خصم را راندیم، اما	یکی زو کینه‌جوتر، پیش خواندیم
کجا با دزد بیرونی درافتیم	چو دزد خانه را بالا نشاندیم
ازین دشمن درافکندن چه حاصل؟	چو عمری با عدوی نفس ماندیم
ز غفلت، زیر بار عجب رفتیم	ز جهل، این بار را با خود کشاندیم
نداده ابره را از آستر فرق	قبای زندگانی را دراندیم
درین دفتر، به هر رمزی رسیدیم	نوشتیم و به اهریمن رساندیم
دویدیم استخوانی را ز دنبال	سگ پندار را از پی دواندیم
فسون دیو را از دل نهفتیم	برای گرگ، آهو پروراندیم
پلنگی جای کرد اندر چراگاه	همان‌جا گلهٔ خود را چراندیم

ندانستیم فرصت را بدل نیست
ز دام، این مرغ وحشی را پراندیم

۵۸

برد دزدی را سوی قاضی عسس	خلق بسیاری روان از پیش و پس
گفت قاضی کاین خطاکاری چه بود؟	دزد گفت از مردم‌آزاری چه سود؟
گفت، بدکردار را بد کیفر است	گفت، بدکار از منافق بهتر است

گفت، هان برگوی شغل خویشتن   گفت، هستم همچو قاضی راهزن
گفت، آن زرها که بُردستی کجاست؟   گفت، در همیان تلبیس شماست
گفت، آن لعل بدخشانی چه شد؟   گفت، می‌دانیم و می‌دانی چه شد
گفت، پیش کیست آن روشن نگین؟   گفت، بیرون آر دست از آستین
دزدی پنهان و پیدا، کار توست   مال دزدی، جمله در انبار توست
تو قلم بر حکم داور می‌بری   من ز دیوار و تو از در می‌بری
حد به گردن داری و حد می‌زنی   گر یکی باید زدن، صد می‌زنی
می‌زنم گر من ره خلق، ای رفیق   در ره شرعی تو قطّاع‌الطریق
می‌برم من جامهٔ درویش عور   تو ربا و رشوه می‌گیری به زور
دست من بستی برای یک گلیم   خود گرفتی خانه از دست یتیم
من ربودم موزه و طشت و نمد   تو سیه‌دل مدرک و حکم و سند
دزد جاهل، گر یکی ابریق برد   دزد عارف، دفتر تحقیق برد
دیده‌های عقل، گر بینا شوند   خودفروشان زودتر رسوا شوند
دزد زر بستند و دزد دین رهید   شحنه ما را دید و قاضی را ندید
من به راه خود ندیدم چاه را   تو بدیدی، کج نکردی راه را
می‌زدی خود، پشت پا بر راستی   راستی از دیگران می‌خواستی
دیگر ای گندم نمای جو فروش   با ردای عجب، عیب خود مپوش
چیره‌دستان می‌ربایند آنچه هست   می‌بُرند آنگه ز دزد کاه، دست
در دل ما حرص، آلایش فزود   نیّت پاکان چرا آلوده بود؟

دزد اگر شب، گرم یغما کردن است — دزدی حکّام، روز روشن است
حاجت ار ما را ز راه راست برد — دیو، قاضی را به هرجا خواست برد

۵۹

این‌چنین خواندم که روزی روبهی — پایبند تلّه گشت اندر رهی
حیلهٔ روباهی‌اش از یاد رفت — خانهٔ تزویر را بنیاد رفت
گرچه ز آیین سپهر آگاه بود — هرچه بود، آن شیر و این روباه بود
تیره‌روزش کرد، چرخ نیل‌فام — تا شود روشن که شاگردی‌ست خام
با همه تردستی، از پای اوفتاد — دل به رنج و تن به بدبختی نهاد
گرچه در نیرنگ‌سازی داشت دست — بند نیرنگ قضایش دست بست
حرص، با رسوایی‌اش همراه کرد — تیغ ذِلّت، ناخُنش کوتاه کرد
بود روز کار و یارایی نداشت — بود وقت رفتن و پایی نداشت
آهنی سنگین، دُمش را کنده بود — مرگ را می‌دید، امّا زنده بود
می‌فشردی اِشکَم ناهار را — می‌گزیدی حلقه و مِسمار را
دامِ تأدیب است، دام روزگار — هرکه شد صیّاد، آخر شد شکار
ماکیان‌ها کشته بود این روبهک — زآن سبب شد صید روباه فلک
خیرگی‌ها کرده بود این خودپسند — خیرگی را چاره زندان است و بند
ماکیانی ساده از ده دور گشت — بر سر آن تلّه و روبه گذشت
از بلای دام و زندان بی‌خبر — گفت زآن کیست این ایوان و در

گفت روبه این در و ایوان ماست
پوستین دوزیم و این دکّان ماست

هست ما را بهتر از هر خواسته
اندرین دکّان، دمی آراسته

ساده و پاکیزه و زیبا و نرم
همچو خز شایان و چون سنجاب گرم

می‌فروشیم این دم پر پشم را
باز کن وقت خریدن، چشم را

گر دم ما را خریداری کنی
همچو ما، یک عمر طرّاری کنی

گر ز مهر، این دم ببندیمت به دم
راه را هرگز نخواهی کرد گم

گر ز رسم و راه ما آگه شوی
ماکیانی بس کنی، روبه شوی

گر که بربندی در چون و چرا
سودها بینی در این بیع و شری

باید آن دُمّ کژت کندن ز تن
وین دم نیکو به جایش دوختن

ماکیان را این مقال آمد پسند
گفت: برگو دُمّت ای روباه چند

گفت باید دید کالا را نخست
ورنه، این بیع و شری ناید درست

گر خریداری، درآی اندر دکان
نرخ، آن‌گه پرس از بازارگان

ماکیان را آن فریب از راه برد
راست اندر تلّهٔ روباه برد

کاش می‌دانست روبه ناشتاست
وآن نه دکُان است، دکُان ریاست

تا دهن بگشود بهر چند و چون
چنگ روباه از گلویش ریخت خون

آن دل فارغ، ز خون آکنده شد
وآن سر بی‌باک، از تن کنده شد

ره ندیده، روی بر راهی نهاد
چشم بسته، پای در چاهی نهاد

هیچ نگرفت و گرفتند آنچه داشت
هم گذشت از کار دم، هم سر گذاشت

بر سر آن است نفس حیله‌ساز
که کند راهی سوی راه تو باز

تا در آن ره، سر بپیچاند تو را　　ونـدر آن آتـش بسوزانـد تـو را
اهـرمـن هـرگـز نـخـواهـد بسـت در　　تـا تـو را مـی‌افـتـد از کـویـش گـذر
در جـوارت، حـرص زآن دکّـان گشود　　کـه تـو بـربـنـدی دکـان خـویـش زود
تا شوی بیدار، رفته‌ست آنچه هست　　تـا بـدانـی کـیـسـتـی، رفـتـی ز دسـت
با مسافر، دزد چون گردید دوست　　زاد و بـرگ آن مـسـافـر زآن اوسـت

گـوهـرِ کـانِ هـوی جـز سـنـگ نیست
آب و رنـگـش جـز فـریـب و رنـگ نیست

۶۰

قـاضـی کـشـمـر ز مـحـضـر، شـامـگـاه　　رفـت سـوی خـانـه بـا حـالـی تـبـاه
هـر کـجـا در دیـد، بـر دیـوار زد　　بـانـگ بـر دربـان و خـدمـتـکـار زد
کـودکـان را رانـد بـا سیلی و مشت　　گربه را با چوبدستی خست و کشت
خشم هم بر کـوزه، هم بر آب کرد　　هـم قـدح، هـم کـاسـه را پـرتـاب کـرد
هـرچـه کـم گـفـتـنـد، او بـسـیـار گـفـت　　حـرف‌هـای سـخـت و نـاهـمـوار گـفـت
کـرد خـشـم‌آلـوده، سـوی زن نـگـاه　　گـفـت کـز دسـت تـو روزم شـد سیاه
تـو ز سـرد و گـرم گـیـتـی بی‌خبر　　مـن گـرفـتـار هـزاران شـور و شر
تـو غـنـودی، مـن دویـدم روز و شب　　کاسـتـم مـن، تـو فـزودی، ای عجب
تـو شـدی دمساز با پیوند و دوست　　چرخ، روزی صد ره از من کند پوست
نـاگـواری‌هـا مـرا بـرد از مـیـان　　تـو غـنـودی در حـریـر و پـرنـیـان
تـو نـشـسـتـی تـا بـیـارنـدت ز در　　مـا بـیـاوردیـم بـا خـون جـگـر

هرچه کردم گرد، با وِزر و وبال	تو به پای آز کردی پایمال
توشه بستم از حلال و از حرام	هم تو خوردی گاه پخته، گاه خام
تا که چشمت دید همیان زری	کردی از دل، آرزوی زیوری
تا یتیم از یک به من بخشید نیم	تو خریدی گوهر و دُر یتیم
کور و عاجز بس درافکندم به چاه	تا که شد هموار از بهر تو راه
از پی یک راست، گفتم صد دروغ	ماست را من بردم و مظلوم دوغ
سنگها انداختم در راهها	اشکها آمیختم با آهها
بدرهٔ زر دیدم و رفتم ز دست	بی‌تأمل روز را گفتم شب است
حق نهفتم، بافتم افسانه‌ها	سوختم با تهمتی کاشانه‌ها
این سخنها بهر تو گفتم تمام	تو چه گفتی؟ آرمیدی صبح و شام
ریختم بهر تو عمری آبرو	تو چه کردی از برای من، بگو
رشوت آوردم، تو مال اندوختی	تیرگی کردم، تو بزم افروختی
تا به مرداری بیالودم دهن	تو حسابی ساختی از بهر من
خدمت محضر ز من ناید دگر	هرکه را خواهی، به جای من ببر
بعد ازین نه پیروم، نه پیشوا	چون تو، اندر خانه خواهم کرد جا
چون تو خواهم بود پاک از هر حساب	جز حساب سیر و گشت و خورد و خواب
زن به لطف و خنده گفت این کار چیست؟	با در و دیوار، این پیکار چیست؟
امشب از عقل و خرد بیگانه‌ای	گر نه مستی، بی‌گمان دیوانه‌ای
کودکان را پای بر سر می‌زنی	مشت بر طومار و دفتر می‌زنی

خودپسندیدن، وبال است و گزند / دیگران را کی پسندد، خودپسند؟
من نمی‌گویم که کاری داشتم / یا چو تو، بر دوش، باری داشتم
می‌روم فردا من از خانه برون / تو بر افراز این بساط واژگون
می‌روم من، یک دو روز اینجا بمان / همچو من، دانستنی‌ها را بدان
عارفان، علم و عمل پیوسته‌اند / دیده‌اند اول، سپس دانسته‌اند
زن چو از خانه سحرگه رخت بست / خانه دیوان‌خانه شد، قاضی نشست
گاه خط بنوشت و گاه افسانه خواند / ماند، اما بی‌خبر از خانه ماند
روزی اندر خانه سخت آشوب شد / گفتگوی مشت و سنگ و چوب شد
خادم و طبّاخ و فرّاش آمدند / تا توانستند، دربان را زدند
پیش قاضی آن دروغ، این راست گفت / در حقیقت، هرچه هرکس خواست گفت
عیب‌ها گفتند از هم بی‌شمار / رازهای بسته کردند آشکار
گفت دربان این خسان اهریمن‌اند / مجرم‌اند و بی‌گنه را می‌زنند
باز کردم هر سه را امروز مشت / برگرفتم بار دزدیشان ز پشت
بانگ زد خادم بر او کی خودپرست / قفل مخزن را که دیشب می‌شکست؟
کوزهٔ روغن تو می‌بردی به دوش / یا برای خانه یا بهر فروش
خواجه از آغاز شب در خانه بود / حاجب از بهر که در را می‌گشود؟
دایه آمد گفت طفل شیرخوار / گشته رنجور و نمی‌گیرد قرار
گفت ناظر، دختر من دیده است / مطبخی کشک و عدس دزدیده است
ناگهان، فرّاش همیانی گشود / گفت کاین زرها میان هیمه بود

باغبان آمد که دزد، این ناظر است / غائب است از حق، اگرچه حاضر است

زر فزون می‌گیرد و کم می‌خرد / آنچه دینار است و درهم، می‌برد

می‌کند از ما به جور و ظلم، پوست / خواجه مهمان است، صاحبخانه اوست

دوش، یک من هیمه را باری نوشت / خوشه‌ای آورد و خرواری نوشت

از کنار در، کنیز آواز داد / بعد ازین، نان را کجا باید نهاد؟

کودکان نان و عسل را خورده‌اند / سفره‌اش را نیز با خود برده‌اند

دید قاضی، خانه پرشور و شر است / محضر است، اما دگرگون محضر است

کار قاضی جز خط و دفتر نبود / آشنا با این چنین محضر نبود

او چه می‌دانست آشوب از کجاست؟ / وین کم و افزون، که افزود و که کاست؟

چون امین نشناخت از دزد و دغل / دفتر خود را نهاد اندر بغل

گفت زین جنگ و جدل، سر خیره گشت / بایدم رفتن، که محضر گذشت

چون ز جا برخاست، زن در را گشود / گفت دیدی آنچه گفتم راست بود؟

تو، به محضر داوری کردی هزار / لیک اندر خانه درماندی ز کار

گرچه ترساندی خلایق را بسی / از تو در خانه نمی‌ترسد کسی

تو بسی گفتی ز کار خویشتن / من نگفتم هیچ و دیدی کار من

تا تو اندر خانه دیدی گیر و دار / چند روزی ماندی و کردی فرار

من کنم صد شعله در یک دم خموش / گاه دستم، گاه چشمم، گاه گوش

هرکه بینی رشته‌ای دارد به دست / هر کجا راهی‌ست، رهپوییش هست

تو چه می‌دانی که دزد خانه کیست؟ / زین حکایت، حق کدام؟ افسانه چیست؟

زن، به دام افکند دزد خانه را
از حقیقت دور کرد افسانه را

۶۱

بلبلی گفت به کُنج قفسی / که چنین روز، مرا باور نیست
آخر این فتنه، سیه‌کاری کیست؟ / گر که کار فلک اَخضر نیست
آن‌چنان سخت ببستند این در / که تو گویی که قفس را در نیست
قفسم گر زر و سیم است چه فرق / که مرا دیده به سیم و زر نیست
باغبانش ز چه در زندان کرد؟ / بلبلِ شیفته، یغماگر نیست
همه بر چهرهٔ گل می‌نگرند / نگهی درخورِ این کیفر نیست
که به سوی چمنم خواهد برد؟ / کس به جز بختِ بَدم رهبر نیست
دیده بر بامِ قفس باید دوخت / دگر امروز، گل و عبهر نیست
سوختم این‌همه از محنت و باز / این تنِ سوخته خاکستر نیست
طوطی‌ای از قفس دیگر گفت / چه توان کرد؟ ره دیگر نیست
بس که تلخ است گرفتاری و صبر / دل ما را هوس شکّر نیست
چو گل و لاله نخواهد ماندن / سیرگاهی ز قفس خوش‌تر نیست
دل مَفَرسای به سودای محال / که اگر دل نَبُوَد، دلبر نیست
در و بام قفست زرّین است / صید را بهتر ازین زیور نیست
زخمِ من صحن قفس خونین کرد / همچو من پای تو از خون، تر نیست
تو شکیبا شو و پندار چنان / که بجز برگِ گلت بستر نیست

گه بلندی‌ست، زمانی پستی هرکس ای دوست، بلند اختر نیست
همه فرمانِ قضا باید بُرد نیست یک ذرّه که فرمان‌بَر نیست
چه هوس‌ها به سر افتاد مرا که تَبه گشت و یکی در سر نیست
چه غم اَر بال و پرم ریخته شد دگرم حاجت بال و پر نیست
چمن ار نیست، قفس خود چمن است به خیال است، بدیدن گر نیست
چه تفاوت کُنَدَت گر یک روز خونِ دل هست و گلِ اَحمر نیست
چرخِ نیلوفری‌اَت سایه فکند اگرت سایه ز نیلوفر نیست

۶۲

در آبگیر، سحرگاه بط به ماهی گفت که روز گشت و شنا کردن و جهیدن نیست
بساط حلقه و دام است یک‌سر این صحرا چنین بساط، دگر جای آرمیدن نیست
تو را همیشه ازین نکته با خبر کردم ولیک، گوش تو را طاقت شنیدن نیست
هزار مرتبه گفتم که خانهٔ صیّاد مکان ایمنی و خانه برگزیدن نیست
من از میان بروم، چون خطر شود نزدیک تو چون کنی که تو را قدرت پریدن نیست؟
هزار چشمهٔ روشن، هزار برکهٔ پاک بهای یک رگ و یک قطره خون چکیدن نیست
بگفت منزل مقصود آن‌چنان دور است که فکر کوته ما را بدان رسیدن نیست
هزار رشته، برین کارگاه می‌پیچند ولی چه سود که هر دیده بهر دیدن نیست
ز خرمن فلک، ای دوست خوشه‌ای نبری که غنچه و گل این باغ، بهر چیدن نیست
اگر ز آب گریزی، به خشکی‌ات بزنند ازین حصار، کسی را ره رهیدن نیست

به پرتگاه قضا، مرکب هوی و هوس سبک مران که مجال عنان کشیدن نیست
به پای گلبن زیبای هستی، این همه خار برای چیست؟ اگر از پی خلیدن نیست
چنان نهفته و آهسته می‌نهند این دام که هیچ فرصت ترسیدن و رمیدن نیست
سموم فتنه، چو باد سحرگهی نوزد بجز نشان خرابی، در آن وزیدن نیست
چو من به خاک تپیدم، تو سوختی به شرار دگر حدیث شنا کردن و چمیدن نیست
به راه گرگ حوادث، شبان به خواب رود چو خفت، گله چه داند گه چریدن نیست؟
برید و دوخت قبای من و تو درزی چرخ ز هم شکافتن و طرح نو بریدن نیست

مَتاع حادثه، روزی به قهر بفروشند
چه غم خورند که ما را سر خریدن نیست

۶۳

شبی به مردمک چشم، طعنه زد مژگان که چند بی‌سبب از بهر خلق کوشیدن
همیشه بار جفا بردن و نیاسودن همیشه رنج طلب کردن و نرنجیدن
ز نیک و زشت و گل و خار و مردم و حیوان تمام دیدن و از خویش هیچ نادیدن
چو کارگر شده‌ای، مزد سعی و رنج تو چیست؟ به وقت کار، ضروری‌ست کار سنجیدن
ز بزم تیرهٔ خود، روشنی دریغ مدار که روشن است ازین بزم، رخت برچیدن
جواب داد که آیین کاردانان نیست به خواب جهل فزودن، ز کار کاهیدن
کنایتی‌ست درین رنج روز خسته شدن اشارتی‌ست درین کار شب نخوابیدن
مرا حدیثی هوی و هوس مکن تعلیم هنروران نپسندند خودپسندیدن
نگاهبانی ملک تن است پیشهٔ چشم چنان‌که رسم و ره پاست ره نوردیدن

اگر پی هوس و آز خویش می‌گشتم / کنون نبود مرا دیده، جای گردیدن
به پای خویش نیفکنده روشنی هرگز / اگرچه کار چراغ است نور بخشیدن
نه آگهی‌ست، ز حکم قضا شدن دل‌تنگ / نه مردمی‌ست، ز دست زمانه نالیدن
مگو، چرا مژه گشتم من و تو مردم چشم؟ / ازین حدیث، کس آگه نشد بپرسیدن
هزار مسئله در دفتر حقیقت بود / ولی دریغ، که دشوار بود فهمیدن
ز دل، تپیدن و از دیده، روشنی خواهند / ز خون دویدن و از اشک چشم، غلتیدن
ز کوه و کاه گران‌سنگی و سبکباری / ز خاک صبر و تواضع، ز باد رقصیدن
سپهر، مردم چشمم نهاد نام از آن / که بود خصلتم، از خویش چشم پوشیدن
هزار قرن ندیدن ز روشنی اثری / هزار مرتبه بهتر ز خویشتن دیدن

هوای نفس چو دیوی‌ست تیره‌دل، پروین
بَتَر ز دیوپرستی‌ست، خودپرستیدن

۶۴

شکایت کرد روزی دیده با دل / که کار من شد از جور تو مشکل
تو را داده‌ست دست شوق بر باد / مرا کنده‌ست سیل اشک، بنیاد
تو را گردید جای آتش، مرا آب / تو ز آسایش بَری گشتی، من از خواب
ز بس کاندیشه‌های خام کردی / مرا و خویش را بدنام کردی
از آن روزی که گردیدی تو مفتون / مرا آرامگه شد چشمهٔ خون
تو اندر کشور تن، پادشاهی / زوال دولت خود، چند خواهی؟
چرا باید چنین خودکام بودن؟ / اسیر دانهٔ هر دام بودن

شدن همصحبت دیوانه‌ای چند	حقیقت جستن از افسانه‌ای چند
ز بحر عشق، موج فتنه پیداست	هر آن کاو دَم ز جانان زد، ز جان کاست
بگفت ای دوست، تیر طعنه تا چند؟	من از دست تو افتادم درین بند
تو رفتی و مرا همراه بردی	به زندان‌خانهٔ عشقم سپردی
مرا کار تو کرد آلوده‌دامن	تو اول دیدی، آنگه خواستم من
به دست جور کندی پایه‌ای را	در آتش سوختی همسایه‌ای را
مرا در کودکی شوق دگر بود	خیالم زین حوادث بی‌خبر بود
نه می‌خوردم غم ننگی و نامی	نه بودم بستهٔ بندی و دامی
نه می‌پرسیدم از هجر و وصالی	نه آگه بودم از نقص و کمالی
تو را تا آسمان، صاحب‌نظر کرد	مرا مفتون و مست و بی‌خبر کرد
شما را قصّه دیگرگون نوشتند	حساب کار ما، با خون نوشتند
ز عشق و وصل و هجر و عهد و پیوند	تو حرفی خواندی و من دفتری چند
هر آن گوهر که مژگان تو می‌سُفت	نهان با من، هزاران قصّه می‌گفت
مرا سرمایه بردند و تو را سود	تو را کردند خاکستر، مرا دود
بساط من سیه، شام تو دیجور	مرا نیرو تبه گشت و تو را نور
تو، وارون‌بخت و حال من دگرگون	تو را روزی سرشک آمد، مرا خون
تو از دیروز گویی، من از امروز	تو استادی درین ره، من نوآموز
تو گفتی راه عشق از فتنه پاک است	چو دیدم، پرتگاهی خوفناک است
تو را کرد آرزوی وصل، خرسند	مرا هجران گسست از هم، رگ و بند

۱۷۹

مرا شمشیر زد گیتی، تو را مشت تو را رنجور کرد، اما مرا کشت
اگر سنگی ز کوی دلبر آمد تو را بر پای و ما را بر سر آمد
بتی، گر تیر ز ابروی کمان زد تو را بر جامه و ما را به جان زد
تو را یک سوز و ما را سوختن‌هاست تو را یک نکته و ما را سخن‌هاست
تو بوسی آستین، ما آستان را تو بینی ملک تن، ما ملک جان را
تو را فرسود گر روز سیاهی مرا سوزاند عالمسوزِ آهی

۶۵

گفت با زنجیر، در زندان شبی دیوانه‌ای عاقلان پیداست، کز دیوانگان ترسیده‌اند
من بدین زنجیر ارزیدم که بستندم به پای کاش می‌پرسید کس، کایشان به‌چند ارزیده‌اند
دوش سنگی چند پنهان کردم اندر آستین ای عجب! آن سنگ‌ها را هم ز من دزدیده‌اند
سنگ می‌دزدند از دیوانه با این عقل و رای مبحث فهمیدنی‌ها را چنین فهمیده‌اند
عاقلان با این کیاست، عقل دوراندیش را در ترازوی چو من دیوانه‌ای سنجیده‌اند
از برای دیدن من، بارها گشتند جمع عاقل‌اند آری، چو من دیوانه کمتر دیده‌اند
جمله را دیوانه نامیدم، چو بگشودند در گر بد است، ایشان بدین نامم چرا نامیده‌اند؟
کرده‌اند از بیهُشی بر خواندن من خنده‌ها خویشتن در هر مکان و هر گذر رقصیده‌اند
من یکی آیینه‌ام کاندر من این دیوانگان خویشتن را دیده و بر خویشتن خندیده‌اند
آب صاف از جوی نوشیدم، مرا خواندند پست گرچه خود، خون یتیم و پیرزن نوشیده‌اند
خالی از عقل‌اند، سرهایی که سنگ ما شکست این گناه از سنگ بود، از من چرا رنجیده‌اند؟

بِه که از من باز بستانند و زحمت کم کنند
غیراز این زنجیر، گرچیزی به‌من بخشیده‌اند
سنگ در دامن نهندم تا دراندازم به خلق
ریسمان خویش را با دست من تابیده‌اند
هیچ‌پرسش‌رانخواهم‌گفت‌زین‌ساعت‌جواب
زآنکه‌از من‌خیره‌و بیهوده، بس پرسیده‌اند
چوب‌دستی را نهفتم دوش زیر بوریا
از سحر تا شامگاهان، از پی‌اَش گردیده‌اند
ما نمی‌پوشیم عیب خویش، اما دیگران
عیب‌ها دارند و از ما جمله را پوشیده‌اند
ننگ‌ها دیدیم اندر دفتر و طومارشان
دفتر و طومار ما را، زآن سبب پیچیده‌اند
ما سبکساریم، از لغزیدن ما چاره نیست
عاقلان با این گران‌سنگی، چرا لغزیده‌اند؟

۶۶

شنیده‌اید که روزی به چشمهٔ خورشید
برفت ذرّه به شوقی فزون به مهمانی
نرفته نیمرهی، باد سرنگونش کرد
سبک‌قدم نشده، دید بس گران‌جانی
گهی، رونده سحابی‌گرفت چهرهٔ مهر
گهی، هوا چو یَم عشق گشت طوفانی
هزار قطرهٔ باران چکید بر رویش
جفا کشید بس، از رعد و برق نیسانی
هزار گونه بلندی، هزار پستی دید
که تا رسید به آن بزمگاه نورانی
نمود دیرزمانی به آفتاب نگاه
ملول گشت سرانجام زآن هوس‌رانی
سپهر دید و بلندی و پرتو و پاکی
بدوخت دیدهٔ خودبین، ز فرط حیرانی
سؤال‌کرد ز خورشید کاین چه روشنی است؟
در این فضا که تو را می‌کند نگهبانی
به ذرّه گفت فروزنده مهر، کاین رمزی‌ست
برون ز عالم تدبیر و فکر امکانی
به تخت و تاج سلیمان، چه کار مورچه را؟
بس است ایمنی کشور سلیمانی

من از گذشتن ابری ضعیف، تیره شَوَم — تو از وزیدن بادی، ز کار درمانی
نه مقصد است که گردد عیان ز نیمهٔ راه — نه مشکل است که آسان شود به آسانی
هزار سال اگر علم و حکمت آموزی — هزار قرن اگر درس معرفت خوانی
بپویی ار همهٔ راه‌های تیره و تار — بدانی ار همهٔ رازهای پنهانی
اگر به عقل و هنر، همسر فلاطونی — وگر به دانش و فضل، اوستاد لقمانی
به آسمان حقیقت، به هیچ پر نپری — به خلوت احدیت، رسید نتوانی
در آن زمان که رسی عاقبت به حد کمال — چو نیک درنگری در کمال نقصانی
گشود گوهریِ عقل گرچه بس کان‌ها — نیافت هیچگه این پاک گوهر کانی
دِه جهان اگر ای دوست دهخدای نداشت — که می‌نمود تحمل به رنج دهقانی؟
بلندخیز مشو، زآنکه حاصلی نبری — بجز فتادن و درماندن و پشیمانی
به کوی شوق، گذاری نمی‌کنی، پروین — چو ذرّه نیز ره و رسم را نمی‌دانی

۶۷

در آن ساعت که چشم روز می‌خفت — شنیدم ذرّه با خفّاش می‌گفت
که ای تاریک‌رای، این گمرهی چیست؟ — چرا با آفتابت الفتی نیست؟
اگر ماهیم و گر روشن سهیلیم — تمام، این شمع هستی را طفیلیم
اگر گل رُست و گر یاقوت شد سنگ — یکی رونق گرفت از خور، یکی رنگ
چرا باید چنین افسرده بودن؟ — به صبح زندگانی مرده بودن
ببینی، گر برون آیی یکی روز — تجلّی‌های مهر عالم‌افروز

فروغ آفتاب صبحگاهی
فروشوید ز رخسارت سیاهی
نباید ترک عقل و رای گفتن
به شب گشتن، به گاه روز خفتن
بباید دلبری زیبا گزیدن
درو دیدن، جهان یکسر ندیدن
به راه عشق، کردن جست‌وخیزی
به شوق وصل، صلحی یا ستیزی
ز یک نم اوفتادن، غرق گشتن
ز بادی جستن، از دریا گذشتن
مرا همواره با خور گفتگوهاست
بدین خردی دلم را آرزوهاست
چو روشن شد رهم زآن چهر رخشان
چه غم گر موج بینم یا که طوفان
تو را گر نیز میل تابناکی‌ست
نظر چون من بپوش از هرچه خاکی‌ست
چه سود از انزوا و ظلمت، ای دوست؟
بلندی‌خواه را، پستی نه نیکوست
بگفت آخر حدیث چشمهٔ نور
چه می‌گویی به پیش مردم کور؟
مرا چشمی‌ست بس تاریک و نمناک
چه خواهم دیدن از خورشید و افلاک؟
از آن روزم که موش کور شد نام
سیه‌روزیم، روزی کرد ایّام
تو را آنان که نزد خویش خواندند
مرا بستند چشم، آن‌گاه راندند
تو از افلاک می‌گویی، من از خاک
مرا آلوده کردند و تو را پاک
ز خط شوق، ما را دور کردند
شما را همنشین نور کردند
از آن رو، تیرگی را دوستارم
که چشم روشنی دیدن ندارم
خیال من بود خوردی و خوابی
چه غم گر نیست یا هست آفتابی
تو را افروزد آن چهر فروزان
مرا هم دم زند بر دیده پیکان
چو خور شد دشمن آزادی من
رخ دشمن چه تاریک و چه روشن

شوم گر با خیالش نیز توأم نهم زاندیشه، چشم خویش بر هم
مرا عمری به تاریکی پریدن بِه از یک لحظه روی مهر دیدن
شنیدم بی‌شمارش رنگ و تاب است ولی من موش کور، او آفتاب است
تو خود روشن‌دل و صاحب‌نظر باش چه سود از پند، نابیناست خفّاش

۶۸

ای که عمری‌ست راه پیمایی به سوی دیده هم ز دل راهی‌ست
لیک آن‌گونه ره که قافله‌اش ساعتی اشکی و دمی آهی‌ست
منزلش آرزویی و شوقی‌ست جرسش نالهٔ شبانگاهی‌ست
ای که هر درگهیت سجده‌گه است در دل پاک نیز درگاهی‌ست
از پی کاروان آز مرو که درین ره، به هر قدم چاهی‌ست
سال‌ها رفتی و ندانستی کآن که راهت نمود، گمراهی‌ست
قصهٔ تلخی‌اش دراز مکن زندگی، روزگار کوتاهی‌ست
بد و نیک من و تو می‌سنجند گر که کوهی و گر پر کاهی‌ست
عمر، دهقان شد و قضا غربال نرخ ما، نرخ گندم و کاهی‌ست
تو عَسَس باش و دزد خود بشناس که جهان، هر طرف کمینگاهی‌ست
ماکیان وجود را چه امان؟ تا که مانند چرخ، روباهی‌ست
چه عجب، گر که سود خود خواهد همچو ما، نفس نیز خودخواهی‌ست
به رهش هیچ شحنه راه نیافت دزد ایّام، دزد آگاهی‌ست

با شب و روز، عمر می‌گذرد
چه تفاوت که سال یا ماهی‌ست
به مراد کسی زمانه نگشت
گاه رفقی و گاه اکراهی‌ست

۶۹

گفت سوزن با رفوگر وقت شام
شب شد و آخر نشد کارت تمام
روز و شب، بیهوده سوزن می‌زنی
هر دمی، صد زخم بر من می‌زنی
من ز خون، رنگین شدم در مشت تو
بس که خون می‌ریزد از انگشت تو
زین‌همه نخ‌های کوتاه و بلند
گه شدم سرگشته، گاهی پایبند
گه زبون گردیدم و گه ناتوان
گه شکستم، گه خمیدم چون کمان
چون فتادم یا فروماندم ز کار
تو همی‌راندی به پیشم با فشار
می‌بری هرجا که می‌خواهی مرا
می‌فزایی کار و می‌کاهی مرا
من به سر، این راه پیمودم همی
خون دل خوردم، نیاسودم دمی
گاهم انگشتانه می‌کوبد به سر
گاه رویم می‌کَشد، گاه آستر
گر تو زآسایش بری گشتی و دور
بهر من، آسایشی باشد ضرور
گفت در پاسخ رفوگر کای رفیق
نیست هر رهپوی، از اهل طریق
زین جهان و زین فساد و ریو و رنگ
تو چه خواهی دید با این چشم تنگ؟
روز می‌بینی تو و من روزگار
کار می‌بینی تو و من عیب کار
تو چه می‌دانی چه پیش آرد قضا؟
من هدف بودم قضا را سال‌ها
نالهٔ تو از نخ و ابریشم است
من خبر دارم که هستی یک دم است

تو چه می‌دانی چه‌ها بر من رسید؟ — موی من شد زین سیه‌کاری سفید
سوزنی، برتر ز سوزن نیستی — آگهی از جامه، از تن نیستی
من نهان را بینم و تو آشکار — تو یکی می‌دانی، اما من هزار
من درین جا هرچه سوزن می‌زنم — سوزنی بر چشم روشن می‌زنم
من چو گردم خسته، فرصت بگذرد — چون گذشت، آن‌گه که بازش آورد؟
چون که تن فرسودنی و بینواست — گر هم از کارش بفرسایی، رواست
چون دل شوریده روزی خون شود — بِه کز آن خون، چهره‌ای گلگون شود
دیده را چون عاقبت نادیدن است — به که نیکو بنگرد تا روشن است
از چه وامانم؟ چو فرصت رفتنی‌ست — چون نگویم؟ کاین حکایت گفتنی‌ست
خرقه‌ها با سوزنی کردم رفو — سوزنی کن خرقهٔ دل دوخت کو
خون دگر شد، خون دل خوردن دگر — تو ندیدی پارگی‌های جگر
پارهٔ هر جامه را سوزن بدوخت — سوزنی صد رنگ پیراهن بدوخت
پارهٔ جان در رگ و بند است و پی — سوزنش کی چاره خواهد کرد، کی؟
سوزنی باید که در دل نشکند — جای جامه، بخیه اندر جان زند
جهد را بسیار کن، عمر اندکی‌ست — کار را نیکو گزین، فرصت یکی‌ست
کاردانان چون رفو آموختند — پاره‌های وقت بر هم دوختند
عمر را باید رفو با کار کرد — وقت کم را با هنر، بسیار کرد
کار را از وقت، چون کردی جدا — این یکی گردد تباه، آن یک هبا

گرچه اندر دیده و دل نور نیست
تا نفس باقی‌ست، تن معذور نیست

۷۰

خلید خارِ درشتی به پای طفلی خرد
به هم برآمد و از پویه بازماند و گریست
بگفت مادرش این رنج اولین قدم است
ز خار حادثه، تیه وجود خالی نیست
هنوز نیک و بد زندگی به دفتر عمر
نخوانده‌ای و به چشم تو راه و چاه، یکیست
ز پای، چون تو درافتاده‌اند بس طفلان
نیوفتاده درین سنگلاخ عبرت، کیست؟
ندیده زحمت رفتار، ره نیاموزی
خطا نکرده، صواب و خطا چه دانی چیست؟
دلی که سخت ز هر غم تپید، شاد نماند
کسی که زود دل آزرده گشت، دیر نزیست
ز عهد کودکی، آمادهٔ بزرگی شو
حجاب ضعف چو از هم گسست، عزم قویست
به چشم آن که درین دشت، چشم روشن بست
تفاوتی نکند، گر ده است چه یا بیست
چو زخم کار گر آمد، چه سر، چه سینه، چه پای
چو سال عمر تبه شد، چه یک، چه صد، چه دویست
هزار کوه گرت سد ره شوند، برو
هزار ره گرت از پا درافکنند، بایست

۷۱

ز قلعه، ماکیانی شد به دیوار
به ناگه روبهی کردش گرفتار
ز چشمش برد، وحشت روشنایی
بزد بال و پر، از بی‌دست و پایی
ز روز نیک‌بختی یادها کرد
در آن درماندگی، فریادها کرد
فضای خانه و باغش هوس بود
چه حاصل، خانه دور از دسترس بود
به یاد آورد زآن اقلیم ایمن
ز کاه و خوابگاه و آب و ارزن
نهان با خویشتن بس گفتگو کرد
در آن یک دم، هزاران آرزو کرد

گه تدبیر، احوالی زبون داشت
به جای دل، به بر یک قطره خون داشت

به یاد آورد زآن آزاد گشتن
ز صحرا جانب ده بازگشتن

نمودن رهروان خرد را راه
ز هر بیراهه و ره بودن آگاه

ز دنبال نوآموزان دویدن
شدن استاد درس چینه چیدن

گشودن پر ز بهر سایبانی
نخفتن در خیال پاسبانی

به کار، از کودکان پیش اوفتادن
رموز کارشان تعلیم دادن

به روبه لابه کرد از عجز، کای دوست
ز من چیزی نیابی، جز پر و پوست

منه در رهگذار چون منی دام
مکن خود را برای هیچ بدنام

گرفتم سینهٔ تنگم فشردی
مرا کُشتی و در یک لحظه خوردی

ز مادر بی‌خبر شد کودکی چند
تبه گردید عمر مرغکی چند

یکی را کودک همسایه آزرد
یکی را گربه، آن یک را سگی برد

طمع دیو است، با وی برنیایی
چو خوردی، باز فردا ناشتایی

هوی و حرص و مستی، خواجه‌تاش‌اند
سیه‌کارند، در هرجا که باشند

دچار زحمتی تا صید آزی
اگر زین دام رستی، بی‌نیازی

مباش این‌گونه بی‌پروا و بدخواه
بسا گردد شکار گرگ، روباه

چه گردی هرزه در هر رهگذاری
دهی هر دم گلویی را فشاری

بگفت ار تیره‌دل یا هرزه‌گردیم
درین ره هرچه فرمودند، کردیم

ز روز خردی‌ام، خصلت چنین بود
دلی روبین به زیر پوستین بود

گرم سرپنجه و دندان بوَد سخت
مرا این مایه بود از کیسهٔ بخت

در آن دفتـر کـه نقش مـا نوشتند یکـی زشـت و یکـی زیبـا نوشتند
چو من روبـاه و صیدم ماکیان است گذشتن از چنیـن سـودی زیان است
بسی مـرغ و خـروس از قریه بردم بـه گردن‌هـا بسـی دنـدان فشردم
حدیث اتّحـاد مـرغ و روبـاه بـوَد چـون اتّفـاق آتـش و کـاه
چه غم گر نیّتم بد یا که نیکوست همینم اقتضـای خلقت و خوست
تو خود دادی بساط خویش بر باد تو افتادی کـه کـار از دست افتاد
تو مـرغ خانگی، روبـاه طـرّار تـو خـواب‌آلـود و دزد چـرخ بیدار
اسیـر روبـه نفـس آن‌چنـانیـم کـه گویی پـر شکستـه ماکیانیم
بـهـای زنـدگی زیـن بیشتـر بود اگـر یـک دیـدۀ صاحب‌نظر بود
منه بـر دست دیو از سادگی دست کدامین دست را بگرفت و نشکست؟
مـکن بی‌فکرتی تـدبیـر کـاری که خواهد هر قماشی پود و تاری
بـه وقـت شخـم، گاوت در گرو بود چو بـــازآوردی‌اش، وقت درو بود

۷۲

تـو چـو زرّی، ای روان تابنـاک چند بـاشی بستۀ زندان خاک؟
بحـر مـــوّاج ازل را گـوهـری گـوهـر تحقیـق را سـوداگری
واگـذار ایـن لاشـۀ ناچیـز را درنــورد ایـن راه آفت‌خیز را
زرّ کانی را چه نسبت بـا سفال؟ شیر جنگی را چه خویشی با شغال؟
بـا خـرد، صلحـی کـن و رایی بزن کـژدم تـن را بـه سـر، پایی بزن

هیچ پاکی همچو تو پاکیزه نیست   گوش هستی را چنین آویزه نیست
تو یکی تابنده گوهر بوده‌ای   رخ چرا با تیرگی آلوده‌ای؟
تو چراغ ملک تاریک تنی   در سیاهی‌ها، چو مهر روشنی
از نظر پنهانی، از دل نیستی   کاش می‌گفتی کجایی؟ کیستی؟
محبس تن بشکن و پرواز کن   این نخ پوسیده از پا باز کن
تا ببینی کآنچه دید ماسواست   تا بدانی خلوت پاکان جداست
تا بدانی صحبت یاران خوش است   گیر و دار زلف دلداران خوش است
تا ببینی کعبهٔ مقصود را   برگشایی چشم خواب‌آلود را
تا نمایندت به هنگام خرام   سیرگاهی خالی از صیّاد و دام
تا بیاموزند اسرار حقت   تا کنند از عاشقان مطلقت
تا تو، پنهان از تو، چون و چندهاست   عهدها، میثاق‌ها، پیوندهاست
چند در هر دام، باید گشت صید؟   چند از هر دیو، باید دید کید؟
چند از هر تیغ، باید باخت سر؟   چند از هر سنگ، باید ریخت پر؟
مرغک اندر بیضه چون گردد پدید   گوید اینجا بس فراخ است و سپید
عاقبت کآن حصن سخت از هم شکست   عالمی بیند همه بالا و پست
گه پَرَد آزاد در کُهسارها   گه چَمَد سرمست در گلزارها
گاه برچیند ز بامی دانه‌ای   سر کند خوش نغمهٔ مستانه‌ای
جست‌وخیز طائران بیند همی   فارغ اندر سبزه بنشیند دمی
بینوایی مهره‌ای تابنده داشت   کز فروغش دیده و دل زنده داشت

خیره شد فرجام زآن جلوه‌گری	بردش از شادی به سوی گوهری
گفت این لعل است، از من می‌خرش	گفت سنگ است این، چه خوانی گوهرش؟
رو که این ما را نمی‌آید به کار	گر متاعی خوب‌تر داری بیار
دکّهٔ خرمهره، جای دیگر است	تحفهٔ گوهرفروشان، گوهر است
برتری تنها به رنگ و بوی نیست	آینهٔ جان از برای روی نیست
تا نداند دخل و خرجش چند بود	هیچ بازرگان نخواهد بُرد سود
چشمِ جان را، بی‌نگه دیدارهاست	پایِ دل را، بی‌قدم رفتارهاست

۷۳

به شِکوه گفت جوانی فقیر با پیری	به روزگار، مرا روی شادمانی نیست
بلای فقر، تنم خسته کرد و روح بِکُشت	به مرگ قانعم، آن نیز رایگانی نیست
کسی به مثل من اندر نَبردگاه جهان	سیاه روزِ بلاهای ناگهانی نیست
گُرسنه بَر سَرِ خوانِ فلک نشستم و گفت	که خیرگی مَکن، این بَزمِ میهمانی نیست
بِه خَلق داد سرافرازی و مرا خواری	که درخور تو، ازین بِه که می‌ستانی نیست
به دَهر، هیچ‌کس مِهربان نشد با من	مرا خبر ز رَه و رسم مهربانی نیست
خوشی نیافتم از روزگار سفله دَمی	ازآن خوشم که سِپَنجی‌ست، جاودانی نیست
به خنده، پیر خردمند گفت تند مرو	که پرتگاه جهان، جای بدعِنانی نیست
چوبِنگری، همه‌سررشته‌هابه‌دست‌قضاست	رَه گریز، ز تقدیرِ آسمانی نیست
ودیعه‌ای‌ست سعادت که رایگان بخشند	درین معامله، ارزانی و گرانی نیست

دل ضعیف، به گرداب نفس دون مَفکن   غریق نفس، غریقی که وارهانی نیست
چو دستگاه جوانیت هست، سودی کُن   که هیچ سود، چو سرمایهٔ جوانی نیست
ز بازویت نربودند تا توانایی   زمان خستگی و عجز و ناتوانی نیست
به ملک زندگی، ای دوست، رنج باید بُرد   دلی که مُرد، سزاوار زندگانی نیست
من و تو از پیِ کشف حقیقت آمده‌ایم   ازین مسابقه، مقصود کامرانی نیست
به دفتر گل و طومار غنچه در گلزار   به جز حکایت آشوب مهرگانی نیست
بنای تن، همه بهر خوشی نساخته‌اند   وجود سر، همه از بهر سرگرانی نیست
ز مرگ و هستی ما، چرخ را زیان نرسد   سپهر سنگ‌دل است، این سخن نهانی نیست

۷۴

سخن گفت با خویش، دَلوی به نخوت   که بی‌من، کس از چَه ننوشیده آبی
ز سعی من این مرز گردید گلشن   ز گلبرگ پوشید، گلبن ثیابی
نیاسودم از کوشش و کار کردن   نصیب من آمد ایاب و ذهابی
برآشفت بر وی طناب و چنین گفت   به خیره نبستند بر تو طنابی
نه از سعی و رنج تو، کز زحمت ماست   اگر چهر گل را بوَد رنگ و تابی
شنیدند ناگه درین بحث پنهان   ز دهقان پیر، آشکارا عتابی
که آسان شمردید این رمز مشکل   نکردید نیکو سؤال و جوابی
دبیران خلقت، درین کهنه دفتر   نوشتند هر مبحثی را کتابی
اگر دست و بازو نکوشد، شما را   چه رای خطا و چه فکر صوابی؟

ز باران تنها، چمن گل نیارد | بباید نسیم خوش و آفتابی
به هرجا چراغی‌ست، روغنش باید | بوَد کار هر کارگر را حسابی
اگر خون نگردد، نماند وریدی | اگر گل نروید، نباشد گلابی
یکی کشت تاک و یکی چید انگور | یکی ساخت زآن سرکه‌ای یا شرابی
به کوه ار نمی‌تافت خورشید تابان | به معدن نمی‌بود لعل خوشابی
نشستند بسیار شب، خار و بلبل | که تا غنچه‌ای در چمن کرد خوابی
برای خوشی‌های فصل بهاران | خزان و زمستان کنند انقلابی
ز آهو دل، از مطبخی، دست سوزد | که تا گردد آماده، روزی کبابی
بسی کارگر باید و کار، پروین | در آبادیِ هر زمینِ خرابی

۷۵

آن نشنیدید که در شیروان | بود یکی زاهد روشن‌روان
زنده‌دلی، عالم و فرّخ‌ضمیر | مِهرصفت، شهرتش آفاق‌گیر
نام نکویش علم افراخته | توسَن زهدش همه‌جا تاخته
همقدم تاجوَران زمین | همنفس حضرت روح‌الامین
مسئلت‌آموز دبیران خاک | نیّتش آرایش مینوی پاک
پیش‌نشین همه آزادگان | پشت و پناه همه افتادگان
مرد رهی، خوش‌رَوِش و حق‌پرست | روز و شبش، سُبحهٔ طاعت به دست
جایگهش، کوه و بیابان شده | طعمه‌اش از بیخ درختان شده

رفته ز چین و خُتَن و هند و روم	مردم بسیار، بدان مرز و بوم
هرکه بدان صومعه بشتافتی	عارضه ناگفته، شفا یافتی
کور در آن بادیه بینا شدی	عاجز بیچاره، توانا شدی
خلق بر او دوخته چشم نیاز	او به سوی دادگر کارساز
شب، شدی از دیده نهان روز وار	در کمر کوه، به زندان غار
روز، به عزلتگه خود تاختی	با همه‌کس، نرد کَرَم باختی
صبحدمی، روی ز مردم نهفت	هر دُرِ طاعت که توان سُفت، سُفت
ریخت ز چشم آب و به سر خاک کرد	گرد ز آیینهٔ دل پاک کرد
حلقه به در کوفت زنی بینوا	گفت که رنجورم و خواهم دوا
از چه شد این نور، به ظلمت نهان؟	از چه برنجید ز ما ناگهان؟
از چه بر این جمع، در خیر بست؟	این‌همه افتاده بدید و نشست
از چه، دلش میل مدارا نداشت؟	از چه، سر همسری ما نداشت؟
ای پدر پیر، ز چین آمدم	از بلد شک، به یقین آمدم
نور تو رهبر شد و ره یافتم	نام تو پرسیدم و بشتافتم
روز، به چشم همه‌کس روشن است	لیک، شب تیره به چشم من است
گر ز ره لطف، نگاهم کنی	فارغ ازین حال تباهم کنی
ساعتی، ای شیخ، نیاسوده‌ام	بادصفت، بادیه پیموده‌ام
دیده به بی‌دیده فکندن، خوش است	خار دل سوخته کندن، خوش است
پیر، بدان لابه نداد اعتبار	گریه همی کرد چو ابر بهار

تا که سر از سجدهٔ شکران گرفت
دیو غرورش ز گریبان گرفت
گفت که این سجده و تسبیح چیست؟
بر تو و کردار تو، باید گریست
رنج تو در کارگه بندگی
گشت تهی‌دستی و شرمندگی
زآن همه سرمایه، تو را سود کاو؟
تار قماشت چه شد و پود کاو؟
نوبتِ از خلق گسستن نبود
گاهِ درِ صومعه بستن نبود
سست شد این پایه و فرصت شتافت
گم شد و دیگر نتوانیش یافت
عُجب، سمند تو شد و تاختی
رفتی و بار و بُنه انداختی
دامنت از اخگر پندار سوخت
آن‌همه گل، زآتش یک خار سوخت
رشته نبود آنکه تو می‌تافتی
جامه نبود آنکه تو می‌بافتی
سودگر نفس به بازار شد
گوهر پست تو پدیدار شد
راهروانی که به ره داشتی
بر در خویش از چه نگهداشتی؟
آن که درش، روز کرم بسته بود
قفل در حق نتواند گشود
نفس تو، چون خودسر و مُحتاله شد
زهد تو، چون کفر دوصد ساله شد
طاعت بی‌صدق و صفا، هیچ نیست
این‌همه جز روی و ریا، هیچ نیست

۷۶

زن در ایران، پیش از این گویی که ایرانی نبود
پیشه‌اش جز تیره‌روزی و پریشانی نبود
زندگی و مرگش اندر کنج عزلت می‌گذشت
زن چه بود آن روزها، گر ز آنکه زندانی نبود؟!
کس چو زن اندر سیاهی قرن‌ها منزل نکرد
کس چو زن در معبد سالوس، قربانی نبود

در عدالت‌خانهٔ انصاف، زن شاهد نداشت
در دبستان فضیلت، زن دبستانی نبود

دادخواهی‌های زن می‌ماند عمری بی‌جواب
آشکارا بود این بیداد، پنهانی نبود

بس کسان را جامه و چوب شبانی بود، لیک
در نهاد جمله گرگی بود، چوپانی نبود

از برای زن به میدان فراخ زندگی
سرنوشت و قسمتی جز تنگ‌میدانی نبود

نور دانش را ز چشم زن نهان می‌داشتند
این ندانستن، ز پستی و گران‌جانی نبود

زن کجا بافنده می‌شد، بی نخ و دوکِ هنر؟
خرمن و حاصل نبود، آنجاکه دهقانی نبود

میوه‌های دکهٔ دانش فراوان بود، لیک
بهر زن هرگز نصیبی زین فراوانی نبود

در قفس می‌آرمید و در قفس می‌داد جان
در گلستان نام ازین مرغ گلستانی نبود

بهر زن تقلید، تیه فتنه و چاه بلاست
زیرک آن زن، کاو رهش این راه ظلمانی نبود

آب و رنگ از علم می‌بایست، شرط برتری
با زُمرّد یاره و لعل بدخشانی نبود

جلوهٔ صد پرنیان، چون یک قبای ساده نیست
عزّت از شایستگی بود، از هوس‌رانی نبود

ارزش پوشانده، کفش و جامه را ارزنده کرد
قدر و پستی، با گرانی و به ارزانی نبود

سادگی و پاکی و پرهیز یک‌یک گوهرند
گوهر تابنده تنها گوهر کانی نبود

از زر و زیور چه سود آنجاکه نادان است زن؟
زیور و زر، پرده‌پوشِ عیبِ نادانی نبود

عیب‌ها را جامهٔ پرهیز پوشانده‌ست و بس
جامهٔ عُجب و هوی بهتر ز عریانی نبود

زن، سبکساری نبیند تا گران‌سنگ است و بس
پاک را آسیبی از آلوده‌دامانی نبود

زن چو گنجور است و عفّت گنج و حرص و آز دزد
وای اگر آگه ز آیین نگهبانی نبود

اهرمن بر سفرهٔ تقوی نمی‌شد میهمان
زآنکه می‌دانست کآنجا جای مهمانی نبود

پا به راه راست باید داشت، کاندر راه کج
توشه‌ای و رهنوردی جز پشیمانی نبود

چشم و دل را پرده می‌بایست، اما از عفاف
چادر پوسیده، بنیادِ مسلمانی نبود

خسروا! دست توانای تو آسان کرد کار
ورنه در این کار سخت امید آسانی نبود

شه نمی‌شد گر در این گم‌گشته کشتی ناخدای
ساحلی پیدا از این دریای طوفانی نبود

باید این انوار را پروین به چشم عقل دید
مِهر رخشان را نشاید گفت نورانی نبود

۷۷

کبوتری، سحر اندر هوای پروازی
به بام لانه بیاراست پر، ولی نپرید

رسید بر پرش از دور، ناوکی جان‌سوز
مُبَرهَن است کز آن طعنه بر دلش چه رسید

شکسته شد پر و بالی، نزار گشت تنی
گسست رشتهٔ امیدی و رگی بدرید

گذشت بر در آن لانه، شامگه زاغی
طبیب گشت، چه رنجوری کبوتر دید

برفت خار و خس آورد و سایبانی ساخت
برای راحت بیمار خویش، بس کوشید

هزارگونه ستم دید تا به روزن و بام
ز برگ‌های درختان سبز پرده کشید

ز جویبار، به منقار خویش آب ربود
به باغ، کرد ره و میوه‌ای ز شاخه چید

گهی پدر شد و گه مادر و گهی دربان
طعام داد و نوازش نمود و ناله شنید

ببرد آن‌همه بار جفا که تا روزی
ز درد و خستگی و رنج، دردمند رهید

به زاغ گفت چه نسبت سپید را به سیاه
تو را به یاری بیگانگان، چه‌کس طلبید؟

بگفت نیّت ما اتفاق و یک‌رنگی‌ست
تفاوتی نکند خدمت سیاه و سفید

تو را چو من، به‌دل خرد، مهر و پیوندی‌ست
مرا بِسان تو در تن، رگ و پی است و وَرید

صفای صحبت و آیین یکدلی باید
چه بیم گر که قدیم است عهد یا که جدید

ز نزد سوختگان بی‌خبر نباید رفت زمان کار نباید به کنج خانه خزید
غرض گشودن قفل سعادت است به جهد چه فرق گر زر سرخ و گر آهن است کلید

۷۸

نهفتن به عمری غم آشکاری فکندن به کِشتِ امیدی شراری
به پای نهالی که باری نیارد جفا دیدن از آب و گل، روزگاری
به بزم فرومایگان ایستادن نشستن به دریوزه در رهگذاری
ز بیم هژبران، پناهنده گشتن به گرگی سیه‌دل، به تاریک‌غاری
ز سنگین‌دلی، خواهشِ لطف کردن سوی ناکسی، بردن از عجز کاری
به جای گل آرزویی و شوقی نشاندن به دل، نوک جان‌سوز خاری
به دریا در افتادن و غوطه خوردن نه جستن پناهی، نه دیدن کناری
زبون گشتن از درد و محروم ماندن به هرجا برون بودن از هر شماری
شنیدن ز هر سفله، حرف درشتی ز مردم کشی، خواستن زینهاری
به آهی، پراکنده گشتن چو کاهی ز بادی، پریشان شدن چون غباری
بسی خوش‌تر و نیک‌تر نزد دانا ز دمسازیِ یارِ ناسازگاری

۷۹

به جغد گفت شبانگاه طوطی از سر خشم که چند بایدت این‌گونه زیست سرگردان؟
چرا ز گوشهٔ عزلت، برون نمی‌آیی؟ چه اوفتاده که از خلق می‌شوی پنهان؟

کسی به‌جز تو، نبسته‌ست چشم روشن‌بین
کسی به جز تو، نکرده‌ست در خرابه مکان

اگر به جانب شهرت گذر فُتَد، بینی
بسی بلند بنا قصر و زرنگار ایوان

چرا ز فکرت باطل، نژند داری دل؟
چرا به ملک سیاهی، سیه کنی وجدان؟

ز طائران جهان‌دیده، رسم و راه آموز
ببین چگونه به سر می‌برند وقت و زمان

اگر که همچو مَنَت، میل برتری باشد
گَهَت به دست نشانند و گاه بر دامان

مرا نگر، چه نکورای و نغز گفتارم
تو را ضمیر، بداندیش و اَلکَن است زبان

به ما، هَماره شکر داده‌اند، نوبت چاشت
نخورده‌ایم بِسان تو هیچگه غمِ دان

به زیر پر، چو تو سر بی‌سبب نهان نکنیم
زنیم در چمنی تازه، هر نفس جولان

بِهِل که عمر تلف کردن است تنهایی
ندیم سرو و گل و سبزه باش در بستان

بپوش چشم ز بیغوله، نیستی رهزن
بشوی گرد سیاهی ز دل، نه‌ای شیطان

نه با خبر ز بهاری، نه آگهی ز خریف
چو مرده‌ای به زمستان و فصل تابستان

به کنج غار، مَخَز همچو گرگ بی‌چنگال
گرسنه خواب مکن، چون شغال بی‌دندان

به موش مرده، میالای پنجه و منقار
بزرگ باش و میاموز خصلت دونان

به روزگار جوانیت، ماتم پیری‌ست
سیه‌دلی چو تو، هرگز نداشت بخت جوان

جهان به خویشتن ای دوست، خیره سخت مگیر
که کار سخت، ز کارآگهی شده‌ست آسان

برو به سِیرگهی تازه، صبحگاهی خوش
بیا به خانهٔ ما، باش یک شبی مهمان

تو چشم عقل ببستی که در چَه افتادی
تو بد شدی که شدند از تو خوب‌تر دگران

فضیلت و هنر، ای بی‌هنر، نمود مرا
جلیس بزم بزرگان و همسر شاهان

مرا ز عاج و زر و سیم ساختند قفس
گَهَم به خانه نگهداشتند و گه به دکان

زخویش، بی‌سبب ای تیره‌دل چه می‌کاهی؟ کمال‌جوی و سعادت، چه‌خواهی از نقصان؟
همیشه می‌نتوان رفت بیخود و فارغ هماره می‌نتوان زیست غمگِن و حیران
ز ناله‌های غمافزای خویش، جان مخراش ز سوک بی‌گَه خود، خلق را مکن گریان
ز بانگ زشت تو بس آرزو که گشت تباه ز فال شوم تو بس خانمان که شد ویران
چو طوطیان، چه‌سخن‌گفتی و شنیدی؟ هین چو بلبلان، به کدامین چمن پریدی؟ هان
جواب داد که بر خیره شوم خوانندم ز من به کس نرسیده‌ست هیچ‌گونه زیان
عجب مدار، گَرَم شوق سیر گلشن نیست تفاوتی‌ست میان من و دگر مرغان
سمند دولت گیتی که جانب همه تاخت ز ما گذشت چو برق و نگه نداشت عنان
خوش است نغمهٔ مرغی به ساحت چمنی ولی نه بوم سیه‌روز، مرغکی خوش‌خوان
فروغ چهر گل آن بِه که بلبلان بینند برای همچو منی شوره‌زار شد شایان
هر آن‌کسی که تو را پیک نیک‌بختی گشت نداد دیدهٔ ما را نصیب، جز پیکان
بسوخت خانهٔ ما زآتش حوادث چرخ نه مردمی‌ست ز همسایه خواستن تاوان
نکرد رهرو عاقل، به هر گذرگه خواب نچید طائر آگاه، چینه از هر خوان
چه‌سود صحبت شاهان چو نیست آزادی؟ چرا دهیم گران‌مایه وقت را ارزان؟
به رنج گوشه‌نشینی و فقر، تن دادن به از پریدن بی‌گاه و داشتن غم جان
قفس نه‌جز قفس است، ارچه‌سیم و زر باشد که صحن تنگ همان است و بام تنگ همان
در آشیانهٔ ویران خویش خرسندیم چه خوشدلی‌ست در آباد دیدن زندان
هزار نکته به ما گفت شبرو گردون چه غم، به چشم تو گر بی‌هُشیم یا نادان
به‌نزد آن که چو من دوستدار تاریکی‌ست تفاوتی نکند روز تیره و رخشان

مرا ز صحبت بیگانگان ملال آید
به میهمانی‌ام ای دوست، هیچگاه مخوان

توخود، گهی به‌چمن‌ خُسب‌ و گه‌به‌سبزه‌خرام
که بوم را نه ازین خوش‌دلی بود، نه از آن

به عهد و یک‌دلی مردم اعتباری نیست
که‌همچو دورجهان، سست‌عهدبودانسان

ز راه تجربه گر هفته‌ای سکوت کنی
نه خواجه مانَد و بانو، نه شکّر و اَنبان

به جوی و جر بکَنندت به صد جفا پر و بال
به رهگذر بکُشندت به صد ستم طفلان

نه‌جغدرَست‌ونه‌طوطی، چوشدقضاشاهین
نه زشت ماند و نه زیبا، چو راز گشت عیان

طبیب دهر نیاموخت جز ستم، پروین
به درد کُشت و حدیثی نگفت از درمان

۸۰

به صحرا سرود این‌چنین خارکن
که از کندن خار، کس خوار نیست

جوانی و تدبیر و نیروت هست
به دست تو این کارها کار نیست

به بیداری و هوشیاری گرای
چو دیدی که بخت تو بیدار نیست

چو بفروختی از که خواهی خرید؟
متاع جوانی به بازار نیست

جوانی گه کار و شایستگی‌ست
گه خودپسندی و پندار نیست

نبایست بر خیره از پا فتاد
چو جان خسته و جسم بیمار نیست

همین بس که از پا نیفتاده‌ای
بس افتادگان را پرستار نیست

مپیچ از رهِ راست، بر راه کج
چو در هست، حاجت به دیوار نیست

ز بازوی خود، خواه برگ و نوا
تو را برگ و توشی در انبار نیست

همی دانه و خوشه خروار شد
ز آغاز هر خوشه خروار نیست

قوی‌پنجه‌ای تیشه محکم بزن | هنرمند مردم، سبکسار نیست
زرِ وقت، باید به کار آزمود | کزین بهترش، هیچ معیار نیست
غنیمت شمر، جز حقیقت مجوی | که باری‌ست فرصت، دگر بار نیست
همی ناله کردی، ولی بی‌ثمر | کس این ناله‌ها را خریدار نیست
چو شب، هستی و صبحدم نیستی‌ست | شکایت ز هستی، سزاوار نیست
کنند از تو در کار دل، باز پرس | درین خانه کس جز تو معمار نیست
نشد جامهٔ عُجب، جان را قبا | درین جامه پود اَر بود، تار نیست
درین دکّه سود و زیان با هماند | کس از هر زیانی زیان‌کار نیست
گهی کم به دست اوفتد گه فزون | بساز ار درم هست و دینار نیست
مگوی از گرفتاری خویشتن | ببین کیست آن کاو گرفتار نیست
به چشم بصیرت به خود درنگر | تو را تا در آیینه زنگار نیست
همه کار ایّام درس است و پند | دریغا که شاگرد هشیار نیست
تو را بار تقدیر باید کشید | کسی را رهایی از این بار نیست
به دشواری ار دل شکیبا کنی | ببینی که سهل است و دشوار نیست
از امروز اندوه فردا مخور | نهان است فردا پدیدار نیست
گر آلود انگشت‌هایت به خون | شگفتی ز ایّام خون‌خوار نیست
چو خارند گل‌های هستی تمام | گل است اینکه داری به کف، خار نیست
ز آزادگان بردباری و سعی | بیاموز، آموختن عار نیست
هزاران ورق کرده گیتی سیاه | شکایت همین چند طومار نیست

تو خاطر نگهدار شو خویش را | که ایّام خاطر نگهدار نیست
ره زندگان است، عیبش مکن | گر این راه، هموار هموار نیست
پی کارهایی که گوید برو | تو را با فلک دست پیکار نیست
به جایی که بار است بر پشت مور | برای تو این بار بسیار نیست
نشاید که بی‌کار مانیم ما | چو یک قطره و ذرّه بی‌کار نیست

۸۱

نهان کرد دیوانه در جیب، سنگی | یکی را به سر کوفت، روزی به معبر
شد از رنج رنجور و از درد نالان | بپیچید و گردید چون مار چنبر
دویدند جمعی پی دادخواهی | دریدند دیوانه را جامه در بر
کشیدند و بردندشان سوی قاضی | که این یک ستمدیده بود، آن ستمگر
ز دیوانه و قصّهٔ سر شکستن | بسی یاوه گفتند هر یک به محضر
بگفتا همان سنگ، بر سر زنیدش | جز این نیست بدکار را مزد و کیفر
بخندید دیوانه زآن دیو رایی | که نفرین برین قاضی و حکم و دفتر
کسی می‌زند لاف بسیار دانی | که دارد سری از سر من تهی‌تر
گر این‌اند با عقل و رایان گیتی | ز دیوانگانش چه امید، دیگر؟
نشستند و تدبیر کردند با هم | که کوبند با سنگ، دیوانه را سر

۸۲

به راهی در، سلیمان دید موری | که با پای ملخ می‌کرد زوری

به زحمت، خویش را هر سو کشیدی و زآن بار گران، هر دم خمیدی
ز هر گردی، برون افتادی از راه ز هر بادی، پریدی چون پر کاه
چنان در کار خود، یکرنگ و یکدل که کارآگاه، اندر کار مشکل
چنان بگرفته راه سعی در پیش که فارغ گشته از هرکس، جز از خویش
نه‌اش پروای از پای اوفتادن نه‌اش سودای کار از دست دادن
به تندی گفت کای مسکین نادان چرایی فارغ از ملک سلیمان
مرا در بارگاه عدل، خوان‌هاست به هر خوان سعادت، میهمان‌هاست
بیا زین ره، به قصر پادشاهی بخور در سفرهٔ ما، هرچه خواهی
به خار جهل، پای خویش مخراش به راه نیک‌بختان، آشنا باش
ز ما، هم عشرت آموز و هم آرام چو ما، هم صبح خوش‌دل باش و هم شام
چرا باید چنین خونابه خوردن؟ تمام عمر خود را بار بردن
ره است اینجا و مردم رهگذارند مبادا بر سرت پایی گذارند
مکش بیهوده این بار گران را میازار از برای جسم، جان را
بگفت از سور، کمتر گوی با مور که موران را قناعت خوش‌تر از سور
چو اندر لانهٔ خود پادشاهند نوال پادشاهان را نخواهند
برو جایی که جای چاره‌سازی‌ست که ما را از سلیمان، بی‌نیازی‌ست
نیفتد با کسی ما را سر و کار که خود هم توشه داریم و هم انبار
به جای گرم خود هستیم ایمن ز سرمای دی و تاراج بهمن
چو ما خود خادم خویشیم و مخدوم به حکم کس نمی‌گردیم محکوم

مرا امید راحت‌هاست زین رنج   من این پای ملخ ندهم به صد گنج
مرا یک دانهٔ پوسیده خوشتر   ز دیهیم و خراج هفت کشور
گرت همواره باید کامکاری   ز مور آموز رسم بردباری
مرو راهی که پایت را ببندند   مکن کاری که هشیاران بخندند
گه تدبیر، عاقل باش و بینا   ره امروز را مسپار فردا
بکوش اندر بهار زندگانی   که شد پیرایهٔ پیری، جوانی
حساب خود، نه کم گیر و نه افزون   منه پای از گلیم خویش بیرون
اگر زین شهد، کوته‌داری انگشت   نکوبد هیچ دستی بر سرت مشت
چه در کار و چه در کار آزمودن   نباید جز به خود، محتاج بودن
هر آن موری که زیر پای زوری‌ست   سلیمانی‌ست، کاندر شکل موری‌ست

۸۳

اشک، طرفِ دیده را گردید و رفت   اوفتاد آهسته و غلتید و رفت
بر سپهر تیرهٔ هستی، دمی   چون ستاره روشنی بخشید و رفت
گرچه دریای وجودش جای بود   عاقبت یک قطره خون نوشید و رفت
گشت اندر چشمهٔ خون ناپدید   قیمت هر قطره را سنجید و رفت
من چو از جور فلک بگریستم   بر من و بر گریه‌ام خندید و رفت
رنجشی ما را نبود اندر میان   کس نمی‌داند چرا رنجید و رفت
تا دل از اندوه، گردآلود گشت   دامن پاکیزه را برچید و رفت

موج و سیل و فتنه و آشوب خاست
بحر، طوفانی شد و ترسید و رفت

همچو شبنم، در گلستان وجود
بر گل رخساره‌ای تابید و رفت

مدّتی در خانهٔ دل کرد جای
مخزن اسرار جان را دید و رفت

رمزهای زندگانی را نوشت
دفتر و طومار خود پیچید و رفت

شد چو از پیچ و خم ره باخبر
مقصد تحقیق را پرسید و رفت

جلوه و رونق گرفت از قلب و چشم
میوه‌ای از هر درختی چید و رفت

عقل دوراندیش با دل هرچه گفت
گوش داد و جمله را بشنید و رفت

تلخی و شیرینی هستی چشید
از حوادث با خبر گردید و رفت

قاصد معشوق بود از کوی عشق
چهرهٔ عشّاق را بوسید و رفت

اوفتاد اندر ترازوی قضا
کاش می‌گفتند چند ارزید و رفت؟

۸۴

به کنج مطبخ تاریک، تابه گفت به دیگ
که از ملال نمردی، چه خیره‌سر بودی

ز دوده پشت تو مانند قیر گشته سیاه
زعیب‌خویش، تومسکین‌چه‌بی‌خبربودی

همی به تیرگی خود فزودی از پستی
سیاه‌روز و سیه‌کار و بدگهر بودی

تمام عمر درین کارگاه زحمت و رنج
نشسته بودی و بی‌مزد کارگر بودی

گهی ز عجز، جفای شرار می‌بردی
گهی ز جهل، گرفتار شور و شر بودی

دمی ز آتش و آبت ستم رسید و بلا
دمی ندیم دم و دود و خشک و تر بودی

نه لحظه‌ای ز هجوم حوادث آسودی
نه هیچ با خبر از شب، نه از سحر بودی

ستیزه‌گر فلک، ای تیره‌بخت، با تو ستیز   نمی‌نمود تو خود گر ستیزه‌گر بودی
زمانه سوخت تو را پاک و هیچ دم نزدی   همیشه خسته و پیوسته رنجبر بودی
به پیش چون تو سیه‌روی بددلم که فکند؟   چه بودی ار که مرا قدرت سفر بودی
ندید چشم تو رنگی دگر به جز سیهی   رواست گر که بگوییم بی‌بصر بودی
درین بساط سیه، گر نمی‌گشودی رخت   چو ما سفید و نکورای و نامور بودی
جواب داد که ما هر دو درخور ستمیم   تو نیز همچو من ای دوست، بی‌هنر بودی
جفای آتش و هیزم، نه بهر من تنهاست   تو نیز لایق خاکستر و شرر بودی
من و تو سالک یک مقصدیم در معنی   تو نیز رهرو این کهنه رهگذر بودی
اگر ز فکر تو می‌زاد رای نیکتری   به فکر روزی ازین روز نیکتر بودی
مگر به یاد نداری که دوش، وقت سحر   میان شعلهٔ جان‌سوز، تا کمر بودی
نمی‌نشستی اگر نزد ما درین مطبخ   مبرهن است که در مطبخ دگر بودی
نظر به عجب، در آلودگان نمی‌کردی   به دامن سیه خود، گرت نظر بودی
من از سیاهی خود، بس ملول می‌گشتم   اگر تو تیره‌دل از من سپیدتر بودی

۸۵

شاهدی گفت به شمعی کامشب   در و دیــوار، مــزیّــن کــردم
دیشب از شوق نخفتم یک دم   دوخـتـم جــامــه و بــر تــن کــردم
دو سه گوهر ز گلوبندم ریخت   بستم و بــاز بــه گــردن کــردم
کس ندانست چه سحرآمیزی   به پرند از نخ و سوزن کردم

صفحهٔ کارگه از سوسن و گل	به خوشی چون صف گلشن کردم
تو به گرد هنر من نرسی	زآنکه من بذل سر و تن کردم
شمع خندید که بس تیره شدم	تا ز تاریکی‌ات ایمن کردم
پی پیوند گهرهای تو بس	گهر اشک به دامن کردم
گریه‌ها کردم و چون ابر بهار	خدمت آن گل و سوسن کردم
خوشم از سوختن خویش از آنک	سوختم، بزم تو روشن کردم
گرچه یک روزن امید نماند	جلوه‌ها بر در و روزن کردم
تا تو آسوده روی در ره خویش	خوی با گیتی رهزن کردم
تا فروزنده شود زیب و زَرَت	جان ز روی و دل از آهن کردم
خرمن عمر من ار سوخته شد	حاصل شوق تو خرمن کردم
کارهایی که شمردی بر من	تو نکردی، همه را من کردم

۸۶

شباهنگام، کاین فیروزه گلشن	ز انوار کواکب گشت روشن
غزال روز پنهان گشت از بیم	پلنگ شب برون آمد ز مکمن
روان شد خارکن با پشتهٔ خار	بخسته دست و پا و پشت و گردن
به کنج لانه، مور آرامگه ساخت	شده آزرده از دانه کشیدن
به رسم و راه دیرین، داد چوپان	در آغل، گوسفندان را نشیمن
کبوتر جست اندر لانه راحت	زغن در آشیان بنمود مسکن

جهان را سوگ بگرفت و شباویز
بسان سوگواران کرد شیون

زمان خفتن آمد ماکیان را
نچیده ماند آن پاشیده ارزن

نهاد از دست، مرد کارگر کار
که شد بی‌گاه وقت کار کردن

هم افسونگر رهایی یافت، هم مار
هم آهنگر بیاسود و هم آهن

لحاف پیرزن را پارگی ماند
که نتوانست نخ کردن به سوزن

بیارامید صید آسوده در دام
به شوق شادی روز رهیدن

دروگر، داس خود بنهاد بر دوش
تبرزن، رخت خود پوشید بر تن

عسس بیدار ماند، آری چه نیکوست
برای خفتگان، بیدار بودن

به بام خلق، بَرشُد دزد طرّار
کمین رهگذاران کرد رهزن

ز بی‌خوابی شکایت کرد بیمار
که شد نزدیک، رنج شب نخفتن

بدوشیدند شیر گوسفندان
بیاسودند گاو و گاوآهن

خروش از جانب میخانه برخاست
ز بس جام و سبو در هم شکستن

ز تاریکی، زمین بگرفت اسپر
ز انجم آسمان بربست جوشن

ز مشرق، گشت ناهید آشکارا
چو تابنده گهر، از تیره معدن

شهاب ثاقب از دامان افلاک
فرواُفتاد چون سنگ فلاخن

بنات‌النّعش، خونین کرده رخسار
ز مویه کردن و از موی کندن

ثوابِت، جمله حیران ایستاده
چو محکومان به هنگام زَلیفَن

به کنج کلبهٔ تاریک‌بختان
فروتابید نور مه ز روزن

برآمد صبحدم، مهر جهان‌تاب
بسان حور از چنگ هریمن

فروشستند چین زلف سنبل — بیفشاندند گرد از چهر سوسن
ز سر بگرفت سعی و رنج خود، مور — بشد گنجشک بهر دانه جستن
نماند توسنی و راهواری — ز ناهمواری ایّام توسن
بدین‌گونه‌ست آیین زمانه — زمانی دوستدار و گاه دشمن
پدید آرَد گهی صبح و گهی شام — گهی اردیبهشت و گاه بهمن
دریغا، کاروان عمر بگذشت — ز سال و ماه و روز و شب گذشتن
ز گیر و دار این دام بلاخیز — جهان تا هست، کس را نیست رَستن
اگر نیک و اگر بد گردد احوال — نیفتد چرخهٔ گیتی ز گشتن
دهد این سودگر، ای دوست، ما را — گهی کرباس و گاهی خزّ اَدکَن
به دانش، زنگ ازین آیینه بزدای — به صیقل، زنگ را دانی زدودن
چو اسرائیلیان، کفران نعمت — مکن، چون هست هم سَلوی و هم مَن
کتاب حکمت و عرفان چه خوانی؟ — نخوانده اَبجد و حُطّی و کَلمَن
حقیقت‌گوی شو پروین، چه ترسی؟ — نشاید بهر باطل، حق نهفتن

۸۷

چو رنگ از رخ روز پرواز کرد — شباویز نالیدن آغاز کرد
بساط سپیدی تباهی گرفت — ز مه تا به ماهی سیاهی گرفت
ره فتنهٔ دزد عیّار باز — عَسَس خسته از گشتن و شب دراز
نخفته، نه مست و نه هوشیار ماند — نیاسوده گر ماند، بیمار ماند

پرستار را ناگهان خواب برد .... همان دم که او خفت، رنجور مرد
جهان چون دل بت‌پرستان، سیاه .... مه از دیده پنهان و در راه، چاه
بخفتند مرغان باغ و قفس .... شباویز افسانه می‌گفت و بس
نمی‌کرد دیوانه دیگر خروش .... نمی‌آید آواز دیگر به گوش
بجز ریزش سیل از کوهسار .... بجز گریهٔ کودک شیرخوار
برون آمد از کنج مطبخ، عجوز .... ز پیری به زحمت، ز سرما به سوز
شکایت‌کنان، گه ز سر، گه ز پشت .... چراغی که در دست خود داشت، کشت
بگسترد چون جامه از بهر خواب .... سبویی شکست و فروریخت آب
شنیدم که کوته زمانی نخفت .... شکسته گرفت و پراکنده رُفت
بنالید از نالهٔ مرغ شب .... که شب نیز فارغ نه‌ایم، ای عجب
ندیدیم آسایش از روزگار .... گهی بانگ مرغ است و گه رنج کار
به نرمی چنین داد مرغش جواب .... که ای سالیان خفته، یک شب مخواب
به سرمنزلی کاین‌قَدَر خون کنند .... در آن، خواب آزادگان چون کنند؟
من از چرخ پیرم چنین تنگدل .... که از ضعف پیران نگردد خجل
به هر دست فرسوده، کاری دهد .... به هر پشت کاهیده، باری نهد
بسی رفته، گم گشت ازین راه راست .... بسی خفته، چون روز شد، برنخاست
عسس کی شوَد، دزد تیره‌روان .... تو خود باش این گنج را پاسبان
به هرجا برافکنده‌اند این کمند .... چه دیوار کوته، چه بام بلند
درین دخمه، هر شب گرفتارهاست .... ره و رسم‌ها، رمزها، کارهاست

شب از باغ گم شد، گل و خار ماند	خنک باغبانی که بیدار ماند
به خفتن چرا پیر گردد جوان؟	به رهزن چرا بگرود کاروان؟
فلک در نَوَرد و تو در خوابگاه
تو مدهوش و در شبروی مهر و ماه

۸۸

نیک‌نامی نباشد، از رهِ عُجب	خِنگ آز و هوس همی‌راندن
روز دعوی، چو طبل بانگ زدن	وقت کوشش، ز کار واماندن
خستگان را ز طعنه، جان خستن	دل خلق خدای رنجاندن
خود، سلیمان شدن به ثروت و جاه	دیگران را ز دیو ترساندن
با درافتادگان ستم کردن	زهر را جای شهد نوشاندن
اندر امّید خوشهٔ هوسی	هر کجا خرمنی‌ست، سوزاندن
گمرهان را رفیق ره بودن	سر ز فرمان عقل پیچاندن
عیب پنهان دیگران گفتن	عیب پیدای خویش پوشاندن
بهر یک مشت آرد، بر سر خلق	آسیا چون زمانه گرداندن
گویمت شرط نیک‌نامی چیست	زآنکه این نکته بایدت خواندن
خاری از پای عاجزی کندن	گردی از دامنی بیفشاندن

۸۹

روز شکار، پیرزنی با قباد گفت	کز آتش فساد تو، جز دود و آه نیست

روزی بیا به کلبهٔ ما از ره شکار
تحقیق حال گوشه‌نشینان گناه نیست

هنگام چاشت، سفرهٔ بی‌نان ما ببین
تا بنگری که نام و نشان از رفاه نیست

دزدم لحاف بُرد و شبان گاو پس نداد
دیگر به کشور تو امان و پناه نیست

از تشنگی کدوبُنَم امسال خشک شد
آب قنات بردی و آبی به چاه نیست

سنگینی خراج، به ما عرصه تنگ کرد
گندم تو راست، حاصل ما غیر کاه نیست

در دامن تو، دیده جز آلودگی ندید
بر عیب‌های روشن خویشَت نگاه نیست

حکم دروغ دادی و گفتی حقیقت است
کار تباه کردی و گفتی تباه نیست

صد جور دیدم از سگ و دربان به درگهت
جز سفله و بخیل درین بارگاه نیست

ویرانه شد ز ظلم تو هر مسکن و دهی
یغماگر است چون تو کسی، پادشاه نیست

مُردی در آن زمان که شدی صید گرگ آز
از بهر مرده، حاجت تخت و کلاه نیست

یک دوست از برای تو نگذاشت دشمنی
یک مردِ رزمجوی، تو را در سپاه نیست

جمعی، سیاه‌روزِ سیه‌کاریِ تواَند
باور مکن که بهر تو روز سیاه نیست

مزدور خفته را ندهد مزد، هیچ‌کس
میدان همّت است جهان، خوابگاه نیست

تقویم عمر ماست جهان، هرچه می‌کنیم
بیرون ز دفتر کهن سال و ماه نیست

سختی‌کشی‌ز دهر، چو سختی دهی به خلق
در کیفر فلک، غلط و اشتباه نیست

۹۰

با بنفشه، لاله گفت ای بی‌خبر
طَرف گلشن را منظّم کرده‌اند

از برای جلوه، گل‌های چمن
رنگ را با بوی، توأم کرده‌اند

اندرین بزم طرب، گویی تو را — غرق در دریای ماتم کرده‌اند
از چه معنی، درشکستی بی‌سبب؟ — چون به خاکت ریشه محکم کرده‌اند
از چه، رویت در هم و پشتت خم است؟ — از چه رو، کار تو در هم کرده‌اند؟
از چه، خود را پشت سر می‌افکنی؟ — چون به یارانت مقدم کرده‌اند
در زیان این قبای نیلگون — در تو زشتی را مسلّم کرده‌اند
گفت، بهر بردن بار قضا — عاقلان، پشت از ازل خم کرده‌اند
عارفان، از بهر افزودن به جان — از هوی و از هوس کم کرده‌اند
یاد حق بر یاد خود بگزیده‌اند — کار ابراهیم اَدهَم کرده‌اند
رهروان این گذرگاه، آگه‌اند — توش راه خود فراهم کرده‌اند
گلّه‌های معنی، از فرسنگ‌ها — گرگ خود را دیده و رم کرده‌اند
چون در آخر، جمله شادی‌ها غم است — هم ز اوّل، خوی با غم کرده‌اند
تو نمی‌دانی که از بهر خزان — باغ را شاداب و خرّم کرده‌اند؟
تو نمی‌بینی چه سیلابی نهان — در دل هر قطره شبنم کرده‌اند؟
هرکسی را با چراغ بینشی — راهی این راه مُظلَم کرده‌اند
از صبا گویی تو و ما از سَموم — بهر ما این شهد را سم کرده‌اند
تو خوشی بینی و ما پژمردگی — هرکجا نقشی مجسّم کرده‌اند
ما به خود، چیزی نکردیم اختیار — کارفرمایان عالم کرده‌اند
کرده‌اند اَر پرسشی در کار ما — خلقت و تقدیر، با هم کرده‌اند
درزی و جولاهۀ ما صنع خویش — در پس این سبز طارَم کرده‌اند

۹۱

به زندان تاریک، در بند سخت
به خود گفت زندانی تیره‌بخت

که شب گشت و راه نظر بسته شد
به رویم دگرباره، در بسته شد

زمین سنگ، در سنگ، دیوار سنگ
فضا و دل و فرصت و کار، تنگ

سرانجام کردار بد، نیک نیست
جز این سهمگین جای تاریک نیست

چنین است فرجام خون ریختن
رسد فتنه، از فتنه انگیختن

در آن لحظه، دیگر نمی‌دید چشم
بجز خون نبودی به چشمم، ز خشم

نبخشودم از من چو زنهار خواست
نبخشاید اَر چرخ بر من، رواست

پشیمانم از کرده، اما چه سود
چو آتش برافروختم، داد دود

اگر دیده لختی گراید به خواب
گهی دار بینم، زمانی طناب

شب، این وحشت و درد و کابوس و رنج
سحرگاه، آن آتش و آن شِکَنج

چرا خیرگی با جهان می‌کنم؟
حدیث عیان را نهان می‌کنم

نخستین دم از کردهٔ پست من
خبر داد، خونین شده دست من

مرا بازگشت، اوّل کار مشت
همی‌گفت هر قطرهٔ خون، که کشت

من آن تیغِ آلوده کردم به خاک
پدیدار کردش خداوند پاک

نهفتم من و ایزدش باز یافت
چو من بافتم دام، او نیز بافت

همانا که ما را در آن تنگنای
در آن لحظه می‌دید چشم خدای

نه بر خیره گردون تباهی کند
سیاهی چو بیند، سیاهی کند

کسانی که بر ما گواهی دهند
سزای تباهی، تباهی دهند

پی کیفر روزگارم برند / بدین پای تا پای دارَم برند
ببندند این چشم بی‌باک را / که آلوده کرد این دل پاک را
بدین دست، دژخیم پیشم کشد / به نزدیکی دست خویشم کشد
به دست از قفا، دست‌بندم زنند / کشند و به جایی بلندم زنند
بدانم در آن جایگاه بلند / که بیند گزند، آن که خواهد گزند
بجز پستی از آن بلندی نزاد / کسی را چنین سربلندی مباد
بَدِ من که اکنون شریک من است / پس از مرگ هم، مرده‌ریگ من است
به هرجا نَهَم پا، درین تیره جای / فتاده‌ست آن کشته‌ام پیش پای
ز وحشت بگردانم اَر سر دمی / ز دنبالم آهسته آید همی
شبی آن تن بی‌روان جان گرفت / مرا ناگهان از گریبان گرفت
چو دیدم، بلرزیدم از دیدنش / عیان بود آن زخم بر گردنش
نشستم به هر سوی، با من نشست / اشارت همی‌کرد با چشم و دست
چو راه اوفتادم، به راه افتاد / چو بازایستادم، به جای ایستاد
درِ بسته را از کجا کرد باز / چو رفت از کجا بازگردید باز
سرانجام این کار دشوار چیست؟ / درین تیرگی، با مَنَش کار چیست؟
نگاهش، هزارم سخن گفت دوش / دل آگاه شد، گرچه نشنید گوش
شبی گفت آهسته در گوش من / که چو من، تو را نیز باید کفن
چنین است فرجام بدکارها / چو خاری بکاری، دمد خارها
چنین است مرد سیاه اندرون / خطایش ره و ظلمتش رهنمون

رفیقی چو کـردار بـد، پست نیست | که جز در بدی با تو همدست نیست
چـنین اسـت مـزدوری نفس دون | بـریزند خـونت، بـریزی چـو خـون
مـرو زیـن ره سـخت بـا پـای سست | مکُش چون که خون را به جز خون نشست

۹۲

نـارونـی بـود بـه هـنـدوسـتان | زاغـچـه‌ای داشــت در آن آشـیـان
خـاطـرش از بـنـدگـی آزاد بـود | جـایـگـهـش ایـمـن و آبـاد بـود
نـه غـم آب و نـه غـم دانـه داشـت | بـود گـدا، دولـت شـاهـانه داشـت
نـه گـلـه‌ایـش از فـلـک نـیل‌فـام | نـه غـم صـیّـاد و نـه پـروای دام
از هـمـه بـیگـانه و از خـویـش نه | در دل خُـردش، غـم و تشویش نه
عـاقـبت آن مـرغـک عُـزلـت گـزیـن | گـشـت بـسـی خـسـتـه و انـدوهگـیـن
گـفت بـهار اسـت و هـمـه دوسـتان | رخـت کـشـیدند سـوی بـوسـتـان
مـن نـه بـهـار و نـه خـزان دیـده‌ام | خـسـتـه و فـرسـوده و رنـجـیـده‌ام
چـند کـنم خـانـه دریـن نـارون؟ | چـنـد بـرم حـسـرت بـاغ و چـمـن؟
چـنـد در ایـن لانـه نـشـیـمـن کـنم؟ | خـیـزم و پـرواز بـه گـلـشـن کـنـم
نـغـمـه زنـم بـر سـر دیـوار بـاغ | خـوش کـنم از بـوی ریاحـین دمـاغ
هـمـنـفـس قـمـری و بـلـبـل شـوم | شـانـه‌کـش گـیـسـوی سـنـبـل شـوم
رفـت بـه گـلـزار و بـه شـاخـی نشست | دیـد خـرامـان دو سـه طـاوس مست
جـملـه بـه سـر چـتـر نـگـاریـن زده | طـعـنـه بـه صـورتـگـری چـیـن زده

زاغچه گردید گرفتارشان		خواست شود پیرو رفتارشان

باغ بکاوید و به هر سو شتافت		تا دو سه دانه پر طاوس یافت

بست دو بر دم، یکِ دیگر به سر		گفت مرا کس نشناسد دگر

گشت دُمم چون پرم آراسته		کس نخریده‌ست چنین خواسته

زیور طاووس به سر بسته‌ام		از پر زیباش به پر بسته‌ام

بال بیاراست، پریدن گرفت		همره طاووس، چمیدن گرفت

دید چو طاووس در آن خودپسند		بال و پر عاریتش را بکند

گفت که ای زاغ سیه‌روزگار		پرّ تو خالی‌ست ز نقش و نگار

زیور ما روی تو نیکو نکرد		ما و تو را همسر و همخو نکرد

گرچه پر ما همه پیرایه بود		لیک نه بهر تو فرومایه بود

سِیر و خرام تو، چه حاصل به باغ؟		زاغی و طاووس نمانَد به زاغ

هرچه کنی، هرچه ببندی به پر		گاهِ رَوِش، تو دگری، ما دگر

۹۳

برزگری پند به فرزند داد		کای پسر، این پیشه پس از من تو راست

مدّت ما جمله به محنت گذشت		نوبت خون خوردن و رنج شماست

کشت کن آنجا که نسیم و نَمی‌ست		خرّمی مزرعه ز آب و هواست

دانه چو طفلی‌ست در آغوش خاک		روز و شب، این طفل به نشو و نماست

میوه دهد شاخ چو گردد درخت		این هنر دایهٔ باد صباست

دولت نوروز نپاید بسی		حمله و تاراج خزان در قفاست
دور کن از دامن اندیشه دست		از پی مقصود برو تات پاست
هرچه کنی کشت، همان بدروی		کار بد و نیک، چو کوه و صداست
سبزه به هرجای که روید، خوش است		رونق باغ، از گل و برگ و گیاست
راستی آموز، بسی جوفروش		هست در این کوی که گندم نماست
نان خود از بازوی مردم مخواه		گر که تو را بازوی زورآزماست
سعی کن ای کودک مهد امید		سعی تو بنّا و سعادت بناست
تجربه می‌بایدت اوّل، نه کار		صاعقه در موسم خرمن، بلاست
گفت چنین کای پدر نیک‌رای		صاعقهٔ ما ستم اغنیاست
پیشهٔ آنان همه آرام و خواب		قسمت ما درد و غم و ابتلاست
دولت و آسایش و اقبال و جاه		گر حق آنهاست، حق ما کجاست؟
قوت به خوناب جگر می‌خوریم		روزی ما در دهن اژدهاست
غلّه نداریم و گه خرمن است		هیمه نداریم و زمان شتاست
حاصل ما را دگران می‌برند		زحمت ما زحمت بی‌مدّعاست
از غم باران و گل و برف و سیل		قامت دهقان به جوانی دوتاست
سفرهٔ ما از خورش و نان، تهی‌ست		در ده ما بس شکم ناشتاست
گه نبوَد روغن و گاهی چراغ		خانهٔ ما کی همه شب روشناست؟
زین همه گنج و زر و ملک جهان		آنچه که ما راست، همین بوریاست
همچو منی، زادهٔ شاهنشهی‌ست		لیک دوصد وصله مرا بر قباست

رنجبر، اَر شاه بود وقت شام — باز چو شب روز شود، بینواست
خرقهٔ درویش ز درماندگی — گاه لحاف است و زمانی عباست
از چه شهان ملکستانی کنند؟ — از چه به یک کلبه تو را اکتفاست؟
پای من از چیست که بی‌موزه است؟ — در تن تو جامهٔ خلقان چراست؟
خرمن امسالهٔ ما را که سوخت؟ — از چه درین دهکده قحط و غلاست؟
در عوض رنج و سزای عمل — آنچه رعیت شنود، ناسزاست
چند شود بارکش این و آن؟ — زارع بدبخت، مگر چارپاست؟
کار ضعیفان ز چه بی‌رونق است؟ — خون فقیران ز چه رو بی‌بهاست؟
عدل، چه افتاد که منسوخ شد؟ — رحمت و انصاف چرا کیمیاست؟
آن که چو ما سوخته از آفتاب — چشم و دلش را چه فروغ و ضیاست؟
ز انده این گنبد آینه‌گون — آینهٔ خاطر ما بی‌صفاست
آنچه که داریم ز دهر، آرزوست — آنچه که بینیم ز گردون، جفاست
پیر جهان‌دیده بخندید کاین — قصّهٔ زور است، نه کار قضاست
مردمی و عدل و مُساوات نیست — زآن، ستم و جور و تعدّی رواست
گشته حقِ کارگران پایمال — بر صفت غلّه که در آسیاست
هیچ‌کسی پاس نگهدار نیست — این لغت از دفتر امکان جداست
پیشِ که مظلوم بَرَد داوری؟ — فکر بزرگان، همه آز و هوی‌ست
انجمن آنجا که مجازی بوَد — گفتهٔ حق را چه ثبات و بقاست
رشوه نه ما را که به قاضی دهیم — خدمت این قوم به روی و ریاست

نبض تهی‌دست نگیرد طبیب / درد فقیر، ای پسرک، بی‌دواست
ما فقرا از همه بیگانه‌ایم / مرد غنی با همه‌کس آشناست
بار خود از آب برون می‌کشد / هرکس اگر پیرو و گر پیشواست
مردم این محکمه اهریمن‌اند / دولت حکّام ز غصب و ریاست
آن که سحر حامی شرع است و دین / اشک یتیمانش، گه شب غذاست
لاشه‌خوران‌اند و به آلودگی / پنجهٔ آلودهٔ ایشان گواست
خون بسی پیرزنان خورده است / آن که به چشم من و تو پارساست
خوابگه آن را که سمور و خز است / کی غم سرمای زمستان ماست؟
هرکه پشیزی به گدایی دهد / در طلب و نیّت عمری دعاست
تیره‌دلان را چه غم از تیرگی‌ست؟ / بی‌خبران را چه خبر از خداست؟

۹۴

غنچه‌ای گفت به پژمرده گلی / که ز ایّام، دلت زود آزرد
آب، افزون و بزرگ است فضا / ز چه رو کاستی و گشتی خُرد؟
زین‌همه سبزه و گل، جز تو کسی / نه فتاد و نه شکست و نه فسرد
گفت زنگی که در آیینهٔ ماست / نه چنان است که دانند سترد
دی، مِی هستی ما صافی بود / صاف خوردیم و رسیدیم به دُرد
خیره نگرفت جهان، رونق من / بگرفتش ز من و بر تو سپرد
تا کند جای برای تو فراخ / باغبانِ فَلَکم سخت فشرد

چه توان گفت به یغماگر دهر؟ / چه توان کرد چو میباید مرد؟
تو به باغ آمدی و ما رفتیم / آن که آورد تو را، ما را برد
اندرین دفتر پیروزه، سپهر / آنچه را ما نشمردیم، شمرد
غنچه تا آب و هوا دید شکفت / چه خبر داشت که خواهد پژمرد
ساقی میکدهٔ دهر، قضاست / همهکس باده ازین ساغر خورد

۹۵

شنیدم بود در دامان راغی / کهن برزیگری را تازه باغی
به پاکی، چون بساط پاکبازان / به جانبخشی، چو مهر دلنوازان
به چشمه، ماهیان سرمست بازی / به سبزه، طائران در نغمهسازی
صفیر قمری و بانگ شباویز / زمانی دلکش و گاهی غمانگیز
به تاکستان شده، گنجشک خرسند / ز شیرین خوشه خورده دانهای چند
شده هر گوشهاش نظارهگاهی / ز هر سنگیش، روئیده گیاهی
جداگانه به هر سو رنگ و تابی / به هر کنجی، مهی یا آفتابی
یکی پاکیزه رودی از بیابان / روان گشته به دامان گلستان
فروزنده چنان کز چرخ، انجم / گریزنده چنان کز دیو، مردم
چو جان، ز آلودگیها پاک گشته / به آن پاکی، ندیم خاک گشته
شتابنده چو ایّام جوانی / جوانیبخش هستی رایگانی
رونده روز و شب، امّا نهاش جای / دونده همچنان، امّا نهاش پای

چو چشم پاسبان، بی‌خواب مانده	چو گیسوی بتان، در تاب مانده
جهنده همچو برق، امّا نه آتش	خروشنده چو رعد، امّا نه سرکش
ز کوه آورده در دامن، بسی سنگ	چو یاقوت و زمرّد، گونه‌گون رنگ
بهاری ابر، گوهر دانه می‌کرد	صبا، گیسوی سنبل شانه می‌کرد
نموده غنچهٔ گل، خنده آهنگ	که در گلشن نشاید بود دل‌تنگ
گرفته تنگ، خیری نسترن را	که یک دل می‌توان کردن دو تن را
به یکسو، ارغوان افروخته روی	ز ژاله بسته، مروارید بر موی
شکفته یاسمین از طیب اَسحار	نهفته غنچه زیر برگ، رخسار
همه رنگ و صفا و جلوه و بوی	همه پاکیزه و شاداب نیکوی
سحرگاهی در آن فرخنده گلزار	شد از شوریدگی مرغی گرفتار
دلش چون حَبسگاهش غمگِن و تنگ	غمانگیزش نوا و سوگ آهنگ
به زندان حوادث، هفته‌ها ماند	ز فصل بینوایی نکته‌ها خواند
قفس آرامگاهی، تیره‌روزی	به آه آتشین، کاشانه‌سوزی
پرش پژمرده، از خونابه خوردن	تنش مسکین ز رنج دام بردن
نه هیچش اُلفتی با دانه و آب	نه هیچش اُنس با آسایش و خواب
که اندر بند بگرفته‌ست آرام؟	کدامین عاقل آسوده‌ست در دام؟
گران آید به کبکان و هَزاران	گرفتاری به هنگام بهاران
بر او خندید مرغ صبحگاهی	که تا کی رخ نهفتن در سیاهی؟
من ای شوریده، گشتم هر چمن را	شنیدم قصّهٔ هر انجمن را

گرفتم زلف سنبل را در آغوش / فضای لانه را کردم فراموش
سخن‌ها با صبا و ژاله گفتم / حکایت‌ها ز سرو و لاله گفتم
زمرّدگون شده هم جوی و هم جر / فراوان است آب و میوهٔ تر
ریاحین در گلستان میهمان‌اند / به کوه و دشت، مرغان نغمه‌خوان‌اند
صلا زن همچو مرغان سحرگاه / که صبح زندگی شام است ناگاه
بگفت ای دوست، ما را بیم جان است / کجا آسایش آزادگان است؟
تو سرمستی و ما صید پریشان / تو آزادی و ما در بند فرمان
فراخ این باغ و گل خوش آب و رنگ است / گرفتاریم و بر ما عرصه تنگ است
تو جز در بوستان جولان نکردی / نظر چون من بدین زندان نکردی
اثرهای غم و شادی یکی نیست / گرفتاری و آزادی یکی نیست
چه راحت بود در بی‌خانمانی؟ / چه دارو داشت درد ناتوانی؟
کی این روز سیه گردد دگرگون؟ / چه تدبیرم برد زین حبس، بیرون؟
مرا جز اشک حسرت، ژاله‌ای نیست / بجز خونابهٔ دل، لاله‌ای نیست
چه سود از جستن و گردن کشیدن؟ / چمن را از شکاف و رخنه دیدن
کجا خواهم نهادن زین قفس پای؟ / چه خواهم دید زین حِصن غم‌افزای؟
چه خواهم خورد غیر از دانهٔ دام؟ / چه خواهم بود جز تیره سرانجام؟
چه خواهم داشت غیر از ناله و آه؟ / چه خواهم کرد با این عمر کوتاه؟
چه خواهم خواند غیر از نغمهٔ غم؟ / چه خواهم گفت با مهتاب و شبنم؟
چه گرد آورده‌ام جز محنت و درد؟ / چه خواهم برد زی یاران ره‌آورد؟

در و بام قفس، بام و درم شد — پرم کندند و عریانی پرم شد
اگر در طرف گلشن میهمانی‌ست — برای طائران بوستانی‌ست
کسی کاین خانه را بنیاد بنهاد — مرا بست و شما را کرد آزاد
تو را بگشود پا و با همان دست — پر و بال مرا پیچاند و بشکست
تو را، هم نعمت و هم ناز دادند — مرا سوی قفس پرواز دادند

۹۶

کودکی کوزه‌ای شکست و گریست — که مرا پای خانه رفتن نیست
چه کنم، اوستاد اگر پرسد؟ — کوزهٔ آب ازوست، از من نیست
زین شکسته شدن، دلم بشکست — کار ایّام، جز شکستن نیست
چه کنم، گر طلب کند تاوان؟ — خجلت و شرم، کم ز مردن نیست
گر نکوهش کند که کوزه چه شد؟ — سخنیم از برای گفتن نیست
کاشکی دود آه می‌دیدم — حیف، دل را شکاف و روزن نیست
چیزها دیده و نخواسته‌ام — دل من هم دل است، آهن نیست
روی مادر ندیده‌ام هرگز — چشم طفل یتیم روشن نیست
کودکان گریه می‌کنند و مرا — فرصتی بهر گریه کردن نیست
دامن مادران خوش است، چه شد — که سر من به هیچ دامن نیست؟
خواندم از شوق، هرکه را مادر — گفت با من که مادر من نیست
از چه یک دوست بهر من نگذاشت؟ — گر که با من، زمانه دشمن نیست

دیشب از من، خجسته روی بتافت / کز چه معنیت، دیبه بر تن نیست؟
من که دیبا نداشتم همه عمر / دیدن، ای دوست، چو شنیدن نیست
طوق خورشید، گر زمرّد بود / لعل من هم به هیچ معدن نیست
لعل من چیست؟ عقده‌های دلم / عِقد خونین، به هیچ مخزن نیست
اشک من، گوهر بناگوشم / اگرم گوهری به گردن نیست
کودکان را کلیج هست و مرا / نان خشک از برای خوردن نیست
جامه‌ام را به نیم جو نخرند / این چنین جامه، جای ارزن نیست
ترسم آنگه دهند پیرهنم / که نشانی و نامی از تن نیست
کودکی گفت مسکن تو کجاست؟ / گفتم آنجا که هیچ مسکن نیست
رقعه، دانم زدن به جامهٔ خویش / چه کنم؟ نخ کم است و سوزن نیست
خوشه‌ای چند می‌توانم چید / چه توان کرد؟ وقت خرمن نیست
درس‌هایم نخوانده ماند تمام / چه کنم؟ در چراغ روغن نیست
همه گویند پیش ما منشین / هیچجا بهر من نشیمن نیست
بر پلاسم نشانده‌اند از آن / که مرا جامه خزّ ادکن نیست
نزد استاد فرش رفتم و گفت / در تو فرسوده، فهم این فن نیست
همگنانم قفا زنند همی / که تو را جز زبان الکن نیست
من نرفتم به باغ با طفلان / بهر پژمردگان شکفتن نیست
گل اگر بود، مادر من بود / چون که او نیست، گل به گلشن نیست
گل من، خارهای پای من است / گر گل و یاسمین و سوسن نیست

اوستادم نهاد لوح به سر / که چو تو هیچ طفل کودن نیست
من که هر خط نوشتم و خواندم / بخت با خواندن و نوشتن نیست
پشت سر اوفتادهٔ فلکم / نقص خُطّی و جُرم کَلمَن نیست
مزد بهمن همی ز من خواهند / آخر این آذر است، بهمن نیست
چرخ، هر سنگ داشت بر من زد / دیگرش سنگ در فلاخَن نیست
چه کنم؟ خانهٔ زمانه خراب / که دلی از جفاش ایمن نیست

۹۷

تاجری در کشور هندوستان / طوطی‌ای زیبا خرید از دوستان
خواجه شد در دام مِهرش پایبند / دل ز کسب‌وکار خود یکباره کند
در کنار او نشستی صبح و شام / نه نصیحت گوش کردی، نه پیام
تا شد آن طوطی برای سودگر / هم رفیق خانه، هم یار سفر
هر زمانش زیر پا شکّر فشاند / گاه بر دوش و گهی بر سر نشاند
بزم خالی شد شبی از این و آن / خانه ماند و طوطی و بازارگان
گفت سوداگر به طوطی کای عزیز / خواب از من برده ادراک و تمیز
چون که امشب خانه از مردم تهی‌ست / خفتن ما هر دو، شرط عقل نیست
نوبت کار است، اهل کار باش / من چو خفتم، ساعتی بیدار باش
دخمه بسیار است این ویرانه را / پاسبانی کن یک امشب، خانه را
چون نگهبانان به هر سو کن نظر / بام کوتاه است، گر بسته‌ست در

طوطیَک پر کرد زآن گفتار، گوش — شد سراپا از برای کار، هوش
سودگر خُفت و ز شب پاسی گذشت — هم قفس، هم خانه، قیراندود گشت
برفکند از گوشه‌ای، دزدی کمند — شد به زیر آهسته از بام بلند
موش در انبار شد، دهقان کجاست؟ — بان کجاست؟بیم طوفان است، کشتی
هرچه دید و یافت، چون ارزنش چید — غیر انبان شکر، کآن را ندید
کرد همیان‌ها تهی، آن جیب‌بر — زآنکه جیب خویش را می‌خواست پر
دزد، بار خویش بست و شد روان — خانهٔ خالی بماند و پاسبان
صبحدم برخاست بازرگان ز خواب — حجره‌ها را دید، بی‌فرش و خراب
خواست کز همسایه گیرد کوزه‌ای — گشت یک ساعت برای موزه‌ای
کرد از انبار و از مخزن گذر — نه اثر از خشک دید و نه ز تر
چشم طوطی چون به بازرگان فتاد — بانگ زد کای خواجه صبحت خیر باد
گفت آب این غرقه را از سر گذشت — کار من، دیگر ز خیر و شر گذشت
سودم آخر دود شد، سرمایه خاک — خانه مانند کف دست است پاک
فرش‌ها کو؟ کیسه‌های زر کجاست؟ — گفت خامش، کیسهٔ شکّر به جاست
گفت دیشب در سرای ما که بود؟ — گفت شخصی آمد، امّا رفت زود
گفت دستار مرا بر سر نداشت؟ — گفت من دیدم که شکّر برنداشت
گفت مُهر و بَدره از جیبم که برد؟ — گفت کس یک ذرّه زین شکر نخورد
زآنچه گفتی، نکته‌ها آموختم — چشم روشن‌بین به هر سو دوختم
هرکجا کردم نگاه از پیش و پس — کاله، این انبان شکّر بود و بس

پیش ما ای خواجه، شکّر پر بهاست
تا چه چیز ارزنده، در نزد شماست

۹۸

عاقلی دیوانه‌ای را داد پند — کز چه بر خود می‌پسندی این گزند؟
می‌زنند اوباش کویت سنگ‌ها — می‌دوانندت ز پی فرسنگ‌ها
کودکان پیراهنت را می‌درند — رهروان کفش و کلاهت می‌برند
یاوه می‌گویی، چه می‌گویی سخن؟ — کینه می‌جویی، چو می‌بندی دهن
گر بخندی ور بگریی زارزار — بر تو می‌خندند اهل روزگار
نان فرستادیم بهرت وقت شب — نان نخوردی، خاک خوردی، ای عجب
آب دادیمت، فکندی جام آب — آب جوی و برکه خوردی، چون دواب
خوابگاه اندر سر ره ساختی — بستر آوردند، دور انداختی
برگرفتی زآدمی چون دیو روی — آدمی بودی و گشتی دیوخوی
دوش، طفلان بر سرت گل ریختند — تا تو سر برداشتی، بگریختند
نانوا خاکستر افشاندت به چشم — آن جفا دیدی، نکردی هیچ خشم
رندی از آتش کف دست تو خَست — سوختی آتش نیفکندی ز دست
چون تو، کس ناخورده می مستی نکرد — خوی با بدبختی و پستی نکرد
مست را مستی اگر یک ره بوَد — مستی تو هرگه و بی‌گه بوَد
بس طبیبان‌اند در بازار و کوی — حالت خود با یکی زایشان بگوی
گفت من دیوانگی کردم هزار — تا بدیدم جلوهٔ پروردگار

دیده زین ظلمت به نور انداختم　　شمع گشتم، هیمه دور انداختم
تو مرا دیوانه خوانی ای فلان　　لیک من عاقل‌ترم از عاقلان
گر که هر عاقل چو من دیوانه بود　　در جهان بس عاقل و فرزانه بود
عارفان کاین مدّعا را یافتند　　گم شدند از خود، خدا را یافتند
من همی‌بینم جلال اندر جلال　　تو چه می‌بینی؟ به جز وهم و خیال
من همی‌بینم بهشت اندر بهشت　　تو چه می‌بینی؟ به غیر از خاک و خشت
چون سرشتم از گِل است، از نور نیست　　گر گلم ریزند بر سر، دور نیست
گنجها بردم که ناید در حساب　　ذرّه‌ها دیدم که گشته‌ست آفتاب
عشق حق در من شرار افروخته‌ست　　من چه می‌دانم که دستم سوخته‌ست
چون مرا هجرش به خاکستر نشاند　　گو بیفشان، هرکه خاکستر فشاند
تو همی اخلاص را خوانی جنون　　چون توانی چاره کرد این درد، چون؟
از طبیبم گرچه می‌دادی نشان　　من نمی‌بینم طبیبی در جهان
من چه دانم، کان طبیب اندر کجاست؟　　می‌شناسم یک طبیب، آن هم خداست

۹۹

سحرگه غنچه‌ای در طرف گلزار　　ز نخوت بر گلی خندید بسیار
که ای پژمرده، روز کامرانی‌ست　　بهار و باغ را فصل جوانی‌ست
نشاید در چمن، دل‌تنگ بودن　　بدین رنگ و صفا، بی‌رنگ بودن
نشاط آرَد هوای مَرغزاران　　چو نور صبحگاهی در بهاران

تو نیز آمادهٔ نشو و نما باش   به رنگ و جلوه و خوبی، چو ما باش
اگر ما هر دو را یک باغبان کِشت   چرا گشتیم ما زیبا، شما زشت؟
بیفروز از فروغ خود چمن را   مکاه ای دوست، قدر خویشتن را
بگفتا هیچ گل در طرف بستان   نماند جاودان شاداب و خندان
مرا هم بود روزی رنگ و بویی   صفایی، جلوه‌ای، پاکیزه رویی
سپهر این باغ بس کرده‌ست یغما   من امروزم بدین خواری، تو فردا
چو گل یک لحظه ماند، غنچه یک دم   چه شادی در صف گلشن، چه ماتم
مرا باید دگر ترک چمن گفت   گل پژمرده، دیگر بار نشکفت
تو را خوش باد با خوبان نشستن   که ما را باید اینک رخت بستن
مزن بیهوده چندین طعنه ما را   ببند، اَر زیرکی دست قضا را
چو خواهد چرخ یغماگر زبونت   کند باد حوادث واژگونت
به هر شاخی که روید تازه برگی   شود تاراج بادی یا تگرگی
گل آن خوش‌تر که جز روزی نماند   چو مانَد، هیچکس قدرش نداند
به هستی خوش بُوَد دامن فشاندن   گلی زیبا شدن، یک لحظه ماندن
گل خوش‌بوی را گرم است بازار   نمانَد رَنگ و بو، چون رفت رخسار
تبه گردید فرصت خستگان را   برو، هشیار کن نورَستگان را
چه نامی؟ چون نماند از من نشانی   چه جان بخشی؟ چو باقی نیست جانی
کسی کش دایهٔ گیتی دهد شیر   شود هم در زمانِ کودکی پیر
چو این پیمانه را ساقی‌ست گردون   بباید خورد، گر شهد است و گر خون

از آن دفتر که نام ما زدودند / شما را صفحهٔ دیگر گشودند
ازین پژمردگی ما را غمی نیست / که گل را زندگانی جز دمی نیست

۱۰۰

به بامِ قلعه‌ای، بازِ شکاری / نمود از ماکیانی خواستگاری
که من ز آلایش ایّام پاکم / ز تنهایی، بسی اندهناکم
ز بالا صبحگاهی دیدمَت روی / پسند آمد مرا آن خلقت و خوی
چه زیبایی به هنگام چمیدن / چه دانایی به وقت چینه چیدن
پذیره گر شوی، خدمت گزاریم / هوای صحبت و پیوند داریم
مرا انبارها پُرتوش و برگ است / ولی این زندگی بی‌دوست، مرگ است
چه حاصل زیستن در خار و خاشاک؟ / زدن منقار و جستن ریگ از خاک
ز پَرّ هُدهُدت پیراهن آرم / اگر کابینت باید، ارزن آرم
من از بازانِ خاصِ پادشاهم / تمام روز در نخجیرگاهم
بیا هم‌عهد و همسوگند باشیم / اگر آزاد و گر در بند باشیم
تو از جوی آوری روزی، من از جر / تو آگه باشی از بام و من از در
تو فرزندان به زیرِ پَر نشانی / مرا چون پاسبان، بر دَر نشانی
به روز عجز، دست هم بگیریم / چو گاه مرگ شد، با هم بمیریم
بگفتا مغز را مگذار در پوست / نشد دشمن بدین افسانه‌ها دوست
خرابی‌هاست در این سست‌بنیان / به خون باید نوشت این عهد و پیمان

مرا تا ضعف عادت شد، تو را زور | نخواهد بود این پیوند، مَقدور
ازین معنی سخن گفتن، تباهی‌ست | چنین پیوند را پایان، سیاهی‌ست
مدار از زندگانی باز، ما را | مده سوی عدم پرواز، ما را
چو پر داریم، پیراهن نخواهیم | چو گندم می‌دهند، ارزن نخواهیم
نه همخوییم ما با هم، نه همراز | نه انجام است این ره را، نه آغاز
کسی کاو رهزنی را ایمنی داد | به دست او طناب رهزنی داد
نه سوگند است، سوگند هَریمن | نه دل می‌سوزدش بر کس، نه دامن
درِ دل را به روی دیو مگشای | چو بگشودی، نداری خویشتن جای
دورویی، راه شد نفس دورو را | همان بهتر نریزیم آبرو را

۱۰۱

زاغی به طرف باغ به طاووس طعنه زد | کاین مرغ زشت‌روی چه خودخواه و خودنماست
این خط و خال را نتوان گفت دلکش است | این زیب و رنگ را نتوان گفت دل‌رباست
پایش کج است و زشت، از آن کج رَوَد به راه | دمّش چو دم روبه و رنگش چو کهرباست
نوکش چو نوک بوم سیه‌کار، منحنی‌ست | پشت سرش برآمده و گردنش دوتاست
از فرط عُجب و جهل، گمان می‌برد که اوست | تنها پرنده‌ای که در این عرصه و فضاست
این جانور نه لایق باغ است و بوستان | این بی‌هنر نه درخور این مدحت و ثناست
رسم و رهیش نیست به جز حرص و خودسری | از پا فتادهٔ هوس و کشتهٔ هوی‌ست
طاووس خنده کرد که رای تو باطل است | هرگز نگفته است بداندیش حرف راست

مردم همیشه نقش خوش ما ستوده‌اند
هرگز دلیل را نتوان گفت ادعاست

بدگویی تو این همه از فرط بددلی‌ست
از قلب پاک، نیّت آلوده برنخاست

ما عیب خود هنر نشمردیم هیچگاه
درعیب خویش ننگرد آن‌کس که‌خودستاست

گاه خرام و جلوه به نُزهَتگه چمن
چشمم ز راه شرم و تأسف به سوی پاست

ما جز نصیب خویش نخوردیم، لیک زاغ
دزدی کند به هر گذر و باز ناشتاست

در من چه عیب دیده کسی غیر پای زشت؟
نقص و خرابی و کژی دیگرم کجاست؟

پیرایه‌ای به عمد، نبستم به بال و پر
آرایش وجود من ای دوست بی‌ریاست

ما بهر زیب و رنگ نکردیم گفتگو
چیزی نخواستیم، فلک داد آنچه خواست

کارآگهی که آب و گل ما به هم سرشت
بر من فزود، آنچه که از خلقت تو کاست

در هر قبیله بیش و کم و خوب و زشت هست
مرغی کلاغ لاشخور و دیگری هماست

صد سال گر به دجله بشویند زاغ را
چون بنگری، همان سیهِ زشتِ بینواست

هرگز پرِ تو را چو پرِ من نمی‌کنند
مرغی که‌چون منش پرِ زیباست، مبتلاست

آزادی تو را نگرفت از تو هیچکس
ما را همیشه دیدهٔ صیّاد در قفاست

فرماندهٔ سپهر، چو حکمی نوشت و داد
کس دم نمی‌زند که صواب است یا خطاست

ما را برای مشورت اینجا نخوانده‌اند
از ما و فکر ما فلک پیر را غناست

احمق، کتاب دید و گمان کرد عالم است
خودبین، به‌کشتی آمد و پنداشت ناخداست

ما زشت نیستیم، تو صاحب نظر نه‌ای
این خُردگیری، از نظر کوته شماست

طاووس را چه جرم، اگر زاغ زشت روست؟
این رمزها به دفتر مستوفی قضاست

۱۰۲

ز دامی دید گنجشگی همایی | همایون‌طالعی، فرخنده‌رایی
نه پایش مانده اندر حلقهٔ دام | نه یک شب در قفس بگرفته آرام
نه دیده، خواری افتادگان را | نه بندی گشتن آزادگان را
نه فکریش از برای آب و دانه | نه اندوهیش بهر آشیانه
نه غافل گشته هیچ از رسم و رفتار | نه با صیّادش افتاده سر و کار
نه تیری بر پر و بالش نشسته | نه سنگ فتنه اندامش شکسته
بکرد آن صید مسکین ناله آغاز | که ای اقبال‌بخش تندپرواز
مرا بین و رها کن خودپرستی | خُمار من نگر، بگذار مستی
چنان در بند، سختم بسته صیّاد | که می‌نتوانم از دل کرد فریاد
چنان تیره‌ست در چشم من این دام | که نشناسم صباح روشن از شام
چنان دل‌تنگم از این محبس تنگ | که گویی بسته‌ام در حِصنی از سنگ
نه دارم دستِ دام از هم گسستن | نه کارآگاهیِ از دام جستن
مشوّش گشته از محنت، خیالم | شده ژولیده ز انده، پرّ و بالم
غبار آلوده‌ام، از پای تا سر | به خون آغشته‌ام، از پنجه تا پر
ز اوج آسمان، لختی فرود آی | به تدبیری ز پایم بند بگشای
بگفت ای پست‌طالع، ما هماییم | کجا با تیره‌روزان آشناییم؟
سحرگه چون گذر زآن ره فتادش | پریشان صید، باز آواز دادش
که ای پیرو شده آز و هوی را | درین بیچارگی دریاب ما را

از آن می‌ترسم ای یار دل‌افروز — که گردم کُشته تا پایان امروز
مرا هم هست امّید رهیدن — بمانند تو در گردون پریدن
نشستن در درون خانه خرسند — ز کوی و بام، چیدن دانه‌ای چند
چو کبکان گر که نتوانم خرامی — توانم جستن از بامی به بامی
ندانم گرچه با شاهین ستیزی — توانم کرد کوته جست‌وخیزی
توانم خُفت بر شاخی به گلزار — توانم بُرد خاشاکی به منقار
بگفت اکنون زمان سیر باغ است — نه وقت کار، هنگام فراغ است
چو روزی و شبی بگذشت زین کار — بیامد طائر دولت دگربار
خریده دل برای مهربانی — گشوده پر برای سایبانی
فرامُش کرده آن گردن‌فرازی — شده آماده بهر چاره‌سازی
ز برق آرزو خاکستری دید — پراکنده به هر سویی، پری دید
بنای شوق را بنیاد رفته — هوس‌ها جملگی بر باد رفته
رسیده آن سیه‌کاری به انجام — گسسته رشته‌های محکم دام
از آن کشتیت افتاده‌ست در آب — که بِرهانی غریقی را ز غرقاب
از آنَت هست چشم دل، فروزان — که بفروزی چراغ تیره‌روزان
به گلشن، سرو از آن بِفراشت پایه — که بر گل‌های باغ افکند سایه
بپرس از ناتوانان تا توانی — بترس از روزگار ناتوانی
ز مهر، آموز رسم تابناکی — که بخشد نور بر آبی و خاکی
نکوکار آن که همراهی روا داشت — نوایی داد تا برگ و نوا داشت

خوش آن کاو گمرهی را جستجو کرد / به نیکی، پارگی‌ها را رُفو کرد
متاب ای دوست، بر بیچارگان روی / مبادا بر تو گردون تابد اَبروی
اگر بر دامن کیوان نشستیم / چو خیر کس نمی‌خواهیم، پستیم

۱۰۳

درآن سرای که زن نیست، اُنس و شفقت نیست / در آن وجود که دل مُرده، مُرده است روان
به هیچ مبحث و دیباچه‌ای قضا ننوشت / برای مرد کمال و برای زن نقصان
زن از نخست بوَد رکن خانهٔ هستی / که ساخت خانهٔ بی‌پای بست و بی‌بنیان؟
زن اَر به راه متاعب نمی‌گداخت چو شمع / نمی‌شناخت کس این راه تیره را پایان
چو مهر گر که نمی‌تافت زن به کوه وجود / نداشت گوهری عشق، گوهر اندر کان
فرشته بود زن، آن ساعتی که چهره نمود / فرشته بین که بر او طعنه می‌زند شیطان
اگر فلاطُن و سقراط بوده‌اند بزرگ / بزرگ بوده پرستار خردی ایشان
به گاهوارهٔ مادر، به کودکی بس خفت / سپس به مکتب حکمت، حکیم شد لقمان
چه پهلوان و چه سالک، چه زاهد و چه فقیه / شدند یک‌سره شاگرد این دبیرستان
حدیث مِهر کجا خواند طفل بی‌مادر؟ / نظام و امن کجا یافت ملک بی‌سلطان؟
وظیفهٔ زن و مرد ای حکیم، دانی چیست؟ / یکی‌ست کشتی و آن دیگری‌ست کشتی‌بان
چو ناخداست خردمند و کشتی‌اش محکم / دگر چه باک ز امواج و ورطه و طوفان
به روز حادثه، اندر یَمِ حوادث دهر / امید سعی و عمل‌هاست، هم از این، هم از آن
همیشه دختر امروز، مادر فرداست / ز مادر است میسّر، بزرگی پسران

اگر رفوی زنان نکو نبود، نداشت   بجز گسیختگی، جامهٔ نکومردان
توان و توش ره مرد چیست؟ یاری زن   حُطام و ثروت زن چیست؟ مهر فرزندان
زن نکوی، نه بانوی خانه تنها بود   طبیب بود و پرستار و شحنه و دربان
به روزگار سلامت، رفیق و یار شفیق   به روز سانحه، تیمارخوار و پشتیبان
ز بیش و کم، زن دانا نکرد روی ترش   به حرف زشت، نیالود نیک‌مرد دهان
سمند عمر چو آغاز بدعِنانی کرد   گَهیش مرد و زمانیش زن، گرفت عنان
چه زن، چه مرد، کسی شد بزرگ و کامروا   که داشت میوه‌ای از باغ علم، در دامان
به رستهٔ هنر و کارخانهٔ دانش   متاع‌هاست، بیا تا شویم بازرگان
زنی که گوهر تعلیم و تربیت نخرید   فروخت گوهر عمر عزیز را ارزان
کسیست زنده که از فضل جامه‌ای پوشد   نه آن که هیچ نیرزد اگر شود عریان
هزار دفتر معنی به ما سپرد فلک   تمام را بدریدیم، بهر یک عنوان
خرد گشود چو مکتب، شدیم ما کودن   هنر چو کرد تجلّی، شدیم ما پنهان
بساط اهرمن خودپرستی و سستی   گر از میان نرود، رفته‌ایم ما ز میان
همیشه فرصت ما صرف شد درین معنی   که نرخ جامهٔ بهمان چه بود و کفش فلان
برای جسم، خریدیم زیور پندار   برای روح، بریدیم جامهٔ خذلان
قماش دکهٔ جان را به عُجب پوساندیم   به هر کنار گشودیم بهر تن، دکّان
نه رفعت است، فساد است این رویّه، فساد   نه عزّت است، هَوان است این عقیده، هوان
نه سبزه‌ایم که روییم خیره در جَر و جوی   نه مرغکیم که باشیم خوش به مُشتی دان
چو بگرویم به کرباس خود، چه غم داریم   که حُلّهٔ حلب ارزان شده‌ست یا که گران؟

از آن حریر که بیگانه بود نسّاجش
هزار بار برازنده‌تر بود خلقان
چه حِلیه‌ای‌ست گران‌تر ز حِلیَت دانش؟
چه دیبه‌ای‌ست نکوتر ز دیبهٔ عرفان؟
هر آن گروهه که پیچیده شد به دوک خرد
به کارخانهٔ همّت، حریر گشت و کتان
نه بانوَست که خود را بزرگ می‌شمرد
به گوشواره و طوق و به یارهٔ مرجان
چو آب‌ورنگ فضیلت به‌چهره نیست، چه‌سود
ز رنگ جامهٔ زربفت و زیور رخشان؟
برای گردن و دست زن نکو، پروین
سزاست گوهر دانش، نه گوهر الوان

۱۰۴

فتاد طائری از لانه و ز درد تپید
به زیر پر چو نگه کرد، دید پیکانی‌ست
بگفت، آن که به دریای خون فکند مرا
ندید در دل شوریده‌ام چه طوفانی‌ست؟
کسی که بر رگ من تیر زد، نمی‌دانست
که قلب خرد مرا هم ورید و شریانی‌ست؟
ربود مرغکم از زیر پر به عُنف و نگفت
که مادری و پرستاری و نگهبانی‌ست
اسیر کردن و کشتن، تفرّج و بازی‌ست
نشانه کردن مظلوم، کار آسانی‌ست
ز بام خُردِ گل‌اندودِ پستِ ما پیداست
که سقف خانهٔ جمعیت پریشانی‌ست
شکست پنجه و منقار من ولیک چه باک
پلنگ حادثه را نیز چنگ و دندانی‌ست
گرفتم آنکه به پایان رسید، فرصت ما
برای فرصت صیّاد نیز پایانی‌ست
فتاد پایه، چنین خانه را چه تعمیری‌ست؟
گداخت سینه، چنین درد را چه درمانی‌ست؟
چمن خوش است و جهان سبز و بوستان خرّم
برای طائر آزاد، جای جولانی‌ست
زمانه عرصه برای ضعیف، تنگ گرفت
هماره بهر توانا، فراخ میدانی‌ست

همیشه خانهٔ بیداد و جور آباد است
بساط ماست که ویران ز باد و بارانی‌ست

نگفته ماند سخن‌های من، خوشا مرغی
که لانه‌اش گَه سعی و عمل، دبستانی‌ست

مرا هر آن که درافکند همچو گوی به سر
خبر نداشت که در دست دهر چوگانی‌ست

ز رنج بی‌سر و سامانی مَنَش چه غم است؟
همین بس است که او راسری و سامانی‌ست

حدیث نیک و بد ما نوشته خواهد شد
زمانه را سند و دفتری و دیوانی‌ست

کسی ز درد من آگه نشد ولیک خوشم
که چند قطرهٔ خونم، به دست و دامانی‌ست

هزار کاخ بلند اَر بنا کند صیّاد
بهای خار و خس آشیان ویرانی‌ست

چه لانه‌ای و چه قصری؟ اساس خانه یکی‌ست
به شهر کوچک خود، مور هم سلیمانی‌ست

ز دهر، گر دل تنگم فشار دید، چه غم؟
گرفته دست قضا، هر کجا گریبانی‌ست

چه برتری‌ست ندانم به مرغ، مردم را؟
جز اینکه دعوی باطل کند که انسانی‌ست

درین قبیلهٔ خودخواه، هیچ شقفت نیست
چو نیک درنگری، هرچه هست عنوانی‌ست

۱۰۵

ز حیله بر در موشی نشست گربه و گفت
که چند دشمنی از بهر حرص و آز کنیم؟

بیا که رایت صلح و صفا برافرازیم
به راه سعی و عمل، فکر برگ و ساز کنیم

بیا که حرص دل و آز دیده را بکشیم
وجود، فارغ از اندیشه و نیاز کنیم

بسی به خانه نشستیم و دامن آلودیم
بیا رَویم سوی مسجد و نماز کنیم

بگفت، کارشناسان به ما بسی خندند
اگر که گوش به پند تو حیله‌ساز کنیم

ز توشه‌ای که تو تعیین کنی، چه بهره بریم؟
به خلوتی که تو شاهد شوی، چه راز کنیم؟

رعایت از تو ندیدیم تا شویم ایمن نوازشی نشنیدیم تا که ناز کنیم
خود، آگهی که چه کردی به ما، دگر مپسند که ما اشاره بدان زخم جان‌گداز کنیم
بلای راه تو بس دیده‌ایم، بِه که دگر نه قصّه‌ای ز نشیب و نه از فراز کنیم
دگر به کار نیاید گلیم کوته ما اگر که پای، ازین بیشتر دراز کنیم
خلاف معرفت و عقل، ره چرا سِپَریم؟ به روی دشمن خود، در چگونه باز کنیم؟

حدیث روشن ظلم شما و ذلّت ما
حقیقت است، چرا صحبت از مجاز کنیم؟

۱۰۶

نخودی گفت لوبیایی را کز چه من گِردم این چنین، تو دراز؟
گفت ما هر دو را بباید پخت چاره‌ای نیست، با زمانه بساز
رمز خلقت به ما نگفت کسی این حقیقت، مپرس ز اهل مجاز
کس بدین رزمگه ندارد راه کس درین پرده نیست محرم راز
به درازی و گِردی من و تو ننهد قدر، چرخ شعبده‌باز
هر دو روزی دراوفتیم به دیگ هر دو گَردیم جفت سوز و گداز
نتوان بود با فلک گستاخ نتوان کرد بهر گیتی ناز
سوی مخزن رَویم زین مطبخ سر این کیسه گردد آخر باز
برویم از میان و دم نزنیم بخروشیم، لیک بی‌آواز
این چه خامی‌ست، چون در آخر کار آتش آمد من و تو را دمساز
گرچه در زحمتیم، باز خوشیم که به ما نیز، خلق راست نیاز

دهـر، بـر کـار کـس نـپردازد — هـم تـو، بـر کـار خـویشـتـن پـرداز
چـون تـن و پـیرهـن نـخواهد ماند — چـه پـلاس و چـه جـامـهٔ مـمـتاز

مـا کـز انـجـام کـار بـی‌خـبـریم
چـه تـوانـیـم گـفـتـن از آغـاز؟

۱۰۷

کرد آسیا ز آب، سحرگاه بازخواست — کای خودپسند، بامَنَت این بدسری چراست؟
از چیره‌دستی تو مرا صبر و تاب رفت — از خیره گشتن تو مرا وزن و قدر کاست
هر روز، قسمتی ز تنم خاک می‌شود — وآن خاک، چون نسیم به من بگذرد، هَباست
آسوده‌اند کارگران جمله، وقت شب — چون من که دیده‌ای که شب و روز مبتلاست؟
گردیدن است کار من از ابتدای کار — آگه نی‌اَم کزین همه گَردِش، چه مدّعاست
فرسودن من از تو بدین‌سان، شگفت نیست — این چشمهٔ فساد، ندانستم از کجاست
زآن پیش‌تر که سوده شوم پاک، بازگرد — شاید که بازگشت تو این درد را دواست
با این خوشی، چرا به ستم خوی کرده‌ای؟ — آلودگی، چگونه درین پاکی و صفاست؟
در دل هر آنچه از تو نهفتم، شکستگی‌ست — بر من هر آنچه از تو رسد، خواری و جفاست
بیهوده چند عرصه به من تنگ می‌کنی؟ — بهر گذشتن تو به صحرا، هزار جاست
خندید آب، کاین ره و رسم از من و تو نیست — ما رهرویم و قائد تقدیر، رهنماست
من از تو تیره‌روزترم، تنگ‌دل مباش — بس فتنه‌ها که با تو نه و با من آشناست
لرزیده‌ام همیشه ز هر باد و هر نسیم — هرگز نگفته‌ام که سَموم است یا صباست
از کوه و آفتاب، بسی لطمه خورده‌ام — بر حالم این پریشی و افتادگی گواست

همواره جود کردم و چیزی نخواستم
طبعم غنی و دوستی‌ام خالی از ریاست

بس شاخه کز فتادگی‌ام برفراشت سر
بس غنچه کز فروغ مَنَش رونق و ضیاست

ز آلودگی، هر آنچه رسیده‌ست شُسته‌ام
گر حلّهٔ یمانی و گر کهنه بوریاست

از رود و دشت و درّه گذشتیم هزار سال
با من نگفت هیچکسی کاین چه ماجراست

هر قطره‌ام که باد پراکنده می‌کند
آن قطره گاه در زَمی و گاه در سَماست

سرگشته‌ام چو گوی ز روزی که زاده‌ام
سرگشته دیده‌اید که او را نه سر، نه پاست؟

ازکارخویش، خستگی‌ام نیست، زآن‌سبب
کز من همیشه باغ و چمن را گل و گیاست

قدر تو آن بوَد که کُنی آرد، گندمی
ورنه به کوهسار، بسی سنگ بی‌بهاست

گر رنج می‌کشیم چه غم، زآنکه خلق را
آسودگی و خوش‌دلی از آب و نان ماست

آبم‌من، اربخارشَوَم‌درچمن، خوش‌است
سنگی تو، گر که کار کنی بشکنی رواست

چون کار هرکسی به سزاوار داده‌اند
از کارگاه دهر، همین کارمان سزاست

با عزم خویش، هیچیک این ره نمی‌رویم
کشتی، مبرهن است که محتاج ناخداست

در زحمتیم هر دو ز سختی و رنج، لیک
هرچ آن به ما کنند، نه از ما، نه از شماست

ازماچه‌صلح‌خیزدوجنگ، این‌چه‌فکرت‌است؟
در دست دیگری‌ست، گر آب و گر آسیاست

۱۰۸

سرو خندید سحر بر گل سرخ
که صفای تو بجز یک دم نیست

من به یک پایه بمانم صد سال
مرگ با هستی من توأم نیست

من که آزاد و خوش و سرسبزم
پشتم از بار حوادث خم نیست

دولت آن است که جاوید بود — خانهٔ دولت تو محکم نیست
گفت فکر کم و بسیار مکن — سرنوشت همه‌کس با هم نیست
ما بدین یک دم و یک لحظه خوشیم — نیست یک گل که دمی خرّم نیست
قدر این یک دم و یک لحظه بدان — تا تو اندیشه کنی، آن هم نیست
چون که گلزار نخواهد ماندن — گل اگر نیز نماند، غم نیست
چه غم ار همدم من نیست کسی؟ — خوش‌تر از باد صبا همدم نیست
عمر گر یک دم و گر یک نفس است — تا به کاریش توان زد، کم نیست
ما بخندیم به هستی و به مرگ — هیچگه چهرهٔ ما در هم نیست
آشکار است ستمکاری دهر — زخم بس هست، ولی مرهم نیست
یک ره ار داد، دوصد راه گرفت — چه توان کرد؟ فلک حاتم نیست
تو هم از پای درآیی ناچار — آبت از کوثر و از زمزم نیست
باید آزاده کسی را خواندن — که گرفتار درین عالم نیست
گل چرا خوش ننشیند، دائم؟ — ماهتاب و چمن و شبنم نیست
یک نفس بودن و نابود شدن — درخور این غم و این ماتم نیست
هرچه خواندیم، نگشتیم آگه — درس تقدیر، به‌جز مبهم نیست

شمع خردی که نسیمش بکشد
شمع این پرتگه مُظلَم نیست

۱۰۹

دی کودکی به دامن مادر گریست زار — کز کودکانِ کوی، به من کس نظر نداشت

طفلی، مرا ز پهلوی خود بی‌گناه راند
آن تیر طعنه، زخم کم از نیشتر نداشت

اطفال را به صحبت من، از چه میل نیست؟
کودک مگر نبود، کسی کاو پدر نداشت؟

امروز، اوستاد به درسم نگه نکرد
مانا که رنج و سعی فقیران ثمر نداشت

دیروز، در میانهٔ بازی ز کودکان
آن شاه شد که جامهٔ خُلقان به بَر نداشت

من در خیال موزه بسی اشک ریختم
این اشک و آرزو، ز چه هرگز اثر نداشت؟

جز من میان این گِل و باران کسی نبود
کاو موزه‌ای به پا و کُلاهی به سر نداشت

آخر، تفاوتِ من و طفلانِ شهر چیست؟
آیین کودکی، ره و رسم دگر نداشت؟

هرگز درون مطبخ ما هیزمی نسوخت
وین شمع، روشنایی ازین بیشتر نداشت

همسایگان ما بَره و مرغ می‌خورند
کس جز من و تو، قوت ز خون جگر نداشت

بر وصله‌های پیرهنم خنده می‌کنند
دینار و دِرهمی پدر من مگر نداشت؟

خندید و گفت آن که به فقر تو طعنه زد
از دانه‌های گوهر اشکت، خبر نداشت

از زندگانی پدر خود مپرس، از آنک
چیزی به غیر تیشه و داس و تَبَر نداشت

این بوریای کهنه، به صد خون دل خرید
رَختش، گه آستین و گهی آستر نداشت

بس رنج برد و کس نشمردش به هیچ‌کس
گمنام زیست، آن که دِه و سیم و زر نداشت

طفل فقیر را هوس و آرزو خطاست
شاخی که از تگرگ نگون گشت، بَر نداشت

نسّاجِ روزگار، درین پَهن بارگاه
از بهر ما، قُماشی ازین خوب‌تر نداشت

۱۱۰

گربهٔ پیری ز شکار اوفتاد
زار بنالید و نزار اوفتاد

ناخنش از سنگ حوادث شکست / دزد قضا و قدرش راه بست
از طمع و حمله و پیکار ماند / کارگر از کار شد و کار ماند
کودک دهقان، به سرش کوفت مشت / مطبخی‌اش هیمه زد و سوخت پشت
گربهٔ همسایه دمش را گزید / از سگ بازار، جفاها کشید
بس که دمی خاک و دمی آب ریخت / از تنش آن موی چو سنجاب ریخت
تیره شد آن دیدهٔ آیینه‌وار / گرسنه ماند، آن شکم بی‌قرار
از غم کشک و کره، خوناب خورد / در عوض شیر، بسی آب خورد
دوده نمی‌سود به گوش و به دم / حمله نمی‌کرد به دیگ و به خم
حیله و تزویر فراموش کرد / گربهٔ پیر فلکش، موش کرد
مایهٔ هستیش، ز تن رفته بود / نیروی دندان و دهن رفته بود
گربه چو رنجور و گرفتار شد / موش بداندیش، در انبار شد
در همه‌جا خفت و به هر سو نشست / بند ز هر کیسه و انبان گسست
گربه چو دید آن ره و رسم تباه / پای‌کشان کرد به انبار راه
گفت به خود، کاین چه درافتادن است؟ / تا رمقی در دل و جان در تن است
زنده‌ام و موش نترسد ز من / مرده‌ام از کاهلی خویشتن
گرچه نمی‌آیدم از دست، کار / آگهم از کارگه روزگار
گرچه مرا نیروی پیکار نیست / موش از این قصّه خبردار نیست
بِه که از امروز شوم کاردان / تا که به کاری بَرَدم آسمان
گر که ببینم سوی موشان به خشم / جمله ببندند ز اندیشه چشم

زخم زنم، گرچه به فرسوده چنگ
حمله کنم، گرچه بوَد عرصه تنگ

گربه چو آن همّت و تدبیر کرد
آن شکم گرسنه را سیر کرد

بر زنخ از حیله بیفکند باد
موش بترسید و ز ترس ایستاد

جست و خراشید زمین را به دست
موش بلرزید و همان‌جا نشست

موشک چندی، چو بدین‌سان گرفت
رنج ز تن، درد ز دندان گرفت

تا نرود قوّت بازوی تو
نشکنند ایّام، ترازوی تو

تا نربودند ز دستت عنان
جان ز تو خواهد هنر و جسم، نان

روی متاب از ره تدبیر و رای
تا شودت پیر خرد، رهنمای

بر همه کاری فلک افزار داد
پشت قوی کرد، سپس بار داد

هرکه درین راه رود سر گران
پیش‌تر افتند از او دیگران

تا گهری در صدف کار بود
گوهری وقت، خریدار بود

۱۱۱

به کرم پیله شنیدم که طعنه زد حلزون
که کار کردن بی‌مزد، عمر باختن است

پی هلاک خود ای بی‌خبر، چه می‌کوشی؟
هر آنچه ریشته‌ای، عاقبت تو را کفن است

به دست جهل، به بنیاد خویش تیشه زدن
دو چشم بستن و در چاه سرنگون شدن است

چو ما، بُرو در و دیوار خانه محکم کن
مگرد ایمن و فارغ، زمانه راهزن است

بگفت، قدر کسی را نکاست سعی و عمل
خیال پرورش تن، ز قدر کاستن است

به خدمت دگران دل چگونه خواهد داد
کسی که همچو تو، دائم به فکر خویشتن است؟

به دیگ حادثه، روزی گَرَم بجوشانند
شگفت نیست که مرگ از قفای زیستن است
به روز مرگم اگر پیله، گور گشت و کفن
به وقت زندگی‌ام، خوابگاه و پیرهن است
مرا به خیره نخوانند کرم ابریشم
به هر بساط که ابریشمی‌ست، کار من است
ز جان‌فشانی و خون خوردن قبیلهٔ ماست
پرند و دیبهٔ گلرنگ، هرکه را به تن است

۱۱۲

گفت با صیدِ قفس، مرغ چمن
که گل و میوه، خوش و تازه‌رس است
بگشای این قفس و بیرون آی
که نه در باغ و نه در سبزه، کس است
گفت با شبرو گیتی چه کنم؟
که سَحر دزد و شبانگه عَسَس است
ای بسا گوشه که میدان بلاست
ای بسا دام که در پیش و پس است
در گلستان جهان یک گل نیست
هر کجا می‌نگرم، خار و خَس است
همچو من، غافل و سرمست مَپَر
قفس، آخر نه همین یک قفس است
چرخ پست است، بلندش مشمار
اینکه دیدیش چو عَنقا، مگس است
کاروان است گل و لاله به باغ
سبزه‌اش اسب و صبایش جَرَس است
ز گرفتاری من، عبرت گیر
که سرانجامِ هوی و هوس است
حاصلِ هستیِ بیهودهٔ ما
آه سردی‌ست که نامَش نفس است
چشم دید این همه و گوشْ شنید
آنچه دیدیم و شنیدیم بس است

۱۱۳

نخوانده فرق سر از پای، عزم کو کردیم
نکرده پرسش چوگان، هوای گو کردیم

به کار خویش نپرداختیم، نوبت کار
تمام عمر، نشستیم و گفتگو کردیم

به‌وقت همّت و سعی و عمل، هوس راندیم
به روز کوشش و تدبیر، آرزو کردیم

عبث به چَه نفتادیم، دیو آز و هوی
هر آنچه کرد، بدیدیم و همچو او کردیم

بسی مجاهده کردیم در طریق نفاق
ببین چه بیهده تفسیر «جاهدوا» کردیم

چو نان ز سفره ببردند، سفره گستردیم
چو آب خشک شد، اندیشهٔ سبو کردیم

اگر که نفس، بداندیش ما نبود چرا
ملول گشت؟ چو ما رسم و ره نکو کردیم

چو عهدنامه نوشتیم، اهرمن خندید
که اتحاد نبود اینکه با عدو کردیم

هزار مرتبه دریای چرخ، طوفان کرد
از آن زمان که نشیمن درین کرو کردیم

نه همچو غنچه، به دامان گلبنی خفتیم
نه همچو سبزه، نشاطی به طرف جو کردیم

چراغ عقل، نهفتیم شامگاه رحیل
از آن به ورطهٔ تاریک جهل، رو کردیم

به عمر گم شده، اصلا نسوختیم ولیک
چو سوزنی ز نخ افتاد، جستجو کردیم

به غیر جامهٔ فرصت که کس رفوش نکرد
هزار جامه دریدند و ما رفو کردیم

تباه شد دل از آلودگی و دم نزدیم
همی به تن گرویدیم و شستشو کردیم

سمند توسن افلاک، راهوار نگشت
به‌توسنیش، چو یک چند تاخت، خو کردیم

ز فرط آز، چو مردارخوار تیره‌درون
هماره بر سر این لاشه، های و هو کردیم

چو زورمند شدیم، از دهان مسکینان
به جبر، لقمه ربودیم و در گلو کردیم

ز رشوه، اسب خریدیم و خانه و ده و باغ
به اشک بیوه‌زنان، حفظ آبرو کردیم

از آن ز شاخ حقایق، به ما بری نرسید
که ما همیشه حکایت ز رنگ و بو کردیم

۱۱۴

یکی گوهرفروشی، ثروت‌اندوز
به دست آورد الماسی دل‌افروز

نهادش در میان کیسه‌ای خرد
ببستش سخت و سوی مخزنش برد

درافکندش به صندوقی از آهن
به شام اندر، نهفت آن روز روشن

بر آن صندوق زد قفلی ز پولاد
چراغ ایمن نمود، از فتنهٔ باد

ز بند و بست، چون شد کیسه آگاه
حساب کار خود گم کرد ناگاه

چو مهر و اشتیاق گوهری دید
ببالید و بسی خود را پسندید

نه تنها بود و می‌انگاشت تنهاست
نه زیبا بود و می‌پنداشت زیباست

گمان کرد از غرور و سرگرانی
که بهر اوست رنج پاسبانی

بدان بی‌مایگی گردن برافراشت
فروتن بود، گر سرمایه‌ای داشت

ز حرف نرخ و پیغام خریدار
به وزن و قدر خویش افزود بسیار

به خود گفت این جهان‌افروزی از ماست
به نام ماست، هر رمزی که اینجاست

نبود ار حکمتی در صحبت من
چه می‌کردم درین صندوق آهن؟

جمال و جاه ما بسیار بوده‌ست
عجب رنگی درین رخسار بوده‌ست

بهای ما فزون کردند هر روز
عجب رخشنده بود این بخت پیروز

مرا نقّاد گردون قیمتی داد
که بستندم چنین با قفل پولاد

بدو الماس گفت، ای یار خودخواه
نه تنهایی، رفیقی هست در راه

چه شد کاین چهر زیبا را ندیدی؟
قرین ما شدی، ما را ندیدی؟

چه نسبت با جواهر، ریسمان را؟	چه خویشی، ریسمان و آسمان را؟
نباشد خودپسندی را سرانجام	کسی دیبا نبافد با نخ خام
اگر گوهرفروش، اینجا گذر داشت	نه بهر کیسه، از بهر گهر داشت
به مخزن، گر شبی چون و چرا رفت	نه از بهر شما، از بهر ما رفت
تو مشتی پنبه، من پروردهٔ کان	تو چون شب، تیره، من صبح درخشان
چو در دامن گرفتی گوهری پاک	تو را بگرفت دست چرخ از خاک
چو برگیرند این پاکیزه گوهر	گشایند از تو بند و قفل از در
تو پنداری ره و رسم تو نیکوست	تو را همسایه نیکو بود، ای دوست
از آن معنی، نکردندت فراموش	که داری همچو من، جانی در آغوش
از آن کردند در کنجی نهانت	که بسپردند گنجی شایگانت
چو نقش من فتد زین پرده بیرون	شود کار تو نیز آنگه دگرگون
نه اینجا مایه‌ای ماند، نه سودی	نه غیر از ریسمانت، تار پودی
به پیرامون من، دارند شب پاس	تو کرباسی، مرا خوانند الماس
نظربازی نمود آن یار دلجوی	تو را برداشت تا بیند مرا روی
تو را بگشود و ما گشتیم روشن	تو را بربست و ما ماندیم ایمن
صفای تن، ز نور جان پاک است	چو آن بیرون شد، این یک مشت خاک است

۱۱۵

گه احرام، روز عید قربان	سخن می‌گفت با خود کعبه، زین‌سان

که من مرآت نور ذوالجلالم / عروس پردهٔ بزم وصالم
مرا دست خلیل الله برافراشت / خداوندم عزیز و نامور داشت
نباشد هیچ اندر خطّهٔ خاک / مکانی همچو من، فرخنده و پاک
چو بزم من، بساط روشنی نیست / چو ملک من، سرای ایمنی نیست
بسی سرگشتهٔ اخلاص داریم / بسی قربانیان خاص داریم
اساس کشور ارشاد از ماست / بنای شوق را بنیاد از ماست
چراغ این همه پروانه ماییم / خداوند جهان را خانه ماییم
پرستشگاه ماه و اختر اینجاست / حقیقت را کتاب و دفتر اینجاست
در اینجا بس شهان افسر نهادند / بسی گردن‌فرازان سر نهادند
بسی گوهر ز بام آویختندم / بسی گنجینه در پا ریختندم
به صورت، قبلهٔ آزادگانیم / به معنی، حامی افتادگانیم
کتاب عشق را جز یک ورق نیست / در آن هم نکته‌ای جز نام حق نیست
مقدس همّتی کاین بارگه ساخت / مبارک نیّتی کاین کار پرداخت
درین درگاه هر سنگ و گل و کاه / خدا را سجده آرد، گاه و بی‌گاه
«انا الحق» می‌زنند اینجا، در و بام» / ستایش می‌کنند اجسام و اجرام
در اینجا عرشیان تسبیح‌خوان‌اند / سخن‌گویان معنی، بی‌زبان‌اند
بلندی را کمال از درگه ماست / پر روح‌الامین، فرش ره ماست
در اینجا رخصت تیغ آختن نیست / کسی را دستِ بر کس تاختن نیست
نه دام است اندرین جانب، نه صیّاد / شکار آسوده است و طائر آزاد

خوش آن استاد کاین آب و گل آمیخت / خوش آن معمار کاین طرح نکو ریخت
خوش آن درزی که زرّین جامه‌ام دوخت / خوش آن بازارگان کاین حلّه بفروخت
مرا زین حال، بس نام‌آوری‌هاست / به گردون بلندم، برتری‌هاست
بدو خندید دل آهسته، کای دوست / ز نیکان، خودپسندیدن نه نیکوست
چنان رانی سخن، زین تودهٔ گل / که گویی فارغی از کعبهٔ دل
تو را چیزی برون از آب و گل نیست / مبارک کعبه‌ای مانند دل نیست
تو را گر ساخت ابراهیم آذر / مرا بفراشت دست حیّ داور
تو را گر آب و رنگ از خال و سنگ است / مرا از پرتو جان، آب و رنگ است
تو را گر گوهر و گنجینه دادند / مرا آرامگاه از سینه دادند
تو را در عیدها بوسند درگاه / مرا بازست در، هرگاه و بی‌گاه
تو را گر بنده‌ای بنهاد بنیاد / مرا معمار هستی کرد آباد
تو را تاج ار ز چین و کِشمَر آرند / مرا تفسیری از هر دفتر آرند
ز دیبا گر تو را نقش و نگاری‌ست / مرا در هر رگ از خون جویباری‌ست
تو جسم تیره‌ای، ما تابناکیم / تو از خاکی و ما از جان پاکیم
تو را گر مروه‌ای هست و صفایی / مرا هم هست تدبیری و رایی
در اینجا نیست شمعی جز رخ دوست / وگر هست، انعکاس چهرهٔ اوست
تو را گر دوستدارند اختر و ماه / مرا یارند عشق و حسرت و آه
تو را گر غرق در پیرایه کردند / مرا با عقل و جان همسایه کردند
درین عزلتگه شوق، آشناهاست / درین گمگشته کشتی، ناخداهاست

به ظاهر، ملک تن را پادشاییم　　به معنی، خانهٔ خاص خداییم
در اینجا رمز، رمز عشق‌بازی‌ست　　جز این یک نقش، هر نقشی مجازی‌ست
درین گرداب، قربان‌هاست ما را　　به خون آلوده، پیکان‌هاست ما را
تو خون کشتگان دل ندیدی　　ازین دریا به‌جز ساحل ندیدی
کسی کاو کعبهٔ دل پاک دارد　　کجا ز آلودگی‌ها باک دارد؟
چه محرابی‌ست از دل باصفاتر؟　　چه قندیلی‌ست از جان روشناتر؟
خوش آن کاو جامه از دیبای جان کرد　　خوش آن مرغی کزین شاخ آشیان کرد
خوش آن‌کس کز سر صدق و نیازی　　کند در سجدگاه دل، نمازی
کسی بر مهتران، پروین، مِهی داشت　　که دل چون کعبه، ز آلایش تهی داشت

۱۱۶

موشکی را به مهر، مادر گفت　　که بسی گیر و دار، در رهِ ماست
سوی انبار، چشم بسته مرو　　که نهان، فتنه‌ها به پیش و قفاست
تله و دام و بند بسیار است　　دهر بی‌باک و چرخ، بی‌پرواست
تله مانند خانه‌ای‌ست نکو　　دام مانند گلشنی زیباست
ای بسا رهنما که راهزن است　　ای بسا رنگ خوش که جان‌فرساست
ز آهنین میله، گردکان مَرُبای　　که چنین لقمه، خون دل، نه غذاست
هر کجا مسکنی‌ست، کالایی‌ست　　هر کجا سفره‌ای‌ست، نان آنجاست
تلهٔ محکمی به پشت در است　　گربهٔ فربهی، میان سراست

آن‌چنان رو که غافلت نکُشند	خنجرِ روزگار، خون‌پالاست
هر نشیمن، نه جای هر شخصی‌ست	هر گذرگه، نه درخورِ هر پاست
اثر خون، چو در رهی بینی	پا در آن ره منه که راه بلاست
هرگز ایمن مشو که حملهٔ چرخ	گر ز امروز بگذرد، فرداست
وقت تاراج و دستبرد، شب است	روز، هنگام خواب و نشو و نماست
سر مَیَفراز نزد شبرو دهر	که بسی قامت از جفاش، دوتاست
موشک آزرده گشت و گفت خموش	عقل من بیشتر ز عقل شماست
خبرم هست ز آفت گردون	تله و دام، دیده‌ام که کجاست
از فراز و نشیب، آگاهم	می‌شناسم چه راه، راه خطاست
هرکسی جای خویش می‌داند	پند و اندرز دیگران بی‌جاست
این سخن گفت و شد ز لانه برون	نظری تند کرد، بر چپ و راست
دید در تلّهٔ نوِ رنگین	گِردَکانی در آهنی پیداست
هیچ آگه نشد ز بی‌خِردی	کاندر آن سهمگین حصار، چه‌هاست
یا در آن روشنی، چه تاریکی‌ست	یا در آن یک‌دلی، چه روی و ریاست
بانگ برداشت، کاین نشیمن پاک	چه مبارک مکان روح‌افزاست
تله گفتا مَایست در بیرون	به درون آی، کاین سراچه تو راست
اگرت زاد و توشه نیست، چه غم؟	زآنکه این خانه، پر ز توش و نواست
جای تا کی کُنی به زیر زمین	رونقِ زندگی ز آب و هواست
اندرین خانه، بین رهزن نیست	هرچه هست، ایمنی و صلح و صفاست

نشنیدم بنا، چنین محکم	گرچه در دهر، صدهزار بناست
جای اَنده، درین مکان شادی‌ست	جای نان، اندرین سرا حلواست
موش پرسید، این کمانک چیست؟	تله خندید، کاین کمان قضاست
اندر آی و به چشم خویش ببین	کاندرین پرده‌ها، چه شعبده‌هاست
موشک از شوق جَست و شد به درون	تا که او جَست، بانگ در برخاست
بهر خوردن، چو کرد گردن کج	آهنی رفت، بر گلویش راست
رفت سودی کُند، زیان طلبید	خواست بر تن فزاید، از جان کاست
کودکی کاو ز پند و وعظ گریخت	گر به چاه است، دم مزن که چراست؟
رسم آزادگان چه می‌داند	تیره‌بختی که پایبند هوی‌ست؟
خویش را دردمند آز مکن	که نه هر درد را امّید دواست

عزّت از نفس دون مجو، پروین
کاین سیه‌رای، گمره و رسواست

۱۱۷

شمع بگریست گه سوز و گداز	کز چه پروانه ز من بی‌خبر است؟
به سوی من نگذشت، آن که همی	سوی هر برزن و کویش گذر است
به سرش، فکر دوصد سودا بود	عاشق آن است که بی‌پا و سر است
گفت پروانهٔ پر سوخته‌ای	که تو را چشم، به ایوان و در است
من به پای تو فکندم دل و جان	روزم از روز تو، صد ره بتر است
پر خود سوختم و دم نزدم	گرچه پیرایهٔ پروانه، پر است

کس ندانست که من می‌سوزم سوختن، هیچ نگفتن، هنر است
آتش ما ز کجا خواهی دید تو که بر آتش خویشت نظر است؟
به شرار تو، چه آب افشاند آن که سر تا قدم، اندر شرر است؟
با تو می‌سوزم و می‌گردم خاک دگر از من، چه امید دگر است؟
پر پروانه ز یک شعله بسوخت مهلت شمع ز شب تا سحر است
سوی مرگ از تو بسی پیش‌ترم هر نفس، آتش من بیشتر است
خویشتن دیدن و از خود گفتن صفت مردم کوته‌نظر است

۱۱۸

دی، مرغکی به مادر خود گفت تا به چند مانیم ما همیشه به تاریک‌خانه‌ای
من عمر خویش چون تو نخواهم تباه کرد در سعی و رنج ساختن آشیانه‌ای
آید مرا چو نوبت پرواز، بر پرم از گل به سبزه‌ای و ز بامی به خانه‌ای
خندید مرغ زیرک و گفتش تو کودکی کودک نگفت، جز سخن کودکانه‌ای
آگاه و آزموده توانی شد، آن زمان کآگه شوی ز فتنهٔ دامی و دانه‌ای
زین آشیان ایمن خود یادها کنی چون سازد از تنِ تو، حوادث نشانه‌ای
گردون بر آن ره است که هر دم زند رهی گیتی بر آن سر است که جوید بهانه‌ای
باغ وجود، یکسره دام نوائب است اقبال، قصّه‌ای شد و دولت، فسانه‌ای
پنهان، به هر فراز که بینی نشیب‌هاست مقدور نیست، خوش‌دلی جاودانه‌ای
هر قطره‌ای که وقت سحر بر گلی چکد بحری بود که نیستش اصلا کرانه‌ای

بنگر به بلبل از ستم باغبان چه رفت
تا کرد سوی گل نگه عاشقانه‌ای

پرواز کن، ولی نه چنان دور ز آشیان
منمای فکر و آرزوی جاهلانه‌ای

بین بر سرِ که چرخ و زمین جنگ می‌کنند
غیر از تو هیچ نیست، تو اندر میانه‌ای

ای نور دیده، از همه آفاق خوش‌تر است
آرامگاه لانه و خواب شبانه‌ای

هرکس که توسنی کند، او را کنند رام
در دست روزگار، بود تازیانه‌ای

بسیار کس، ز پای درآورد اسب آز
آن را مگر نبود، لگام و دهانه‌ای

۱۱۹

به چشم عُجب، سوی کاه کرد کوه نگاه
به خنده گفت که کار تو شد ز جهل، تباه

ز هر نسیم بلرزی، ز هر نفس بپری
همیشه روی تو زرد است و روزگار، سیاه

مرا به چرخ برافراشت بردباری، سر
تو گه به اوج سمایی و گاه در بن چاه

کسی بزرگ نگردد مگر ز کار بزرگ
گر از تو کار نیاید، زمانه را چه گناه؟

مرا نبرد ز جا هیچ دست زور، ولیک
تو را نه جای نشستن بوَد، نه خفتنگاه

مرا ز رسم و ره نیک خویش قدر فزود
نه‌ای تو بی‌خبر، از هیچ رسم و راه آگاه

گهر ز کان دل من برند گوهریان
پلنگ و شیر، به سوی من آورند پناه

نه باک سلسله دارم، نه بیم آفت سیل
نه سیر مهر زبونم کند، نه گردش ماه

به‌نزد اهل خرد، سستی و سبکساری‌ست
دراوفتادن بی‌جا و جستن بی‌گاه

بگفت، رهزن گیتی ره تو هم بزند
مَخَند خیره به افتادگانِ هر سرِ راه

مشو ز دولت ناپایدار خویش ایمن
سوی تو نیز کشد شبرو سپهر، سپاه

قوی‌تری ز تو روزی ز پا درافکندت	به یک دقیقه ز من هیچ‌تر شوی ناگاه
چه حاصل از هنر و فضل مردم خودبین؟	خوشم که هیچم و همچون تو نیستم خودخواه
گر از نسیم بترسم به خویش، ننگی نیست	شنیده‌ای که بلرزد به پیش باد، گیاه
تو جاه خویش فزون کن به استواری و صبر	مرا که جز پر کاهی نی‌اَم، چه رتبت و جاه؟
خوش آن کسی که چو من، سر ز پا نمی‌داند	خوش آن تنی که نبرده‌ست، بار کفش و کلاه
چه شاهباز توانا، چه ماکیان ضعیف	شوند جمله سرانجام، صید این روباه
بنای محکمهٔ روزگار بر ستم است	قضا چو حکم نویسد، چه داوری؟ چه گواه؟
چه فرق گر تو گران‌سنگ و ما سبک‌ساریم؟	چو تندباد حوادث وزد، چه کوه و چه کاه
کسی ز روی حقیقت بلند شد، پروین	که دست دیو هوی شد ز دامنش کوتاه

۱۲۰

به خویش، هیمه‌ گه سوختن به زاری گفت	که ای دریغ، مرا ریشه سوخت زین آذر
همیشه سر به فلک داشتیم در بستان	کنون چه رفت که ما را نه ساق ماند و نه سر؟
خوش آن زمان که مرا نیز بود جایگهی	میان لاله و نسرین و سوسن و عبهر
حریر سبز به تن بود، پیش از این ما را	چه شد که جامه گسست و سیاه شد پیکر؟
من از کجا و فتادن به مطبخ دهقان؟	مگر نبود در این قریه، هیزم دیگر؟
به وقت شیر، ز شیرم گرفت دایهٔ دهر	نه با پدر نفسی زیستم، نه با مادر
عبث به باغ دمیدم که بار جور کشم	به زیر چرخ تو گویی، نه جوی بود و نه جر
ز بیخ کنده شدیم این چنین به جور، از آنک	ز تندباد حوادث، نداشتیم خبر

فکند بی‌سببی در تنور پیرزنم
شَوَم ز خار و خسی نیز، عاقبت کمتر

ز دیده خون چکدم هر زمان ز آتش دل
کسی نکرد چو من خیره، خون خویش هدر

نه دود ماند و نه خاکستر از من مسکین
خوش آن کسی که به گیتی ز خود گذاشت اثر

مرا به ناز بپرورد باغبان روزی
نگفت هیچ به گوشم، حدیث فتنه و شر

چنان ز یاد زمان گذشته خرسندم
که تیره‌بختی خود را نمی‌کنم باور

نمود شبرو گیتیم سنگسار، از آنک
ندید شاخی ازین شاخسار، کوته‌تر

ندید هیچ، به غیر از جفا و بدروزی
هر آن که همنفسش سفله بود و بدگوهر

چو پنبه، خوار بسوزد، چو نی بنالد زار
کسی که اخگر جان‌سوز را شود همسر

مرا چو نخل، بلندی و استقامت بود
چه شد که بی‌گنهم واژگونه گشت اختر؟

چه اوفتاد که گردون ز پا درافکندم؟
چه شد که از همه عالم به من فتاد شرر؟

چه وقت سوز و گداز است، شاخ نورس را؟
چه کرده‌ایم که ما را کنند خاکستر؟

به خنده گفت چنین، اخگری ز کنج تنور
که وقت حاصل باغ از چه رو ندادی بر؟

مگوی، بی‌گنهم سوخت شعلهٔ تقدیر
همین گناه تو را بس که نیستی بَروَر

کنون که پرده از این راز، برگرفت سپهر
بِه آنکه هر دو بگوییم عیب یکدیگر

ز چون منی، چه توان چشم داشت غیر ستم؟
ز همنشین جفاجو، گریختن خوش‌تر

به تیغ می‌نتوان گفت، دست و پای مَبُر
به گرگ می‌نتوان گفت، میش و برّه مَدَر

من ار بدم، ز بداندیشی خود آگاهم
هزار خانه بسوزد هم از یکی اخگر

تو را چه عادت زیبا و خصلت نیکوست؟
من آتشم، ز من و زشت‌رایی‌ام بگذر

سزای باغ نبودی تو، باغبان چه کند؟
پسر چو ناخلف افتاد، چیست جرم پدر؟

خوش‌اندکارشناسان، توراچه‌داردخوش؟ — هنرورند بزرگان، تو را چه بود هنر؟
بلند گشتن تنها بلندنامی نیست — به‌میوه‌نخل‌شد، ای‌دوست، برترازعَرعَر
به طرف باغ، تهی‌دست و بی‌هنر بودن — برای تازه‌نهالان، خسارت است و خطر
چوشاخه‌بارنیارد، چه‌برگ‌سبزوچه‌زرد — چوچوب‌همسرآذرشود، چه‌خشک‌وچه‌تر
به کوی نیک‌دلان، نیست جز نکویی راه — به سوی کاخ هنر، نیست غیرکوشش در
کسی که داور کردارهای نیک و بد است — به‌جز بدی، ندهد بدسرشت را کیفر
بدان‌صفت‌که‌تویی، نقش‌هستی‌ات‌بکشند — تو صورتی و سپهر بلند، صورتگر
اگر ز رمز بلندی و پستی، آگاهی — تنت چگونه چنین فربه است و جان لاغر
اگر ز کار بد و نیک خویش، بی‌خبری — دمی در آینهٔ روشن جهان، بنگر
هزار شاخهٔ سرسبز، گشت زرد و خمید — ز سحربازی و ترفند گنبد اخضر
به روز حادثه کارآگهان روشن‌رای — نیفکنند ز هر حملهٔ سپهر، سپر
ز خون فاسد تو، تن مریض بود همی — عجب مدار، رگی را زدند گر نشتر
بهای هرنم‌ازین‌یَم، هزارخون‌دل‌است — نخورده باده کسی، رایگان ازین ساغر
برای معرفتی، جسم گشت همسر جان — برای بوی خوشی، عود سوخت درمجمر

۱۲۱

کاشکی وقت را شتاب نبود — فصل رحلت در این کتاب نبود
کاش در بحر بی‌کران جهان — نام طوفان و انقلاب نبود
مرغکان می‌پراند این گنجشک — گر که همسایهٔ عقاب نبود

ما ندیدیم و راه کج رفتیم	ورنه در راه، پیچ و تاب نبود
اینکه خواندیم شمع، نور نداشت	اینکه در کوزه بود، آب نبود
هرچه کردیم ماه و سال، حساب	کار ایّام را حساب نبود
غیر مردار، طعمه‌ای نشناخت	طوطی چرخ، جز غراب نبود
رهِ دل زد زمانه، این دزدی	همچو دزدیدن ثِیاب نبود
چو تهی گشت، پُر نشد دیگر	خم هستی، خم شراب نبود
خانهٔ خود به اهرمن منمای	پرسش دیو را جواب نبود
دورهٔ پیرت، چراست سیاه؟	مگرت دورهٔ شباب نبود؟
بس بگشت آسیای دهر، ولیک	هیچ گندم در آسیاب نبود
نکشید آب، دَلوِ ما زین چاه	زآنکه در دست ما طناب نبود
گر نمی‌بود تیشهٔ پندار	ملک مَعمور دل، خراب نبود
زین منه، اسب آز را بر پشت	پای نیکان، درین رکاب نبود
تو، فریب سراب تن خوردی	در بیابانِ جان سراب نبود
ز آتش جهل، سوخت خرمن ما	گنه برق و آفتاب نبود
سال و مه رفت و ما همی‌خفتیم	خواب ما مرگ بود، خواب نبود

۱۲۲

پیام داد سگ گله را، شبی گرگی	که صبحدم بَرِه بفرست، میهمان دارم
مرا به خشم میاور که گرگ، بدخشم است	درون تیره و دندان خون‌فشان دارم

جواب داد مرا با تو آشنایی نیست | که رهزنی تو و من نام پاسبان دارم
من از برای خور و خواب، تن نپروردم | همیشه جان به کف و سر بر آستان دارم
مرا گران بخریدند تا به کار آیم | نه آنکه کار چو شد سخت، سر گران دارم
مرا قلاده به گردن بوَد، پلاس به پشت | چه انتظار ازین بیش، ز آسمان دارم
عنان نفس ندادم چو غافلان از دست | کنون به دست توانا دوصد عنان دارم
گرفتم آنکه فرستادم آنچه می‌خواهی | ز خود چگونه چنین ننگ را نهان دارم؟
هراس نیست مرا هیچگه ز حملهٔ گرگ | هراس کمدلی برّهٔ جُبان دارم
هزار بار گریزاندَمت به درّه و کوه | هزارها سخن از عهد باستان دارم
شبان به جرأت و تدبیرم آفرین‌ها خواند | من این قلادهٔ سیمین از آن زمان دارم
رفیق دزد نگردم به حیله و تلبیس | که عمرهاست به کوی وفا مکان دارم
درستکارم و هرگز نمانده‌ام بی‌کار | شبان گَرَم نبرد، پاس کاروان دارم
مرا نکشته، به آغل درون نخواهی شد | دهان من نتوان دوخت تا دهان دارم
جفای گرگ، مرا تازگی نداشت، هنوز | سه زخم کهنه به پهلو و پشت و ران دارم
دو سال پیش، به دندان دم تو برکندم | کنون ز گوش گذشتی، چنین گمان دارم
دکان کید، برو جای دیگری بگشای | فروش نیست در آنجا که من دکان دارم

۱۲۳

شنیدستم یکی چوپان نادان | بخفتی وقت گشت گوسفندان
در آن همسایگی، گرگی سیه‌کار | شدی همواره زآن خفتن، خبردار

گرامی‌وقت را، فرصت شمردی   گهی از گله کُشتی، گاه بردی
دراز آن خواب و عمر گلّه کوتاه   ز خون هر روز، رنگین آن چراگاه
ز پا افتادی از زخم و گزندی   زمانی برّه‌ای، گه گوسفندی
به غفلت رفت زین‌سان روزگاری   نشد در کار، تدبیر و شماری
شبان را دیو خواب افکنده در دام   به دام افتند مستان، کام ناکام
ز آغل گلّه را تا دشت بردی   به چنگ حیلهٔ گرگش سپردی
نه آگه بود از رسم شبانی   نه می‌دانست شرط پاسبانی
چو عمری گرگ بددل، گلّه رانَد   دگر زآن گلّه، چوپان را چه ماند؟
چو گرگ از گلّه هر شام و سحر کاست   شبان از خواب بی‌هنگام برخاست
به کردار عسس، کوشید یک چند   فکند آن دزد را یک روز در بند
چنانش کوفت سخت و سخت بربست   که پشت و گردن و پهلوش بشکست
به وقت کار، باید کرد تدبیر   چه تدبیری، چو وقت کار شد دیر؟
بگفت ای تیره‌روز آزمندی   تو گرگ بس شبان و گوسفندی
بدین‌سان داد پاسخ، گرگ نالان   نه چوپانی تو، نام توست چوپان
نشاید وقت بیداری غُنودن   شبان بودن، ز گرگ آگه نبودن
شبانی باید، ای مسکین، شبان را   توان شب نخفتن، پاسبان را
نه هر کاو گلّه‌ای رانَد، شبان است   نه هر کاو چشم دارد، پاسبان است
تو عیب کار خویش از خود نهفتی   به هنگام چرای گلّه، خفتی
شدی پست، این نه آیین بزرگی‌ست   ندانستی که کار گرگ، گرگی‌ست

تو خفتی، کار از آن گردید دشوار
نشاید کرد با یک دست، ده کار
چرا امروز پشت من شکستی؟
کجا بود آن زمان این چوب‌دستی؟
شبانان نیستند از گرگ، ایمن
تو وارون‌بخت، ایمن بودی از من
نخُسبد هیچ صاحب‌خانه آرام
چو در نامحکم و کوته بوَد بام
شبانان آن‌قدر پرسند و پویند
که تا گمگشته‌ای را بازجویند
من از تدبیر و رای خانمان‌سوز
در آغل‌ها بسی شب کرده‌ام روز
چه غم گر شد مرا هنگام مردن
پس از صد گوسفند و برّه خوردن
مرا چنگال، روزی خون بسی ریخت
به گردن‌ها و شریان‌ها درآویخت
به عمری شد ز خون‌آشامی‌ام رنگ
به طرف مَرغزاران، سبزه و سنگ
بسی گوساله را پهلو فشردم
بسی بزغاله را از گلّه بردم
اگر صد سال در زنجیر مانم
نخستین روز آزادی، همانم
شبان فارغ از گرگ بداندیش
بوَد فرجام، گرگ گلّهٔ خویش
کنون دیگر نه وقت انتقام است
که کار گلّه و چوپان، تمام است

۱۲۴

پیرمردی مفلس و برگشته‌بخت
روزگاری داشت ناهموار و سخت
هم پسر، هم دخترش بیمار بود
هم بلای فقر و هم تیمار بود
این دوا می‌خواستی، آن یک پزشک
این غذایش آه بودی، آن سرشک
این عسل می‌خواست، آن یک شوربا
این لحافش پاره بود، آن یک قبا

روزها می‌رفت بر بازار و کوی — نان طلب می‌کرد و می‌برد آبروی
دست بر هر خودپرستی می‌گشود — تا پشیزی بر پشیزی می‌فزود
هر امیری را روان می‌شد ز پی — تا مگر پیراهنی بخشد به وی
شب به سوی خانه می‌آمد زبون — قالب از نیرو تهی، دل پر ز خون
روز، سائل بود و شب بیماردار — روز از مردم، شب از خود شرمسار
صبحگاهی رفت و از اهل کرم — کس ندادش نه پشیز و نه درم
از دری می‌رفت حیران بر دری — رهنورد، امّا نه پایی، نه سری
ناشمرده برزن و کویی نماند — دیگرش پای تکاپویی نماند
درهمی در دست و در دامن نداشت — ساز و برگ خانه برگشتن نداشت
رفت سوی آسیا هنگام شام — گندمش بخشید دهقان یک دو جام
زد گره در دامن آن گندم، فقیر — شد روان و گفت کای حیّ قدیر
گر تو پیش آری به فضل خویش دست — برگشایی هر گره کایّام بست
چون کنم، یارب، در این فصل شتا؟ — من علیل و کودکانم ناشتا
می‌خرید این گندم اَر یک جای کس — هم عسل زآن می‌خریدم، هم عدس
آن عدس، در شوربا می‌ریختم — وآن عسل با آب می‌آمیختم
درد اگر باشد یکی، دارو یکی‌ست — جان فدای آن که درد او یکی‌ست
بس گره بگشوده‌ای از هر قبیل — این گره را نیز بگشا، ای جلیل
این دعا می‌کرد و می‌پیمود راه — ناگه افتادش به پیش پا نگاه
دید گفتارش فساد انگیخته — وآن گره بگشوده، گندم ریخته

بانگ برزد، کای خدای دادگر　　چون تو دانایی نمی‌داند مگر؟

سال‌ها نرد خدایی باختی　　این گره را زآن گره نشناختی؟

این چه کار است، ای خدای شهر و ده؟　　فرق‌ها بود این گره را زآن گره

چون نمی‌بیند، چو تو بیننده‌ای　　کاین گره را برگشاید، بنده‌ای

تا که بر دست تو دادم کار را　　ناشتا بگذاشتی بیمار را

هرچه در غربال دیدی، بیختی　　هم عسل، هم شوربا را ریختی

من تو را کی گفتم، ای یار عزیز　　کاین گره بگشای و گندم را بریز؟

ابلهی کردم که گفتم ای خدای　　گر توانی این گره را برگشای

آن گره را چون نیارستی گشود　　این گره بگشودنت، دیگر چه بود؟

من خداوندی ندیدمْ زین نَمَط　　یک گره بگشودی و آن هم غلط

الغرض، برگشت مسکین دردناک　　تا مگر برچیند آن گندم ز خاک

چون برای جستجو خم کرد سر　　دید افتاده یکی همیان زر

سجده کرد و گفت کای رَبّ ودود　　من چه دانستم تو را حکمت چه بود

هر بلایی کز تو آید، رحمتی‌ست　　هرکه را فقری دهی، آن دولتی‌ست

تو بسی ز اندیشه برتر بوده‌ای　　هرچه فرمان است، خود فرموده‌ای

زآن به تاریکی گذاری بنده را　　تا ببینند آن رخ تابنده را

تیشه زآن بر هر رگ و بندم زنند　　تا که با لطف تو پیوندم زنند

گر کسی را از تو دردی شد نصیب　　هم سرانجامش تو گردیدی طبیب

هرکه مسکین و پریشان تو بود　　خود نمی‌دانست و مهمان تو بود

رزق زآن معنی ندادندم خسان /// تا تو را دانم پناه بی‌کسان
ناتوانی زآن دهی بر تندرست /// تا بداند کآنچه دارد زآن توست
زآن به درها بردی این درویش را /// تا که بشناسد خدای خویش را
اندرین پستی، قضایم زآن فکند /// تا تو را جویم، تو را خوانم بلند
من به مردم داشتم روی نیاز /// گرچه روز و شب در حق بود باز
من بسی دیدم خداوندان مال /// تو کریمی، ای خدای ذوالجلال
بر در دونان، چو افتادم ز پای /// هم تو دستم را گرفتی، ای خدای
گندمم را ریختی تا زر دهی /// رشته‌ام بردی که تا گوهر دهی
در تو، پروین، نیست فکر و عقل و هوش /// ورنه دیگ حق نمی‌افتد ز جوش

۱۲۵

باغبانی قطره‌ای بر برگ گل /// دید و گفت این چهره جای اشک نیست
گفت من خندیده‌ام تا زاده‌ام /// دوش بر خندیدنم بلبل گریست
من همی‌خندم به رسم روزگار /// کاین چه ناهمواری و ناراستی‌ست
خندهٔ ما را حکایت روشن است /// گریهٔ بلبل ندانستم ز چیست
لحظه‌ای خوش بوده‌ایم و رفته‌ایم /// آن که عمر جاودانی داشت، کیست؟
من اگر یک روزه، تو صد ساله‌ای /// رفتنی هستیم، گر یک یا دویست
درس عبرت خوانَد از اوراق من /// هرکه سوی من، به فکرت بنگریست
خرّمم با آنکه خارم همسر است /// آشنا شد با حوادث، هرکه زیست

نیست گل را فرصت بیم و امید　　زآنکه هست امروز و دیگر روز نیست

۱۲۶

به گربه گفت ز راه عتاب، شیر ژیان　　ندیده‌ام چو تو هیچ آفریده، سرگردان
خیال پستی و دزدی، تو را برد همه روز　　به سوی مطبخ شه یا به کلبهٔ دهقان
گهی ز کاسهٔ بیچارگان بَری گیپا　　گهی ز سفرهٔ درماندگان، ربایی نان
ز تُرکتازی تو مانده بیوه‌زن ناهار　　ز حیله‌سازی تو گشته مطبخی نالان
چرا زنی ره خلق، ای سیه‌دل، از پی هیچ؟　　چه پرکنی شکم، ای خودپرست، چون انبان؟
برای خوردن کشک از چه کوزه می‌شکنی؟　　قضا به پیرزن آن را فروخته‌ست گران
به زخم قلب فقیران، چه کس نهد مرهم؟　　وگر برند خسارت، چه کس دهد تاوان؟
مکن سیاه، سر و گوش و دم ز تابه و دیگ　　سیاهی سر و گوش از سیه‌دلی‌ست نشان
نه ماست مانده ز آزت به خانهٔ زارع　　نه شیر مانده ز جورت به کاسهٔ چوپان
گهت ز گوش چکانند خون و گاه از دم　　شبی ز سگ رسدت فتنه، روزی از دربان
تو از چه ملعبهٔ دست کودکان شده‌ای؟　　به چشم من نشود هیچکس ز بیم، عنان
بیا به بیشه و آزاد زندگانی کن　　برای خوردن و خوش زیستن، مکش وجدان
شکارگاه، بسی هست و صید خفته بسی　　به شرط آنکه کنی تیز، پنجه و دندان
مرا فریب نداده‌ست، هیچ شب گردون　　مرا زبون ننموده‌ست، هیچ روز انسان
مرا دلیری و کارآگهی، بزرگی داد　　به رای پیر، توانیم داشت بخت جوان
زمانه‌ام نفکنده‌ست هیچگاه به دام　　نشانه‌ام ننموده‌ست هیچ تیر و کمان

چو راه بینی و رهرو، تو نیز پیش‌تر آی
چو هست‌گوی سعادت، تو هم‌بزن‌چوگان

شنید گربه نصیحت ز شیر و کرد سفر
نمود در دل غاری تهی و تیره، مکان

گهی چو شیر بغرّید و بر زمین زد دم
برای تجربه، گاهی به گوش داد تکان

به خویش گفت، کنون کز نژاد شیرانم
نه شهر، وادی و صحرا بود مرا شایان

برون جَهَم ز کمینگاه وقت حمله، چنین
فروبرم به تن خصم، چنگ تیز چنان

نبود آگهی‌ام پیش از این که من چه کسم
به وقت کار، توان کرد این خطا جبران

چو شد ز رنگ شب آن دشتِ هولناک سیاه
نمود وحشت و اندیشه، گربه را ترسان

تنش به لرزه فتاد از صدای گرگ و شغال
دلش چو مرغ تپید از خزیدن ثعبان

گهی درخت درافتاد و گاه سنگ شکست
ز تندباد حوادث، ز فتنهٔ طوفان

زبیم، چشم زحل، خون ناب ریخت به خاک
چو شاخ بید بلرزید زهرهٔ رخشان

درِ تنور نهادند و شمع مطبخ مُرد
طلوع کرد مه و ماند در فلک حیران

شبان چو خفت، برآمد به بام آغل گرگ
چنین زنند ره خفتگان شب، دزدان

گذشت قافله‌ای، کرد ناله‌ای جرسی
به دست راهزنی، گشت رهروی عریان

شغال پیر، به امید خوردن انگور
بجست بر سر دیوار کوته بستان

خزید گربهٔ دهقان به پشت خیک پنیر
زدند تا که در انبار، موشکان جولان

ز کنج مطبخ تاریک، خاست غوغایی
مگر که روبهکی برد، مرغکی بریان

پلنگ گرسنه آمد ز کوهسار به زیر
به سوی غار شد اندر هوای طعمه، روان

شنید گربهٔ مسکین صدای پا و ز بیم
ز جای جست که بگریزد و شود پنهان

ز فرط خوف، فراموش کرد گفتهٔ خویش
که کار باید و نیرو، نه دعوی و عنوان

نه ره شناخت، نه‌اش پای رفتن ماند — نه چشم داشت فروغ و نه پنجه داشت توان
نمود آرزوی شهر و در امید فرار — دمی به روزنهٔ سقف غار شد نگران
گذشت گربگی و روزگار شیری شد — ولیک شیر شدن، گربه را نبود آسان
به ناگهان ز کمینگاه خویش، جست پلنگ — به ران گربه فروبرد چنگ خون‌افشان
به زیر پنجهٔ صیّاد، صید نالان گفت — بدین طریق بمیرند مردم نادان
به شهر، گربه و در کوهسار شیر شدم — خیال بیهُده بین، باختم درین ره جان
ز خودپرستی و آزَم چنین شد آخر، کار — بنای سست بریزد، چو سخت شد باران
گرفتم آنکه به صورت به شیر می‌مانم — ندارم آن دل و نیرو، همین بَسَم نقصان
بلندشاخه، به دست بلند میوه دهد — چرا که با نظر پست، برتری نتوان
حدیث نور تجلّی، به نزد شمع مگوی — نه هرکه داشت عصا، بود موسی عمران
بدان خیال که قصری بنا کنی روزی — به تیشه، کلبهٔ آباد خود مکن ویران
چراغ فکر دهد چشم عقل را پرتو — طبیب عقل کند درد آز را درمان
ببین ز دست چه کار آیدت، همان می‌کن — مباش همچو دهل، خودنما و هیچ‌میان
بِهِل که کان هوی را نیافت کس گوهر — مرو که راه هوس را نیافت کس پایان
چگونه رام کنی توسن حوادث را؟ — تو خویش را نتوانی نگاه‌داشت عنان
مَنِه گرت بصری هست، پای در آتش — مزن گرت خردی هست، مشت بر سندان

۱۲۷

بلبلی گفت سحر با گل سرخ — کاین‌همه خار به گرد تو چراست؟

گل خوش‌بوی و نکویی چو تو را
همنشین بودن با خار، خطاست

هرکه پیوند تو جوید، خوار است
هرکه نزدیک تو آید، رسواست

حاجب قصر تو هر روز خسی‌ست
به سر کوی تو هر شب غوغاست

ما تو را سیر ندیدیم دمی
خار دیدیم همی از چپ و راست

عاشقان در همه‌جا ننشینند
خلوت انس و وثاق تو کجاست؟

خار، گاهم سر و گه پای بخست
همنشین تو عجب بی‌سر و پاست!

گل سرخی و نپرسی که چرا
خار در مهد تو در نشو و نماست؟

گفت زیبایی گل را مَستای
زآنکه یک ره خوش و یک دم زیباست

آن خوشی کز تو گریزد، چه خوشی‌ست؟
آن صفایی که نماند، چه صفاست؟

ناگریز است گل از صحبت خار
چمن و باغ، به فرمان قضاست

ما شکفتیم که پژمرده شویم
گل سرخی که دو شب ماند، گیاست

عاقبت، خوارتر از خار شود
این گل تازه که محبوب شماست

رو، گلی جوی که همواره خوش است
باغ تحقیق ازین باغ جداست

این چنین خواستهٔ بی‌غش را
ز دکان دگری باید خواست

ما چو رفتیم، گل دیگر هست
ذات حق، بی‌خلل و بی‌همتاست

همه را کشتی نسیان، کشتی‌ست
همه را راه به دریای فناست

چه توان داشت جز این، چشم ز دهر؟
چه توان کرد؟ فلک بی‌پرواست

ز ترازوی قضا، شکوه مکن
که ز وزن همه‌کس، خواهد کاست

ره آن پوی که پیدایش ازوست
لیک با این‌همه، خود ناپیداست

نتوان گفت که خار، از چه دمید؟ — خار را نیز درین باغ، بهاست
چرخ با هرکه نشاندَت، بنشین — هرچه را خواجه روا دید، رواست
بنده، شایستهٔ تنهایی نیست — حق تعالی و تقدّس، تنهاست
گهر معدن مقصود، یکی‌ست — وآنچه برجاست، شَبَه یا میناست
خلوتی خواه کز اغیار تهی‌ست — دولتی جوی که بی‌چون و چراست
هر گلی علت و عیبی دارد — گل بی‌علت و بی‌عیب، خداست

۱۲۸

صبحدم، صاحبدلی در گلشنی — شد روان بهر نظاره کردنی
دید گل‌های سپید و سرخ و زرد — یاسمین و خیری و ریحان و ورد
بر لب جوها، دمیده لاله‌ها — بر گل و سوسن، چکیده ژاله‌ها
هر تنی، روشن‌تر از جانی شده — هر گل سرخی، گلستانی شده
برگ گل، شاداب و شبنم تابناک — هر دو از آلایش پندار، پاک
گویی آن صاحب‌نظر، رایی نداشت — فکرت و شوق تماشایی نداشت
نه سوی زیبارُخی می‌کرد روی — نه گلی، نه غنچه‌ای می‌کرد بوی
هر طرف گل بود آنجا وقتِ گشت — جمله را می‌دید امّا می‌گذشت
در صف گل‌ها بدید او ناگهان — که گل پژمرده‌ای گشته نهان
دور افتاده ز بزم یارها — خوی کرده با جفای خارها
یک نفس بشکفته، یک دم زیسته — صبحدم، شبنم بر او بگریسته

رونقش بشکسته چرخ کوژپشت
زشت گشته، بر نکویان کرده پشت

الغرض، صاحب‌دل روشن‌روان
آن گل پژمرده چید و شد روان

جمله خندیدند گل‌های دگر
که نبودی عارف و صاحب‌نظر

زین همه زیبایی و جلوه‌گری
یک گل پژمرده با خود می‌بری؟

این معمّا را ندانستیم چیست
و اینکه بر ما برتری دادیش کیست؟

گفت، گل در بوستان بسیار بود
لیک، ما را نکته‌ای در کار بود

ما از آن معنیش چیدیم، ای فتی
که نچینند کس، گل پژمرده را

کردم این افتاده زآن ره جستجوی
که بگردانند از افتاده، روی

زآن ببردیم این گل بی‌آب و رنگ
که زمانه عرصه بر وی کرد تنگ

وقت این گل می‌رود حالی ز دست
دیگران را تا شبانگه وقت هست

من به بوییدنش، زآن کردم هوس
کاین چنین گل را نبوید هیچکس

دی شکفت از گلبن و امروز شد
ای عجب، امروزها دیروز شد

عمر، چون اوراق بی‌شیرازه بود
این گل پژمرده، دیشب تازه بود

چون خریداران، گرفتیمش به دست
زآنکه چرخ پیر، بازارش شکست

چون که گل‌های دگر زیباترند
هم نظربازان بر آنان بگذرند

خلق را باشد هوای رنگ و بو
کس نپرسد، کان گل پژمرده کو

۱۲۹

نهفت چهره گلی زیر برگ و بلبل گفت
مپوش روی، به روی تو شادمان شده‌ایم

مسوز ز آتش هجران، هزاردستان را   به کوی عشق تو عمری‌ست داستان شده‌ایم
جواب داد، کزین گوشه‌گیری و پرهیز   عجب مدار که از چشم بد نهان شده‌ایم
ز دستبرد حوادث، وجود ایمن نیست   نشسته‌ایم و بر این گنج، پاسبان شده‌ایم
تو گریه می‌کنی و خنده می‌کند گلزار   ازین گریستن و خنده، بدگمان شده‌ایم
مجال بستن عهدی به ما نداد سپهر   سحر، شکفته و هنگام شب خزان شده‌ایم
مباش فتنهٔ زیبایی و لطافت ما   چرا که نامزد باد مهرگان شده‌ایم
نسیم صبحگهی تا نقاب ما بدرید   برای شکوهِ ز گیتی، همه دهان شده‌ایم
بکاست آن که سبکسار شد، ز قیمت خویش   ازین معامله ترسیده و گران شده‌ایم
دو روزه بود، هوسرانی نظربازان   همین بس است که منظور باغبان شده‌ایم

۱۳۰

به طرف گلشنی، در نوبهاری   گلی خودرو، دمید از جوکناری
درخشنده چو اندر دُرج، گوهر   فروزنده چو بر افلاک، اختر
بدو گل گفت، کای شوخ سبکسار   به جوی و جر، گل خودروست بسیار
تو در هر جا که بنشینی، گیاهی   به هر راهی که رویی، خار راهی
در اینجا، نکته‌دانان بی‌شمارند   شما را در شمار ما نیارند
به سوی چون تویی، خوبان نبینند   وگر روزی ببینندت، نچینند
شود گر باغبان، آگاه ازین کار   کند کار تو را ایّام، دشوار
شرار کیفرت، دامن بگیرد   وبال هستی‌ات، گردن بگیرد

ز گلشن برکَنندت، خواه ناخواه　　کُنندت پایمال، اندر گذرگاه
بدین بی‌رنگی و پستی و زشتی　　چرا اندر ردیف ما نشستی
بگفتا نام هرکس در شماری‌ست　　مرا نیز اندرین ملک، اعتباری‌ست
کسی کاین نقش بر گل می‌نگارد　　حساب خار و خس را نیز دارد
تو را گر باغبانی بود چالاک　　مرا هم باغبانی کرد افلاک
تو را گر کرد استاد آبیاری　　مرا هم آب داد ابر بهاری
شما را گرچه رونق بیشتر بود　　سوی ما نیز گردون را نظر بود
چه ترسانی ز آسیب شرارم؟　　چه کردم تا بسوزد روزگارم؟
چه بوده‌ستیم جز خواب و خیالی؟　　که گیرد گردن ما را وبالی
مرا در باغ، محکم ریشه‌ای نیست　　ز داس و تیشه‌ام، اندیشه‌ای نیست
به گامی می‌توان بنیاد ما کَند　　بهی می‌توان از هم پراکند
جمال هر گلی، در جلوه و بوست　　چه فرق، ار نوگلی پاکیزه، خودروست؟
چه دانستی که ما را رنگ و بو نیست؟　　که می‌گوید گل خودرو، نکو نیست؟
دمیدم تا بدانیدم که هستم　　فتادم تا نگویی خودپرستم
مپنداری که کار دهر، بازی‌ست　　مرا این اوفتادن، سرفرازی‌ست
به هر مهدم که خواباندند، خفتم　　ز هر مرزی که گفتندم، شکفتم
نشستم تا رُخَم شبنم بشوید　　نسیم صبحگاهانم ببوید
درین بی‌رنگ و بویی، رنگ و بوهاست　　درین دفتر، ز خلقت گفتگوهاست
سزد گر سرو و گل بر ما بخندند　　که ما افتاده‌ایم، ایشان بلندند

به یاد من، کسی تخمی نیفشاند / کشاورز سپهرم با تو بنشاند
مرا با گل، خیال همسری نیست / هوای نخوت و نام‌آوری نیست
اگرچه گلشن ما، دشت و صحراست / ز هرجا رسته‌ایم، آنجا مصفّاست
ز من، زین بیش، کس خوبی نخواهد / گل خودرو ز قدر گل نکاهد
گرفتم جلوه و رنگی و تابی / ز بارانی و باد و آفتابی
گلی زیبا شدم در باغ ایّام / چه می‌دانم، چه خواهم شد سرانجام

۱۳۱

گل سرخ، روزی ز گرما فسرد / فروزنده خورشید، رنگش ببرد
در آن دم که پژمرد و بیمار گشت / یکی ابر خرد، از سرش می‌گذشت
چو گل دید آن ابر را رهسپار / برآورد فریاد و شد بی‌قرار
که ای روح بخشنده، لختی درنگ / مرا برد بی‌آبی از چهر، رنگ
مرا بود دشمن، فروزنده مهر / وگرنه چرا کاست رنگم ز چهر
همه زیورم را به یک بار برد / به جورم ز دامان گلزار برد
همان جامه‌ای را که دیروز دوخت / در آتش درافکند امروز و سوخت
چرا رشتهٔ هستی‌ام را گسست / چرا ساقه‌ام را ز گلبن شکست
گسست و ندانست این رشته چیست / بکُشت و نپرسید این کشته کیست
جهان بود خوشبوی از بوی من / گلستان همه روشن از روی من
مرا دوش، مهتاب بویید و رفت / فرشته، سحرگاه بوسید و رفت

صبا همچو طفلم در آغوش کرد ز ژاله، مرا گوهرِ گوش کرد
همان بلبل، آن دوستدار عزیز که بودش به دامان من، خفت‌وخیز
چو محبوب خود را سیه‌روز دید ز گلشن به یکبارگی پا کشید
مرا بود دِیهیم سرخی به سر ز پیرایهٔ صبح، پاکیزه‌تر
بدین‌گونه چون تیره شد بخت من ربودند آرایش تخت من
نمی‌سوختم گر، ز گرما و رنج نمی‌دادم، ای دوست، از دست گنج
مرا روح‌بخش چمن بود نام ندیده خوشی، فرصتم شد تمام
گَرَم پرتو و رنگ، بر جای بود مرا چهره‌ای بس دلارای بود
چو تاجم، عروسان به سر می‌زدند چو پیرایه‌ام، بر کمر می‌زدند
به یکباره از دوستداران من زمانه تهی کرد این انجمن
ازآن راهم، امروز کس دوست نیست که کاهیده شد مغز و جز پوست نیست
چو برتافت روی از تو، چرخ دَنی همه دوستی‌ها شود دشمنی
توانا تویی، قطره‌ای جود کن مرا نیز شاداب و خشنود کن
که تا بار دیگر، جوانی کنم ز غم وارَهَم، شادمانی کنم
بدو گفت ابر، ای خداوند ناز بکن کوته این داستان دراز
همین لحظه بازآیم از مَرغزار نثارت کنم لؤلؤ شاهوار
گر این یک نفس را شکیبا شوی دگرباره شاداب و زیبا شوی
دهم گوشوارت ز دُرّ خوشاب روان سازم از هر طرف، جوی آب
بگیرد خوشی، جای پژمردگی نه اندیشه ماند، نه افسردگی

کنم خاطرت را ز تشویش، پاک	فروشویم از چهر زیبات خاک
ز من هر نمی، چشمهٔ زندگی‌ست	سیاهیم بهر فروزندگی‌ست
نشاط جوانی ز سر بخشمت	صفا و فروغ دگر بخشمت
شود بلبل آگاه زین داستان	دگر ره، نهد سر بر این آستان
در اقلیم خود، باز شاهی کنی	به جلوه‌گری، هرچه خواهی کنی
بدین‌گونه چون داد پند و نوید	شد از صفحهٔ بوستان ناپدید
همی‌تافت بر گل خور تابناک	نشانیدش آخر به دامان خاک
سیه گشت آن چهره از آفتاب	نه شبنم رسید و نه یک قطره آب
چنانش سر و ساق، در هم فشرد	که یکباره بشکست و افتاد و مُرد
ز رخساره‌اش رونق و رنگ رفت	به گیتی بخندید و دلتنگ رفت
ره و رسم گردون، دل‌آزردن است	شکفته شدن، بهر پژمردن است
چو بازآمد آن ابر گوهرفشان	ازآن گمشده، جُست نام و نشان
شکسته گلی دید بی‌رنگ و بوی	همه انتظار و همه آرزوی
همی‌شست رویش، به روشن سرشک	چه دارو دهد مردگان را پزشک؟
بسی ریخت در کام آن تشنه آب	بسی قصّه گفت و نیامد جواب
نخندید زآن گریهٔ زارزار	نیاویخت از گوش، آن گوشوار
ننوشید یک قطره زآن آب پاک	نگشت آن تن سوخته، تابناک
ز امّیدها جز خیالی نماند	ز اندیشه‌ها جز ملالی نماند
چو اندر سبوی تو باقی‌ست آب	به شکرانه از تشنگان رخ متاب

به آزردگـــان، مـومـیـایی فرسـت　　　گـه تـیـرگـی، روشـنـایـی فـرسـت
چـو رنـجـور بـیـنی، دوایـیـش ده　　　چـو بـی‌توشـه یـابـی، نـوایـیـش ده
همیشه تـو را تـوش ایـن راه نیست　　　بـرو تـا کـه تـاریـک و بـی‌گـاه نیست

۱۳۲

در باغ، وقت صبح چنین گفت گل به خار　　　کز خویش، هیچ نایدت ای زشت‌روی عار
گلزار، خانهٔ گل و ریحان و سوسن است　　　آن بِه که خار، جای گزیند به شوره‌زار
پژمرده‌خاطر است و سرافکنده و نژند　　　در باغ هرکه را نبوَد رنگ و بو و بار
با من تو را چه دعوی مهر است و همسری　　　ناچیزی تـواَم، همه‌جا کرد شرمسار
در صحبت تو، پاک مرا تار و پود سوخت　　　شاد آن گلی که خار و خسش نیست در جوار
گه دست می‌خراشی و گه جامه می‌دری　　　با چون تویی، چگونه توان بود سازگار؟
پاکی و تاب چهرهٔ من، در تو نیست هیچ　　　بـا آنکه بـاغـبـان مَـنَـت بـوده آبـیـار
شبنم، همارە بر ورقم بوسه می‌زند　　　ابرم به سر، همیشه گهر می‌کند نثار
در زیر پا نهند تو را رهروان ولیک　　　ما را به سر زنند، عروسان گل‌عذار
دل گر نمی‌گدازی و نیش ار نمی‌زنی　　　بی‌موجبی، چرا ز تو هرکس کند فرار؟
خندید خار و گفت، تو سختی ندیده‌ای　　　آری، هر آن که روز سیه دید، شد نَزار
ما را فکنده‌اند، نه خویش اوفتاده‌ایم　　　گر عاقلی، مخند به افـتـاده، زینهار
گردون، به سوی گوشه‌نشینان نظر نکرد　　　بیهوده بـود زحـمـت امّـیـد و انتظار
یک روز آرزو و هـوس بی‌شمار بود　　　دردا، مـرا زمـانـه نـیـاورد در شمار

با آنکه هیچ کار نمی‌آیدم ز دست
بس روزها که با مَنَت افتاده است کار

از خود نبودت آگهی، از ضعف کودکی
آن ساعتی که چهره گشودی، عروس‌وار

تا دَرزی بهار، برای تو جامه دوخت
بس جامه‌را گسیختم، ای دوست، پود و تار

هنگام خفتنِ تو، نخفتم برای آنک
گلچین بسی نهفته درین سبزه مَرغزار

از پاسبان خویشتننت، عار بهر چیست؟
نشنیده‌ای حکایت گنج و حدیث مار؟

آن کاو تو را فروغ و صفا و جمال داد
در حیرتم که از چه مرا کرد خاکسار؟

بی‌رونقیم و بی‌خود و ناچیز، زآن سبب
از ما دریغ داشت خوشی، دور روزگار

ما را غمی ز فتنهٔ باد سَموم نیست
درپیش خار و خس چه زمستان، چه نوبهار

با جور و طعن خارکن و تیشه ساختن
بهتر ز رنج طعنه شنیدن، هزار بار

این سست‌مهر دایه، درین گاهوار تنگ
از بهر راحت تو مرا داده بس فشار

آیین کینه‌توزی گیتی، کهن نشد
پرورد گر یکی، دگری را بکشت زار

ما را به سر فکند و تو را برفراشت سر
ما را فشرد گوش و تو را داد گوشوار

آن پرتوی که چهر تو را جلوه‌گر نمود
تا نزد ما رسید، به ناگاه شد شرار

مَشّاطهٔ سپهر نیاراست روی من
با من مگوی، کزچه مرا نیست خواستار

خواری سزای خار و خوشی درخور گل است
از تاب خویش و خیرگی من، عجب مدار

شادابی تو، دولت یک هفته بیش نیست
بر عهد چرخ و وعدهٔ گیتی، چه اعتبار؟

آنان کزین کبود قدح، باده می‌دهند
خودخواه را بسی نگذارند هوشیار

گر خار یا گُلیم، سرانجام نیستی‌ست
در باغ دهر، هیچ گلی نیست پایدار

گلبن، بسی فتاده ز سیل قضا به خاک
گلبرگ، بس شده‌ست ز باد خزان غبار

بس گل شکفت صبحدم و شامگه فسرد	ترسم، تو نیز دیر نمانی به شاخسار
خلق زمانه با تو به روز خوشی خوش‌اند	تا رنگ باختی، فکنندت به رهگذار
روزی که هیچ نام و نشانی نداشتی	جز من، تو را که بود هواخواه و دوستدار؟
پروین، ستم نمی‌کند ار باغبان دهر	گل را چراست عزّت و خار از چه روست خوار؟

۱۳۳

صبحدم، تازه‌گلی خودبین گفت	کز چه خاک سیَهَم در پهلوست؟
خاک خندید که منظوری هست	خیره با هم ننشستیم، ای دوست
مقصدِ این رهِ ناپیدا را	ز کسی پرس که پیدایش ازوست
همه از دولت خاک سیه است	که چمن خرّم و گلشن خوش‌بوست
همه طفلان دبستان من‌اند	هر گل و سبزه که اندر لب جوست
پوستین بودمت ایّام شتا	چو شدی مغز، رها کردی پوست
جز تواضع نبوَد رسم و رَهَم	گرچه گلزار ز من چون مینوست
نکنم پیروی عُجب و هوی	زآنکه افتادگی‌ام خصلت و خوست
تو به دلجویی خود مغروری	نشنیدی که فلک، عربده‌جوست
من اگر تیره و گر ناچیزم	هرچه را خواجه پسندد، نیکوست
گل بی‌خاک نخواهد رویید	خاک، هر سوی بُوَد، گل زآن سوست
خِلقت از بهر تنی تنها نیست	چشم گر چشم شد، اَبرو اَبروست
همگی خاک شویم آخرِ کار	همچو آن خاک که در برزن و کوست

برگِ گل یا بَرِ گل‌رخساری‌ست / خاک و خِشتی که به بُرج و باروست
تکیه بر دوستی دهر مکن / که گهی دوست، دگر گاه عدوست
مشو ایمن که گل صد برگم / که تو صد برگی و گیتی صد روست
گرچه گِرد است به دیدن گردو / نه هر آن گرد که دیدی، گردوست
گوی چوگان فلک شد سر ما / زآنکه چوگان فلک، اینش گوست
همه ناگاه گلوگیر شوند / همه را لقمهٔ گیتی به گلوست
کشتی بحر قضا تسلیم است / اندرین بحر، نه کشتی، نه کروست
کوش تا جامهٔ فرصت ندری / درزی دهر، نه آگه ز رفوست
تا تو آبی به تکلّف بخوری / نه سبویی و نه آبی به سبوست
غافل از خویش مشو، یک سرِ موی / عمر، آویخته از یک سرِ موست

۱۳۴

گلی، خندید در باغی سحرگاه / که کس را نیست چون من عمر کوتاه
ندادند ایمنی از دستبردم / شکفتم روز و وقت شب فسردم
ندیدندم به جز برگ و گیا، روی / نکردندم به جز صبح و صبا، بوی
در آغوش چمن، یک دم نشستم / زمان دل‌ربایی، دیده بستم
ز چهرَم برد گرما، رونق و تاب / نکرده جلوه، رنگم شد چو مهتاب
نه صحبت داشتم با آشنایی / نه بلبل در وثاقم زد صلایی
اگر دارای سود و مایه بودم / عروس عشق را پیرایه بودم

اگر بر چهره‌ام تابی فزودند
بدین تردستی از دستم ربودند

ز من، فردا دگر نام و نشان نیست
حساب رنگ و بویی، در میان نیست

کسی کاو تکیه بر عهد جهان کرد
درین سوداگری، چون من زیان کرد

فروزان شبنمی کرد این سخن گوش
بخندید و ببوسیدش بناگوش

بگفت، ای بی‌خبر، ما رهگذاریم
بر این دیوار، نقشی می‌نگاریم

من آگه بودم از پایان این کار
تو را آگاه کردن بود دشوار

ندانستی که در مهد گلستان
سحر خندید گل، شب گشت پژمان؟

تو ماندی یک شبی شاداب و خرّم
نمی‌ماند به‌جز یک لحظه شبنم

چه خوش بود ار صفای ژاله می‌ماند
جمال یاسمین و لاله می‌ماند

جهان، یغماگر بس آب و رنگ است
مراهم‌چون‌تووقت، ای‌دوست، تنگ‌است

من از افتادن خود، خنده کردم
رخ گلبرگ را تابنده کردم

چو اشک از چشم گردون اوفتادم
به رخسار خوش گل، بوسه دادم

به گل، زین بیشتر زیور چه بخشد؟
به شبنم، کار ازین بهتر چه بخشد؟

اگرچه عمر کوتاهم، دمی بود
خوشم کاین قطره، روزی شبنمی بود

چو بر برگ گلی، یک دم نشستم
ز گیتی خوش‌دلم، هرجا که هستم

اگرچه سوی من، کس را نظر نیست
کسی را، خوبی از من بیشتر نیست

نرنجیدم ز سیر چرخ گردان
درونم پاک بود و روی، رخشان

چو گفتندم بیارام، آرمیدم
چو فرمودند پنهان شو، پریدم

درخشیدم چو نور اندر سیاهی
برفتم با نسیم صبحگاهی

نه خندیدم به بازی‌های تقدیر / نه دانستم چه بود این رمز و تفسیر
اگرچه یک نفس بودیم و مُردیم / چه باک، آن یک نفس را غم نخوردیم
به ما دادند کالای وجودی / که برداریم ازین سرمایه سودی

۱۳۵

گفت گرگی با سگی، دور از رمه / که سگان خویشاند با گرگان، همه
از چه گشتستیم ما از هم بَری؟ / خوی کردستیم با خیره‌سری
از چه معنی، خویشی ما ننگ شد / کار ما تزویر و ریو و رنگ شد؟
نگذری تو هیچگاه از کوی ما / ننگری جز خشمگین، بر روی ما
اوّلین فرض است خویشاوند را / که بجوید گمشده پیوند را
هفته‌ها، خون خوردم از زخم گلو / نه عیادت کردی و نه جستجو
ماه‌ها نالیدم از تب، زارزار / هیچ دانستی چه بود آن روزگار؟
بارها از پیری افتادم ز پا / هیچ از دستم گرفتی، ای فتی؟
روزها صیّاد، ناهارم گذاشت / هیچ پرسیدی چه خوردم شام و چاشت؟
این چه رفتار است، ای یار قدیم؟ / تو ظنین از ما و ما در رنج و بیم
از پی یک برّه، از شب تا سحر / بس دوانیدی مرا در جوی و جر
از برای دنبهٔ یک گوسفند / بارها ما را رسانیدی گزند
آفت گرگان شدی در شهر و ده / غیر، صد راه از تو خویشاوند بِه
گفت این خویشان وبال گردن‌اند / دشمنان دوست، ما را دشمن‌اند

گر ز خویشان تو خوانم خویش را   کشته باشم هم بز و هم میش را
ما سگ مسکین بازاری نهایم   کاهل از سستی و بیکاری نهایم
ما بکندیم از خیانتکار، پوست   خواه دشمن بود خائن، خواه دوست
با سخن، خود را نمی‌بایست باخت   خلق را از کارشان باید شناخت
غیر، تا همراه و خیراندیش توست   صد ره ار بیگانه باشد، خویش توست
خویشِ بدخواهی که غیر از بد نخواست   از تو بیگانه‌ست، پس خویشی کجاست؟
رو که این خویشی نمی‌آید به کار   گلّه از ده رفت، ما را واگذار

۱۳۶

نهاد کودک خردی به سر، ز گل تاجی   به خنده گفت، شهان را چنین کلاهی نیست
چو سرخ جامهٔ من، هیچ طفل جامه نداشت   بسی مقایسه کردیم و اشتباهی نیست
خلیقه گفت که استاد، یافت بهبودی   نشاط بازی ما، بیشتر ز ماهی نیست
ز سنگ‌ریزه، جواهر بسی به تاج زدم   هزار حیف که تختی و بارگاهی نیست
بر او گذشت حکیمی و گفت، کای فرزند   مبرهن است که مثل تو پادشاهی نیست
هنوز روح تو ز آلایش بدن پاک است   هنوز قلب تو را نیّت تباهی نیست
به غیر نقش خوش کودکی نمی‌بینی   به نقش نیک و بد هستی‌ات، نگاهی نیست
تو را بس است همین برتری که بر درِ تو   بساط ظلمی و فریاد دادخواهی نیست
تو مال خلق خدا را نکرده‌ای تاراج   غذا و آتشت، از خون و اشک و آهی نیست
هنوز گنج تو، ایمن بوَد ز رخنهٔ دیو   هنوز روی و ریا را سوی تو، راهی نیست

کسی جواهر تاج تو را نخواهد بُرد
ولیک تاج شهی، گاه هست و گاهی نیست

نه باژبان فسادی، نه وامدار هوی
ز خرمن دگران، با تو پرّ کاهی نیست

نرفته‌ای به دبستان عُجب و خودبینی
به موکبت ز غرور و هوی، سپاهی نیست

تو را فرشته بود رهنمون و شاهان را
به غیر اهرمن نفس، پیر راهی نیست

طلا خدا و طمع مَسلَک و طریقت شر
جز آستانهٔ پندار، سجده‌گاهی نیست

قنات مال یتیم است و باغ، ملک صغیر
تمام حاصل ظلم است، مال و جاهی نیست

شهود محکمهٔ پادشاه، دیوان‌اند
ولی به محضر تو، غیر حق، گواهی نیست

تو در گذرگه خلق خدا نکندی چاه
به رهگذار حیات تو، بیم چاهی نیست

تو نقد عمر گران‌مایه را نباخته‌ای
درین جَریدهٔ نو، صفحهٔ سیاهی نیست

به‌پیش‌پای تو، گر خاک و گر زر است، چه‌فرق؟
به چشم بی‌طمعت، کوه پرّ کاهی نیست

بان‌در آن سفینه که آز و هوی‌ست کشتی
غریق حادثه را ساحل و پناهی نیست

کسی که دایهٔ حرصش به گاهواره نهاد
به خواب رفت و ندانست کانتِباهی نیست

زجدّ و جهد، غرض کیمیای مقصود است
وگرنه بر صفت کیمیا گیاهی نیست

۱۳۷

دزد عیّاری، به فکر دستبرد
گاه ره می‌زد، گهی ره می‌سپرد

در کمین رهنوردان می‌نشست
هم کُلَه می‌برد و هم سر می‌شکست

روز، می‌گردید از کویی به کوی
شب، به سوی خانه‌ها می‌کرد روی

از طمع بودش به دست اندر، کمند
بر همه دیوار و بامش می‌فکند

قفل از صندوق آهن می‌گشود / خفته را پیراهن از تن می‌ربود
یک شبی آن سفلهٔ بی‌ننگ و نام / جَست ناگاه از یکی کوتاه بام
باز در آن راه کج بنهاد پای / رفت با اهریمن ناخوبرای
این چنین رفتن، به چاه افتادن است / سرنگون از پرتگاه افتادن است
اندرین ره، گرگ‌ها حیران شدند / شیرها بی‌ناخن و دندان شدند
نفس یغماگر، چنان یغما کند / که تو را در یک نفس، بی‌پا کند
هرکه شاگرد طمع شد، دزد شد / این چنین مزدور، اینَش مزد شد
شد روان از کوچه‌ای، تاریک و تنگ / تا کند با حیله، دستی چند رنگ
دید اندر ره، دری را نیمه‌باز / شد درون و کرد آن در را فراز
شمع روشن کرد و رفت آهسته پیش / در عجب شد گربه از آهستگیش
خانه‌ای ویران‌تر از ویرانه دید / فقر را در خانه، صاحبخانه دید
وصل‌ها را جانشین گشته فراق / بهر برد و باخت، نه جفت و نه طاق
قصّه‌ای جز عجز و استیصال نه / نامی از هستی به جز اطلاق نه
در شکسته، حجره و ایوان سیاه / نه چراغ و نه بساط و نه رفاه
پایه و دیوار، از هم ریخته / بام ویران گشته، سقف آویخته
در کناری، رفته درویشی به خواب / شب لحافش سایه و روز آفتاب
برکشیده فوطه‌ای پاره به سر / هم ز دزد و هم ز خانه بی‌خبر
خواب ایمن، لیک بالین، خشت و خاک / روح در تن، لیک از پندار پاک
جسم خاکی بی‌نوا، جان بی‌نیاز / راه دل روشن، درِ تحقیق باز

خاطرش خالی ز چون و چندها   فارغ از آلایش پیوندها
نه سبویی و نه آبی در سبو   این چنین کس از چه می‌ترسد؟ بگو
حرص را در زیر پای افکنده بود   کشتهٔ آزند خلق، او زنده بود
الغرض، آن دزد چون چیزی نیافت   فوطهٔ درویش بگرفت و شتافت
پا به در بنهاد و بر دیوار شد   درفتاد و خفته زآن بیدار شد
مشت‌ها بر سر زد و برداشت بانگ   که نماند از هستی من، نیم دانگ
دزد آمد، خانه‌ام تاراج کرد   تو برآر از جانش، ای خلّاق، گرد
مایه را دزدید و نانم شد فطیر   جای نان، سنگش ده، ای رب قدیر
هرچه عمری گرد کردم، دزد برد   کارگر من بودم و او مزد برد
هیچ شد، هم پرنیان و هم پلاس   مرده بود امشب عسس، هنگام پاس
ای خدا، بردند فرش و بسترم   موزه از پا، بالش از زیر سرم
لعل و مروارید دامن دامنم   سیم از صندوق‌های آهنم
راه من بست، آن سیه‌کار لئیم   راه او بربند، ای حیّ قدیم
ای دریغا طاقهٔ کشمیری‌ام   برگ و ساز روزگار پیری‌ام
ای دریغ آن خرقهٔ خزّ و سمور   که ز من فرسنگ‌ها گردید دور
ای دریغا آن کلاه و پوستین   ای دریغا آن کمربند و نگین
سر بگردید از غم و دل شد تباه   ای خدا با سر دراندازش به چاه
آنچه از من برد، ای حق مُجیب   می‌سِتان از او به دارو و طبیب
دزد شد زآن بوالفضولی خشمگین   بازگشت و فوطه را زد بر زمین

گفت بس کن فتنه، ای زشت عَنود
آنچه بردیم از تو، این یک فوطه بود

تو چه داری غیر ادبار، ای دغل؟
ما چه پنهان کرده‌ایم اندر بغل؟

چند می‌گویی ز جاه و مال و گنج؟
تو نداری هیچ، نه در شش نه پنج

دزدتر هستی تو از من، ای دَنی
رهزن صد ساله را، ره می‌زنی

بس که گفتی، خرقه کو و فرش کو
آبرویم بردی، ای بی‌آبرو

ای دروغ و شرّ و تهمت، دین تو
بر تو برمی‌گردد این نفرین تو

فقر می‌بارد همی زین سقف و بام
نه حلال است اندر اینجا، نه حرام

دزد گردون، پرده برده‌ست از درت
بخت، بنشانده‌ست بر خاکسترت

من چه بردم، زین سرای آه و سوز؟
تو چه داری، ای گدای تیره‌روز؟

گفت در ویرانهٔ دهر سِپَنج
گنج ما این فوطه بود، از مال و گنج

گر که خلقان است، گر بی‌رنگ و رو
ما همین داریم از زشت و نکو

کِشت ما را حاصل، این یک خوشه بود
عالم ما، اندرین یک گوشه بود

هرچه هست، این است در انبان ما
گوی ازین بهتر نَزَد چوگان ما

از قباهایی که اینجا دوختند
غیر ازین، چیزی به ما نفروختند

داده زین یک فوطه ما را، روزگار
هم ضِیاع و هم حُطام و هم عِقار

ساعتی فرش و زمانی بوریاست
شب لحاف است و سحرگاهان رداست

گاه گردد اَبره و گاه آستر
گه ز بام آویزمش، گاهی ز در

پوستینش می‌کنم فصل شتا
سفره‌ام این است، هر صبح و مَسا

روزها، چون جبّه‌اش در بر کنم
شب ز اشکش غرق در گوهر کنم

از برای ما، درین بحر عمیق غیر ازین کشتی ندادند، ای رفیق
هر گهر خواهی، درین یک معدن است خرقه و پاتابه و پیراهن است
ثروت من بود این خلقان، از آن این‌همه بر سر زدم، کردم فغان
در رهِ ما گمرهان بی‌نوا هر زمان، رهٔ می‌زند دزد هوی
گر که نور خویش را افزون کنی تیرگی را از جهان بیرون کنی
کار دیو نفس، دیگرگون شود زین بساط روشنی، بیرون شود
گر سیاهی را کنی با خود شریک هم سیاهی از تو مانَد مرده‌ریگ
کوش کاندر زیر چرخ نیلگون نور تو باشد ز هر ظلمت فزون
آز دزد است و ربودن کار اوست چیره‌دستی، رونق بازار اوست
او نشست آسوده و خفتیم ما او نهفت اندیشه و گفتیم ما
آخر این طوفان، کِروی جان بَرَد آنچه در کیسه است، در دامان بَرَد
آخر، این بی‌باک دزد کهنه‌کار از تو آن دزدد که بیش آید به کار
نفس جان دزدد، نه گاو و گوسفند جز به بام دل، نیندازد کمند
تا نیفتادی درین ظلمت ز پای روشنی خواه از چراغ عقل و رای
آدمی‌خوار است، حرص خودپرست دست او بربند تا دستیت هست
گرگ راه است، این سیه‌دل رهنمای بشکنش سر تا تو را نشکسته پای
هر که با اهریمنان دمساز شد در همه کردارشان انباز شد
این پلنگ آن‌گه بیوبارد تو را که تن خاکی زبون دارد تو را

۱۳۸

آن نشنیدید که یک قطره اشک / صبحدم از چشم یتیمی چکید
برد بسی رنج نشیب و فراز / گاه درافتاد و زمانی دوید
گاه درخشید و گهی تیره ماند / گاه نهان گشت و گهی شد پدید
عاقبت افتاد به دامان خاک / سرخ نگینی به سر راه دید
گفت کهای؟ پیشه و نام تو چیست؟ / گفت مرا با تو چه گفت و شنید؟
من گهر ناب و تو یک قطره آب / من ز ازل پاک، تو پست و پلید
دوست نگردند فقیر و غنی / یار نباشند شَقی و سعید
اشک بخندید که رخ برمتاب / بیسبب از خلق نباید رمید
داد به هر یک، هنر و پرتوی / آن که دُر و گوهر و اشک آفرید
من گهر روشن گنج دلم / فارغم از زحمت قفل و کلید
پردهنشین بودم ازین پیشتر / دور جهان، پرده ز کارم کشید
بُرد مرا باد حوادث نوا / داد تو را، پیک سعادت نوید
من سفر دیده ز دل کردهام / کس نتوانست چنین ره برید
آتش آهیم، چنین آب کرد / آب شنیدید کز آتش جهید
من به نظر قطره، به معنی یَمَم / دیده ز موجم نتواند رهید
همنفسم گشت شبی آرزو / همسفرم بود، صباحی امید
تیرگی ملک تنم، رنجه کرد / رنگم از آن روی، بدینسان پرید
تاب من از تاب تو افزونتر است / گرچه تو سرخی به نظر، من سپید

چهر من از چهرهٔ جان، یافت رنگ / نور من، از روشنی دل رسید
نکته درین‌جاست که ما را فروخت / گوهری دهر و شما را خرید
کاش قضایم، چو تو برمی‌فراشت / کاش سپهرم، چو تو برمی‌گزید

۱۳۹

شنیدستم که اندر معدنی تنگ / سخن گفتند با هم، گوهر و سنگ
چنین پرسید سنگ از لعل رخشان / که از تاب که شد، چهرت فروزان؟
بدین پاکیزه‌رویی، از کجایی؟ / که دادت آب و رنگ و روشنایی؟
درین تاریک جا، جز تیرگی نیست / به تاریکی درون، این روشنی چیست؟
به هر تاب تو، بس رخشندگی‌هاست / در این یک قطره، آب زندگی‌هاست
به معدن، من بسی امّید راندم / تو گر صد سال، من صد قرن ماندم
مرا آن پستی دیرینه برجاست / فروغ پاکی از چهر تو پیداست
بدین روشن‌دلی، خورشید تابان / چرا با من تباهی کرد زین‌سان
مرا از تابش هر روزه بگداخت / تو را آخر، متاع گوهری ساخت
اگر عدل است، کار چرخ گردان / چرا من سنگم و تو لعل رخشان؟
نه ما را دایهٔ ایّام پرورد؟ / چرا با من چنین، با تو چنان کرد؟
مرا نقصان، تو را افزونی آموخت / تو را افروخت رخسار و مرا سوخت
تو را، در هر کناری خواستاری‌ست / مرا، سرکوبی از هر رهگذاری‌ست
تو را هم رنگ و هم ارزندگی هست / مرا زین هر دو چیزی نیست در دست

تو را بر افسر شاهان نشانند / مرا هرگز نپرسند و ندانند
بوَد هر گوهری را با تو پیوند / گه انگشتر شوی، گاهی گلوبند
من این‌سان واژگون طالع، تو فیروز / تو زین‌سان دل‌فروز و من بدین روز
به نرمی گفت او را گوهر ناب / جوابی خوب‌تر از دُرّ خوشاب
کزآن معنی مرا گرم است بازار / که دیدم گرمی خورشید، بسیار
از آن رو چهره‌ام را سرخ شد رنگ / که بس خونابه خوردم در دل سنگ
از آن ره، بخت با من کرد یاری / که در سختی نمودم استواری
به اختر، زنگی شب راز می‌گفت / سپهر، آن راز با من بازمی‌گفت
ثریا کرد با من تیغ‌بازی / عطارد تا سحر، افسانه‌سازی
زحل با آن‌همه خون‌خواری و خشم / مرا می‌دید و خون می‌ریخت از چشم
فلک، بر نیّت من خنده می‌کرد / مرا زین آرزو شرمنده می‌کرد
سهیلم رنج‌ها می‌داد پنهان / به فکرم رشک‌ها می‌بُرد کیهان
نشستی ژاله‌ای، هرگه به کهسار / به دوش من گران‌تر می‌شدی بار
چنانم می‌فشردی خاره و سنگ / که خونم موج می‌زد در دل تنگ
نه پیدا بود روز اینجا، نه روزن / نه راه و رخنه‌ای بر کوه و برزن
بدان درماندگی بودم گرفتار / که باشد نقطه اندر حصن پرگار
گهی گیتی، ز برفم جامه پوشید / گهی سیلم، به گوش اندر خروشید
زبونی‌ها ز خاک و آب دیدم / ز مهر و ماه، منّت‌ها کشیدم
جدی هر شب، به فکر بازی‌ای چند / به من می‌کرد چشم‌اندازی‌ای چند

ثوابت، قصّه‌ها کردند تفسیر	کواکب برجها دادند تغییر
دگرگون گشت بس روز و مه و سال	مرا جاوید، یکسان بود احوال
اگرچه کار بر من بود دشوار	به خود دشوار می‌نشمردمی کار
نه دیدم ذرّه‌ای از روشنایی	نه با یک ذرّه کردم آشنایی
نه چشمم بود جز با تیرگی رام	نه فرق صبح می‌دانستم از شام
بسی پاکان شدند آلوده‌دامن	بسی برزیگران را سوخت خرمن
بسی برگشت، راه و رسم گردون	که پا نگذاشتم ز اندازه بیرون
چو دیدندم چنان در خطّ تسلیم	مرا بس نکته‌ها کردند تعلیم
بگفتندم ز هر رمزی بیانی	نمودندم ز هر نامی نشانی
ببخشیدند چون تابی تمامم	بَدَخشی لعل، بنهادند نامم
مرا در دل، نهفته پرتوی بود	فروزان مهر، آن پرتو بیفزود
کمی در اصل من می‌بود پاکی	شد آن پاکی، در آخر تابناکی
چو طبعم اقتضای برتری داشت	مرا آن برتری، آخر برافراشت
نه تاب و ارزش من، رایگانی‌ست	سزای رنج قرنی زندگانی‌ست
نه هر پاکیزه‌رویی، پاکزاد است	که نسل پاک، ز اصل پاکزاد است
نه هر کوهی، به دامن داشت معدن	نه هر کان نیز دارد لعل روشن
یکی غوّاص را، دُرجی گران بود	پر از مشتی شَبَه دیدش، چو بگشود
بگو این نکته با گوهرفروشان	که خون خورد و گهر شد سنگ در کان

۱۴۰

مادر موسی، چو موسی را به نیل
درفکند، از گفتهٔ ربّ جلیل

خود ز ساحل کرد با حسرت نگاه
گفت کای فرزند خُرد بی‌گناه

گر فراموشت کند لطف خدای
چون رهی زین کشتی بی‌ناخدای؟

گر نیارد ایزد پاکت به یاد
آب، خاکت را دهد ناگه به باد

وحی آمد کاین چه فکر باطل است؟
رهرو ما اینک اندر منزل است

پردهٔ شک را برانداز از میان
تا ببینی سود کردی یا زیان

ما گرفتیم آنچه را انداختی
دست حق را دیدی و نشناختی؟

در تو، تنها عشق و مهر مادری‌ست
شیوهٔ ما عدل و بنده‌پروری‌ست

نیست بازی کار حق، خود را مباز
آنچه بردیم از تو، بازآریم باز

سطح آب از گاهوارش خوش‌تر است
دایه‌اش سیلاب و موجش مادر است

رودها از خود نه طغیان می‌کنند
آنچه می‌گوییم ما، آن می‌کنند

ما به دریا حکم طوفان می‌دهیم
ما به سیل و موج فرمان می‌دهیم

نسبت نسیان به ذات حق مده
بار کفر است این، به دوش خود منه

بِه که برگردی، به ما بسپاری‌اش
کی تو از ما دوست‌تر می‌داری‌اش؟

نقش هستی، نقشی از ایوان ماست
خاک و باد و آب، سرگردان ماست

قطره‌ای کز جویباری می‌رود
از پی انجام کاری می‌رود

ما بسی گمگشته بازآورده‌ایم
ما بسی بی‌توشه را پرورده‌ایم

میهمان ماست، هرکس بینواست
آشنا با ماست، چون بی‌آشناست

ما بخوانیم، ار چه ما را رد کنند / عیب‌پوشی‌ها کنیم، ار بد کنند
سوزن ما دوخت، هرجا هرچه دوخت / زآتش ما سوخت، هر شمعی که سوخت
کشتی‌ای ز آسیب موجی هولناک / رفت وقتی سوی غرقاب هلاک
تندبادی کرد سِیرش را تباه / روزگار اهل کشتی شد سیاه
طاقتی در لنگر و سکّان نماند / قوّتی در دست کشتی‌بان نماند
ناخدایان را کیاست اندکی‌ست / ناخدای کشتی امکان یکی‌ست
بندها را تار و پود، از هم گسیخت / موج از هرجا که راهی یافت ریخت
هرچه بود از مال و مردم، آب برد / زآن گروه رفته، طفلی ماند خرد
طفل مسکین، چون کبوتر پر گرفت / بحر را چون دامن مادر گرفت
موجش اوّل، وهله، چون طومار کرد / تندباد اندیشهٔ پیکار کرد
بحر را گفتم دگر طوفان مکن / این بنای شوق را ویران مکن
در میان مستمندان، فرق نیست / این غریق خرد، بهر غرق نیست
صخره را گفتم، مکن با او ستیز / قطره را گفتم، بدان جانب مریز
امر دادم باد را کآن شیرخوار / گیرد از دریا، گذارد در کنار
سنگ را گفتم به زیرش نرم شو / برف را گفتم که آب گرم شو
صبح را گفتم، به رویش خنده کن / نور را گفتم، دلش را زنده کن
لاله را گفتم که نزدیکش بروی / ژاله را گفتم که رخسارش بشوی
خار را گفتم که خلخالش مکن / مار را گفتم که طفلک را مزن
رنج را گفتم که صبرش اندک است / اشک را گفتم، مَکاهَش کودک است

گرگ را گفتم، تن خردش مَدَر
دزد را گفتم، گلوبندش مَبَر

بخت را گفتم، جهان‌داریش ده
هوش را گفتم که هشیاریش ده

تیرگی‌ها را نمودم روشنی
ترس‌ها را جمله کردم ایمنی

ایمنی دیدند و ناایمن شدند
دوستی کردم، مرا دشمن شدند

کارها کردند، امّا پست و زشت
ساختند آیینه‌ها، امّا ز خشت

تا که خود بشناختند از راه، چاه
چاه‌ها کندند مردم را به راه

روشنی‌ها خواستند، امّا ز دود
قصرها افراشتند، امّا به رود

قصّه‌ها گفتند بی‌اصل و اساس
دزدها بگماشتند از بهر پاس

جام‌ها لبریز کردند از فساد
رشته‌ها رِشتند در دوک عناد

درس‌ها خواندند، امّا درس عار
اسب‌ها راندند، امّا بی‌فسار

دیوها کردند دربان و وکیل
در چه محضر؟ محضر حیّ جلیل

سجده‌ها کردند بر هر سنگ و خاک
در چه معبد؟ معبد یزدان پاک

رهنمون گشتند در تیه ضلال
توشه‌ها بردند از وزر و وبال

از تنور خودپسندی، شد بلند
شعلهٔ کردارهای ناپسند

وارهاندیم آن غریق بینوا
تا رهید از مرگ، شد صید هوی

آخر، آن نور تجلّی دود شد
آن یتیم بی‌گنه، نمرود شد

رزمجویی کرد با چون من کسی
خواست یاری، از عقاب و کرکسی

کردمش با مهربانی‌ها بزرگ
شد بزرگ و تیره‌دل‌تر شد ز گرگ

برق عُجب، آتش بسی افروخته
وز شراری، خانمان‌ها سوخته

خواست تا لاف خداوندی زند / برج و باروی خدا را بشکند
رای بد زد، گشت پست و تیره‌رای / سرکشی کرد و فکندیمش ز پای
پشّه‌ای را حکم فرمودم که خیز / خاکش اندر دیدهٔ خودبین بریز
تا نمانَد باد عجبش در دماغ / تیرگی را نام نگذارد چراغ
ما که دشمن را چنین می‌پروریم / دوستان را از نظر، چون می‌بریم؟
آن که با نمرود، این احسان کند / ظلم، کی با موسیِ عِمران کند؟
این سخن، پروین، نه از روی هوی‌ست / هرکجا نوری است، ز انوار خداست

۱۴۱

با مرغکان خویش، چنین گفت ماکیان / کای کودکان خرد، گه کارکردن است
روزی طلب کنید که هر مرغ خرد را / اوّل وظیفه، رسم و رهِ دانه چیدن است
بی‌رنج نوک و پا، نتوان چینه جُست و خورد / گر آب و دانه‌ای‌ست، به‌خونابه‌خوردن است
درمانده نیستید، شما را به قدر خویش / هم نیروی نشستن و هم راه رفتن است
پنهان، ز خوشه‌ای بربایید دانه‌ای / در قریه گفتگوست که هنگام خرمن است
فریاد شوق و بازی طفلانه، هفته‌ای‌ست / گر بشنوید، وقت نصیحت شنیدن است
گیتی، دمی که رو به سیاهی نهد، شب است / چشم، آن زمان که خسته شود، گاه خفتن است
بی‌من ز لانه دور نگردید هیچ یک / تنها، چه اعتبار در این کوی و برزن است؟
از چشم طائران شکاری نهان شوید / گویند با قبیلهٔ ما، باز دشمن است
جز بانگ فتنه، هیچ به گوشم نمی‌رسد / یا حرف سر بریدن و یا پوست کندن است

نخجیرگاه‌ها و کمان‌ها و تیرهاست / سیمرغ را، نه بیهده در قاف مسکن است

با طعمه‌ای ز جوی و جری، اکتفا کنید / آسیب آدمی‌ست، هر آنجا که ارزن است

هرجا که سوگ و سور بوَد، مرغ خانگی / رانش به سیخ و سینه به دیگ مُسمّن است

از خون صدهزار چو ما طائر ضعیف / هر صبح و شام، دامن گیتی مُلوّن است

از آب و دان خانهٔ بیگانگان چه سود / هرکس که منزوی‌ست، ز اندیشه ایمن است

پیدا هزار دام، ز هر بام کوتهی‌ست / پنهان هزار چشم، به سوراخ و روزن است

زین‌سان که حمله می‌کند این گنبد کبود / افتد، نرفته نیمرهی، گر تهمتن است

هر نقطه را به دیدهٔ تحقیق بنگرید / صیّاد را علامت خونین به دامن است

از لانه هیچگاه نگردید تنگ‌دل / کاین خانه بس فراخ و بسی پاک و روشن است

با مرغ خانه، مرغ هوا را تفاوتی‌ست / بال و پر شما، نه برای پریدن است

ما را به یک دقیقه توانند بست و کشت / پرواز و سیر و جلوه، ز مرغان گلشن است

گر ما به دام حیلهٔ مردم فتاده‌ایم / ایّام هم، چو وقت رسد، مردم‌افکن است

تلخ است زخم خوردن و دین جفای سنگ / گرز آنکه سنگ کودک و گرز خم سوزن است

جایی که آب و دانه و گلزار و سبزه‌ای‌ست / آنجا فریب خوردن طفلان، مبرهن است

۱۴۲

یکی مرغ زیرک، ز کوتاه بامی / نظر کرد روزی، به گسترده دامی

به سان ره اهرمن، پیچ پیچی / به کردار نطعی، ز خون سرخ‌فامی

همه پیچ و تابش، عیان گیرو داری / همه نقش زیباش، روشن ظلامی

به هر دانه‌ای، قصّه‌ای از فریبی	به هر ذرّه نوری، حدیثی ز شامی
به پهلوش، صیّاد ناخوبرویی	به کشتن حریصی، به خون تشنه‌کامی
نه عاریش از دامن آلوده کردن	نه‌اش بیم ننگی، نه پروای نامی
زمانی فشردی و گاهی شکستی	گلوی تذروی و بال حمامی
از آن خدعه، آگاه شدُ مرغ دانا	به صیّاد داد از بلندی سلامی
بپرسید این منظر جان‌فزا چیست؟	که دارد شکوه و صفای تمامی
بگفتا، سرایی‌ست آباد و ایمن	فرود آی از بهر گشت و خرامی
خریدار ملک امان شو، چه حاصل	ز سرگشتگی‌های عمر حرامی؟
بخندید، کاین خانه نتوان خریدن	که مشتی نخ است و ندارد دوامی
نماند به غیر از پر و استخوانی	از آن کاو نهد سوی این خانه گامی
نبندیم چشم و نیفتیم در چَه	نبخشیم چیزی، نخواهیم وامی
به دامان و دست تو، هر قطرهٔ خون	مرا داده است از بلایی پیامی
فریب جهان، پخته کرده‌ست ما را	تو آتش نگه‌دار از بهر خامی

۱۴۳

محتسب، مستی به ره دید و گریبانش گرفت
مست گفت ای دوست، این پیراهن است، افسار نیست
گفت مستی، زآن سبب افتان و خیزان می‌روی
گفت جرم راه رفتن نیست، ره هموار نیست

گفت می‌باید تو را تا خانهٔ قاضی بَرَم
گفت رو صبح آی، قاضی نیمه‌شب بیدار نیست

گفت نزدیک است والی را سرای، آنجا شویم
گفت والی از کجا در خانهٔ خمّار نیست

گفت تا داروغه را گوییم، در مسجد بخواب
گفت مسجد خوابگاه مردم بدکار نیست

گفت دیناری بده پنهان و خود را وارَهان
گفت کار شرع، کار درهم و دینار نیست

گفت از بهر غرامت، جامه‌ات بیرون کنم
گفت پوسیده‌ست، جز نقشی ز پود و تار نیست

گفت آگه نیستی کز سر در افتادت کلاه
گفت در سر عقل باید، بی‌کلاهی عار نیست

گفت مِی بسیار خوردی، زآن چنین بی‌خود شدی
گفت ای بیهوده‌گو، حرف کم و بسیار نیست

گفت باید حد زند هشیار مردم، مست را
گفت هشیاری بیار، اینجا کسی هشیار نیست

۱۴۴

دید موری طاسک لغزنده‌ای
از سر تحقیر زد لبخنده‌ای

کاین ره از بیرون همه پیچ و خم است
وز درون، تاریکی و دود و دم است

فصل باران است و برف و سیل و باد
ناگه این دیوار خواهد اوفتاد

ای که در این خانه صاحب‌خانه‌ای
هرکه هستی، از خرد بیگانه‌ای

نیست، می‌دانم تو را انبار و توش
پس چه‌خواهی خوردن، ای بی‌عقل‌وهوش؟

از بـرای کـار خـود، پـایـی بـزن — نـوبـت تـدبـیـر شـد، رایـی بـزن
زنـدگـانـی، جـز مـعـمّـایـی نـبـود — وقـت، غیـر از خـوان یغمایی نبود
تـا نـپـیـمـایـی رهِ سـعـی و عـمـل — ایـن مـعـمّـا را نـخـواهـی کـرد حل
هـر کـجـا راهـی‌سـت، مـا پـیـمـوده‌ایـم — هـر کـجـا تـوشـی‌سـت، آنجا بـوده‌ایـم
تـو ز اوّل سـسـت کـردی پـایـه را — سـود، انـدک بـود انـدک‌مـایـه را
نـیـسـت خـالـی، دوش مـا از بـار ما — کـوشـش انـدر دسـت مـا، افـزار ما
گـر بـه سِـیـر و گـشـت مـی‌پـرداخـتـیـم — از کـجـا آن لانـه را مـی‌سـاخـتـیـم؟
هرکه توشی گِرد کرد، او چاشت خورد — هـرکـه زیـرک بـود، او زد دستبرد
دسـتـبـردی زد زمـانـه هـر نفس — دستبردی هم تو زن، ای بوالهوس
آخر، این سرچشمه خواهد شد خراب — در سبوی خـویش، باید داشـت آب
سـرد مـی‌گـردد تـنـور آسـمـان — در تـنـور گـرم، بـایـد پـخـت نـان
مـور، تـا پـی داشـت در پـا، سرفشاند — چـون تـو انـدر گـوشـهٔ عزلت نماند
مـادر مـن گـفـت در طـفـلـی بـه من — رو، بـکـوش از بـهـر قـوت خویشتن
کـس نخواهد بعد ازیـن، بـار تـو برد — جنس ما را نیست، خرد و سال‌خورد
بـس بـزرگ اسـت ایـن وجـود خـرد ما — وقـت دارد کـار و خـواب و خـورد ما
خـرد بـودیـم و بـزرگـی خواسـتیـم — هـم درافـتـادیـم و هـم برخـاسـتیـم
مـورخـوارش گـفـت، کـای یـار عزیز — گـر تـو نـقّـاشـی، بـیـا طـرحـی بریز
نـیـک دانـسـتـم کـه انـدر دوسـتـی — هـمـچـو مـغـز خـالـص بـی‌پـوسـتـی
یـک نـفـس، بـنّـای ایـن دیـوار بـاش — در خـرابـی‌هـای مـا، مـعـمـار بـاش

این بنا را ساختیم، امّا چه سود / خانهٔ بی‌صحن و سقف و بام بود
مهرهٔ تدبیر، دور انداختیم / زآن سبب، بردی تو و ما باختیم
کیست ما را از تو خیراندیش‌تر / کاشکی می‌آمدی زین پیش‌تر
گر به این ویرانه، آبادی دهی / در حقیقت، داد استادی دهی
فکر ما تعمیر این بام و فضاست / هرچه پیش آید جز این، کار قضاست
تو طبیب حاذق و ما دردمند / ما در این پستی، تو در جای بلند
تا که برمی‌آیدت کاری ز دست / رونقی ده، گر که بازاری شکست
مور مغرور، این حکایت چون شنید / گفت تا زود است، باید رفت و دید
پای اندر ره نهاد، آمد فرود / گرچه رفتن بود و برگشتن نبود
کار را دشوار دید، از کار ماند / در عجب زآن راه ناهموار ماند
مور طفل، امّا حوادث پیر بود / احتمال چاره‌جویی دیر بود
دام محکم، ضعف در حدّ کمال / ایستادن سخت و برگشتن محال
از برای پایداری، پای نه / بهر صبر و بردباری، جای نه
چون که دید آن صید مسکین، مورخوار / گفت گر کارآگهی، این است کار
خانهٔ ما را نمی‌کردی پسند / بدپسند است، این وجود آزمند
تو بدین طفلی که گفت استاد شو؟ / بادافکن در سر و بر باد شو
خوب لغزیدی و گشتی سرنگون / خوب خواهیمت مکید، این لحظه خون
بس که از معماری خود، دم زدی / خانهٔ تدبیر را بر هم زدی
دام را این‌گونه باید ساختن / چون تو خودبین را به دام انداختن

عیب کردی، این ره لغزنده را
طاس را دیدی، ندیدی بنده را
من هزاران چون تو را دادم فریب
زآن فریب، آگه شوی عمّا قریب
هیچ پرسیدی که صاحب‌خانه کیست؟
هیچ گفتی در پس این پرده چیست؟
دیده را بستی و افتادی به چاه
ره شناسا، این تو و این پرتگاه
طاس لغزنده‌ست، ای دل، آز تو
مبتلایی، گر شود دمساز تو
زین حکایت، قصّهٔ خود گوش‌دار
تو چو موری و هوی چون مورخوار
چون شدی سرگشته در تیه نیاز
با خبر باش از نشیب و از فراز
تا که این روباه، رنگین کرد دم
بس خروس از خانه‌داران گشت گم
پا منه بیرون ز خط احتیاط
تا چو طومارت، نپیچاند بساط

۱۴۵

شنیده‌اید میان دو قطره خون چه گذشت؟
گه مناظره، یک روز بر سر گذری
یکی بگفت به آن دیگری، تو خون که‌ای؟
من اوفتاده‌ام اینجا، ز دست تاجوری
بگفت، من بچکیدم ز پای خارکنی
ز رنج خار که رفتش به پا چو نیشتری
جواب داد ز یک چشمه‌ایم هر دو، چه غم
چکیده‌ایم اگر هر یک از تن دگری
هزار قطرهٔ خون در پیاله یک رنگ‌اند
تفاوت رگ و شریان نمی‌کند اثری
زما دو قطرهٔ کوچک چه کار خواهد خاست؟
بیا شویم یکی قطرهٔ بزرگ‌تری
به راه سعی و عمل، با هم اتّفاق کنیم
که ایمن‌اند چنین رهروان ز هر خطری
دراوفتیم ز رودی میان دریایی
گذر کنیم ز سرچشمه‌ای به جوی و جری

به‌خنده گفت، میان من و تو فرق بسی‌ست
تویی ز دست شهی، من ز پای کارگری

بـرای همـرهی و اتّـحـاد بـا چـو منی
خوش است اشک یتیمی و خون رنجبری

تو از فراغ دل و عشرت آمدی به وجود
من از خمیدن پشتی و زحمت کمری

تو را به مطبخ شه، پخته شد همیشه طعام
مـرا بـه آتـش آهـی و آب چـشـم تـری

تو از فـروغ مِـی نـاب، سرخ‌رنگ شدی
من از نکوهش خاری و سوزش جگری

مرا به ملک حقیقت، هـزار کس بخرد
چرا که در دل کان دلـی، شدم گهری

قضا و حادثه، نقش من از میان نبرد
کـدام قطرهٔ خـون را بـوَد چنین هنری

درین علامت خونین، نهان دو صد دریاست
ز ساحل همه، پیداست کشتی ظفری

ز قید بندگی، این بستگان شوند آزاد
اگـر بـه شـوق رهایی، زنند بـال و پری

یتیم و پیره‌زن، این‌قدر خون دل نخورند
اگـر بـه خـانـهٔ غـارتـگری فـتـد شـرری

به حکم ناحق هر سفله، خلق را نکشند
اگـر ز قتل پـدر، پرسشی کند پسری

درخت جور و ستم، هیچ برگ و بار نداشت
اگر که دست مجازات، مـی‌زدش تبری

سپهر پیـر، نـمـی‌دوخـت جامهٔ بیداد
اگـر نبود ز صبر و سکوتش آستری

اگـر که بدمنشی را کشند بر سر دار
به جـای او ننشیند به زور ازو بتری

۱۴۶

با مـور گفت مـار، سحرگه به مَرغزار
کز ضعف و بی‌خودی، تو چنین خردی و نزار

همچون تو، ناتوان نشنیدم به هیچ جا
هرچند دیده‌ام چو تو جنبندگان هزار

غافل چرا رَوی که کشندت چو غافلان؟
پشت از چه خم کنی که نهندت به پشت، بار؟

سر بر فراز تا نزنندت به سر قفا
تن نیک‌دار تا ندهندت به تن فشار

از خود مرو، ز دیدن هر دست زورمند
جان عزیز، خیره به هر پا مکن نثار

کار بزرگ هستی خود را مگیر خرد
آگه چو زین شمار نه‌ای، پند گوش‌دار

از سست‌کاری، این‌همه‌سختی‌کشی‌ و رنج
بی‌موجبی‌کسی‌نشد، ای‌دوست، چون‌تو‌خوار

آن را که پای ظلم نهد بر سرت، بزن
چالاک باش همچو من اندر زمان کار

از خویشتن دفاع کن، ار زآنکه زنده‌ای
از من ببین چگونه کند هرکسی فرار

ننگ‌است‌بادو چشم، به‌چَه‌سرنگون‌شدن
مرگ است زندگانی بی‌قدر و اعتبار

من، جسم زورمند بسی سرد کرده‌ام
هرگز نداده‌ام به بداندیش زینهار

سرگشته چون تو، بر سر هر ره نگشته‌ام
گاهی به سبزه خفته‌ام آسوده، گه به غار

از بهر نیمدانه، تو عمری تلف کنی
من صبح، موش صید کنم، شام سوسمار

همواره در گذرگه خلقی، تو تیره‌روز
هر روز پایمالی و هر لحظه بی‌قرار

خندید مور و گفت، چنین است رسم و راه
از رنج و سعی خویش، مرا نیست هیچ عار

آسوده آن که در پی گنجی کشید رنج
شاد آن که چون مَنَش، قدمی بود استوار

بی‌هُش‌چه‌خوانی‌ام، که‌ندیده‌ست‌هیچ‌کس
مانند مور، عاقبت‌اندیش و هوشیار

من دانه‌ای به لانه کشم با هزار سعی
از پا دراوفتم به ره اندر، هزار بار

از کار سخت خود نکنم هیچ شکوه، زآنک
ناکرده کار، می‌نتوان زیست کامکار

غافل تویی که بد کنی و بی‌خبر رَوی
در رهگذار من نبوَد دام و گیر و دار

من، تن به خاک می‌کشم و بار می‌برم
از مور، بیش از این چه توان داشت انتظار؟

کوشم به زندگی و ننالم به گاه مرگ
زین زندگی و مرگ که بوده‌ست شرمسار؟

جز سعی، نیست مورچگان را وظیفه‌ای / با فکر سیر و خفتن خوش، مور را چه کار؟
شادم که نیست نیروی آزار کردنم / در زحمت است، آن که تو هستیش در جوار
جز بددلی و فکرت پستت، چه خصلتی‌ست؟ / از مردم زمانه، تو را کیست دوستدار؟
ایمن مشو ز فتنه، چو خود فتنه می‌کنی / گر چیره‌ای تو، چیره‌تر است از تو روزگار
افسونگر زمانه، تو را هم کند فسون / صیّاد چرخ پیر، تو را هم کند شکار
ای بی‌خبر، قبیلهٔ ما بس هنرورند / هرگز نبوده است هنرمند، خاکسار
مورم، کسی مرا نکشد هیچ‌گه به عمد / ماری تو، هر کجاست بکوبند مغز مار
با بد، به جز بدی نکند چرخ نیلگون / از خار، هیچ میوه نچیدند غیر خار
جز نام نیک و زشت، نماند ز کارها / جز نیکویی مکن که جهان نیست پایدار

۱۴۷

قاضی بغداد شد بیمار سخت / از عدالتخانه بیرون برد رخت
هفته‌ها در دام تب، چون صید ماند / محضرش، خالی ز عَمرو و زید ماند
مدّعی، دیگر نیامد بر درش / ماند گردآلود، مهر و دفترش
دادخواه و مردم بیدادگر / هر دو، رو کردند بر جای دگر
آن دکان عُجب شد بی‌مشتری / دیگری برداشت کار داوری
مدّتی، قاضی ز کسب و کار ماند / آن متاع زَرق، بی‌بازار ماند
کس نمی‌آورد دیگر نامه‌ای / برّه‌ای، قندی، خروسی، جامه‌ای
نیمه‌شب، دیگر کسی بر در نبود / صحبتی از بدره‌های زر نبود

از کسی، دیگر نیامد پیشکش / از میان برخاست، صلح و کشمکش
مانده بود از گردش دوران، عقیم / حرف قیّم، دعوی طفل یتیم
برنمی‌آورد بزّاز دغل / طاقهٔ کشمیری از زیر بغل
زر، دگر ننهاد مرد کم‌فروش / زیر مسند تا شود قاضی خموش
چون همی نیروش کم شد، ضعف بیش / عاقبت روزی، پسر را خواند پیش
گفت، دکّان مرا ایّام بست / دیگرم کاری نمی‌آید ز دست
تو به مسند برنشین جای پدر / هرچه من بردم، تو بعد از من ببر
هرچه باشد، باز نامش مسند است / گر زیانش ده بود، سودش صد است
گر بدانی راه و رسم کار را / گرم خواهی کرد این بازار را
سال‌ها اندر دبستان بوده‌ای / بس کتاب و بس قلم فرسوده‌ای
آگهی از حکم و از فتوای من / از سخن‌ها و اشارت‌های من
کار دیوان‌خانه، می‌دانی که چیست / وآنکه می‌بایست بارش برد، کیست
تو بسی در محضر من مانده‌ای / هرچه در دفتر نوشتم، خوانده‌ای
خوش گذشت از صید خلق، ایّام من / ای پسر، دامی بنه چون دام من
حق بر آنکس دِه که می‌دانی غنی‌ست / گر سراپا حق بود مفلس، دنی‌ست
حرف ظالم، هرچه گوید می‌پذیر / هرچه از مظلوم می‌خواهی بگیر
گاه باید زد به میخ و گه به نعل / گر سند خواهند، باید کرد جعل
در رواج کار خود، چون من بکوش / هرکه را پُرشیرتر بینی، بدوش
گفت، آری، داوری نیکو کنم / خدمت هرکس به قدر او کنم

صبحگاهان رفت و در محضر نشست   شامگه برگشت، خون‌آلوده دست
گفت، چون رفتم به محضر صبحگاه   روستایی‌زاده‌ای آمد ز راه
کرد نفرین بر کسان کدخدای   که شبانگه ریختندم در سرای
خانه‌ام از جورشان ویرانه شد   کودک شش ساله‌ام دیوانه شد
روغنم بردند و خرمن سوختند   برّه‌ام کشتند و بز بفروختند
گر که این محضر برای داوری‌ست   دید باید، کاین چه ظلم و خودسری‌ست
گفتم این فکر محال از سر بنه   داوری گر نیک خواهی، زر بده
گفت دیناری مرا در کار نیست   گفتمش کمتر ز صد دینار نیست
من همی‌گفتم بده، او گفت نی   او همی‌رفت و منش رفتم ز پی
چون درشتی کرد با من، کشتمش   قصّه کوته گشت، رو در هم مکش
گر تو می‌بودی به محضر، جای من   همچو من، کوته نمی‌کردی سخن؟
چون که زر می‌خواستی و زر نداشت   گفته‌های او اثر دیگر نداشت
خیره‌سر می‌خواندی و دیوانه‌اش   می‌فرستادی به زندان‌خانه‌اش
تو به پنبه می‌بری سر، ای پدر   من به تیغ این کار کردم مختصر
آنچنان کردم که تو می‌خواستی   راستی این بود و گفتم راستی
زرشناسان چون خدا نشناختند   سنگشان هرجا که رفت انداختند

۱۴۸

نوگلی روزی ز شورستان دمید   خار، آن گل دید و رو در هم کشید

کز چه رویـیـدی بـه پـیش پـای مـا؟
تـنـگ کـردی بـی‌ضـرورت، جـای مـا

سـرخـی رنـگ تـو، چشمم خیره کرد
زشـتـی رویـت، فـضـا را تـیـره کـرد

خسته گشت از بـوی جان‌کاهت وجود
این‌چه‌نقش‌است؟این‌چه‌تاراست؟این‌چه‌پود؟

خجلت اسـت، ایـن شـاخهٔ بی‌بار تو
عـبـرت اسـت، ایـن بـرگ نـاهـموار تو

کـاش برمی‌کند، زیـن مـرزت کسی
کـاش مـی‌رویـیـد در جـایـت خسی

تـو نـدانـم از کـدامـیـن کـشـوری
هـرکـه هـسـتـی، مـایـهٔ دردسـری

مـا ز یک اقلیم، زآن بـا هم خوشیم
گـر کـه در آبـیـم و گـر در آتـشـیم

شبنمی گر می‌چکد، بر روی ماست
نکهتی گر مـی‌رسد، از بـوی ماست

چون تو، بس در جوی و جر روییده‌اند
لـیـک مـا را بـیـشـتـر بـویـیـده‌انـد

دسـته‌ها چیدند از مـا صبح و شام
هـیـچ نـنـهـادنـد نـزدیـک تـو گـام

تـو هـمـه عـیـبی و مـا یـکـسـر هنر
مـا سـرافـرازیـم و تـو بـی‌پـا و سر

گـل بـدو خندید کای بی‌مهر دوست
زشـت‌رویـی، لـیـک گـفـتـارت نکوست

همنشین چـون تویی بـودن خطاست
راست گفتی آنچه گفتی، راست راست

گـلـبـنـی کـانـدر بـیـابـانـی شکفت
یـاوه‌ای گـر خـار بـر وی گـفـت، گفت

مـی‌شکفتیم ار بـه طـرف گلشنی
مـی‌کـشـیـدیـم از تـفـاخـر دامـنـی

تـا مـیـان خـار و خـاشـاک انـدریـم
کـس نـدانـد کـز شـمـا نـیـکـوتـریـم

مـا کـز اوّل، پـاک‌طـینت بـوده‌ایـم
از کـجـا دامــان تـو آلــوده‌ایـم؟

صـبـحـت گـل، رنـجـه دارد خـار را
خـیـرگـی بـیـن، خـار نـاهـمـوار را

خـار دیدسـتی کـه گـل دیـد و رمید؟
گـل شنیدستی کـه شد خـار و خلید؟

ما فرومایه نبودیم از ازل / تو فرومایه، شدی ضرب‌المثل
همنشینان تو خاران‌اند و بس / گل چه ارزد پیش تو؟ ای بوالهوس
پیش تو غیر از گیاهی نیستیم / تو چه می‌دانی چه‌ایم و کیستیم؟
چون کسی نااهل را اهلی شمرد / گر ز وی روزی قفایی خورد، خورد
ما که جای خویش را نشناختیم / خویشتن را در بلا انداختیم

۱۴۹

جوانی چنین گفت روزی به پیری / که چون است با پیری‌ات زندگانی؟
بگفت اندرین نامه حرفی‌ست مبهم / که معنیش جز وقت پیری ندانی
تو بِه کز توانایی خویش گویی / چه می‌پرسی از دورهٔ ناتوانی؟
جوانی نکودار، کاین مرغ زیبا / نماند در این خانهٔ استخوانی
متاعی که من رایگان دادم از کف / تو گر می‌توانی، مده رایگانی
هر آن سرگرانی که من کردم اوّل / جهان کرد از آن بیشتر، سرگرانی
چو سرمایه‌ام سوخت، از کار ماندم / که بازی‌ست، بی‌مایه بازارگانی
از آن برد گنج مرا، دزد گیتی / که در خواب بودم گه پاسبانی

۱۵۰

بزرگمهر به نوشین‌روان نوشت که خلق / ز شاه خواهش امنیّت و رفاه کنند
شهان اگر که به تعمیر مملکت کوشند / چه حاجت است که تعمیر بارگاه کنند؟

چرا کنند کم از دسترنج مسکینان؟ — چرا به مظلمه، افزون به مال و جاه کنند؟
چو کج روی تو، نپویند دیگران ره راست — چو یک خطا ز تو بینند، صد گناه کنند
به لشکر خرد و رای و عدل و علم گرای — سپاه اهرمن، اندیشه زین سپاه کنند
جواب نامهٔ مظلوم را تو خویش فرست — بسا بود که دبیرانت اشتباه کنند
زمام کار به دست تو چون سپرد سپهر — به کار خلق، چرا دیگران نگاه کنند؟
اگر به دفتر حکّام، ننگری یک روز — هزار دفتر انصاف را سیاه کنند
اگر که قاضی و مفتی شوند، سفله و دزد — دروغگو و بداندیش را گواه کنند
به سمع شه نرسانند حاسدان قوی — تظلّمی که ضعیفان دادخواه کنند
بپوش چشم ز پندار و عجب، کاین دو شریک — بر آن سرند که تا فرصتی تباه کنند
چو جای خود نشناسی، به حیله مدّعیان — تو را ز اوج بلندی، به قعر چاه کنند
بترس ز آه ستمدیدگان که در دل شب — نشسته‌اند که نفرین به پادشاه کنند
از آن شرار که روشن شود ز سوز دلی — به یک اشاره، دوصد کوه را چو کاه کنند
سند به دست سیه‌روزگار ظلم، بس است — صحیفه‌ای که در آن ثبت اشک و آه کنند
چو شاه جور کند، خلق در امید نجات — همی حساب شب و روز و سال و ماه کنند
هزار دزد، کمین کرده‌اند بر سر راه — چنان مباش که بر موکب تو راه کنند
مخسب تا که نپیچاند آسمانت گوش — چنین معامله را بهر انتباه کنند
تو کیمیای بزرگی بجوی، بی‌خبران — بِهِل که قصّه ز خاصیّت گیاه کنند

به سوزنی ز ره شکوه گفت پیرهنی
ببین ز جور تو، ما را چه زخمها به تن است

همیشه کار تو، سوراخ کردن دل‌هاست
همارهٔ فکر تو، بر پهلویی فروشدن است

بگفت گر ره و رفتار من نداری دوست
برو بگوی به درزی که رهنمای من است

وگرنه بی‌سبب، از دست من چه می‌نالی؟
ندیده زحمت سوزن، کدام پیرهن است

اگر به خار و خسی فتنه‌ای رسد در دشت
گناه داس و تبر نیست، جرم خارکن است

ز من چگونه تو را پاره گشت پهلو و دل؟
خود آگهی که مرا پیشه پاره دوختن است

چه رنجها که برم بهر خرقه دوختنی
چه وصله‌ها که ز من بر لحاف پیرزن است

بدان هوس که تن این و آن بیارایم
مرا وظیفهٔ دیرینه، ساده زیستن است

ز در شکستن و خم گشتنم نیاید عار
چرا که عادت من با زمانه ساختن است

شعار من ز بس آزادگی و نیک‌دلی
به قدر خلق فزودن، ز خویش کاستن است

همیشه دوختنم کار و خویش عریانم
به غیر من، که تهی از خیال خویشتن است؟

یکی نباخته، ای دوست، دیگری نبرد
جهان و کار جهان، همچو نرد باختن است

بباید آن که شود بزم زندگی روشن
نصیب شمع، مپرس از چه روی سوختن است

هر آن قماش که از سوزنی جفا نکشد
عبث در آرزوی همنشینی بدن است

میان صورت و معنی، بسی تفاوت‌هاست
فرشته را به تصوّر مگوی اهرمن است

هزار نکته ز باران و برف می‌گوید
شکوفه‌ای که به فصل بهار، در چمن است

هم از تحمّل گرما و قرن‌ها سختی‌ست
اگر گهر به بَدَخش و عقیق در یمن است

۱۵۲

از درد پای، پیرزنی ناله کرد زار
کامروز، پای مزرعه رفتن نداشتم

بر خوشه‌چینی‌ام فلک سفله گر گماشت
عیبش مکن که حاصل و خرمن نداشتم

دانی ز من برای چه دامن گرفت دهر؟
من جز سرشک گرم، به دامن نداشتم

سر، درد سر کشید و تن خسته عور ماند
ای کاش، از نخست سر و تن نداشتم

هستی، وبال گردن من شد ز کودکی
ای کاش این وبال به گردن نداشتم

پیر شکسته را نفرستند بهر کار
من برگ و ساز خانه نشستن نداشتم

از حمله‌های شبرو دهرم خبر نبود
من چون زمانه، چشم به روزن نداشتم

صد معدن است در دل هر سنگ کوه بخت
من، یک گهر از این همه معدن نداشتم

فقرم چو گشت دوست، شنیدم ز دوستان
آن طعنه‌ها که چشم ز دشمن نداشتم

گر جور روزگار کشیدم، شگفت نیست
یارای انتقام کشیدن نداشتم

دیگر کبوترم به سوی لانه برنگشت
مانا شنیده بود که ارزن نداشتم

از کلبه، خیره گربهٔ پیرم نبست رخت
دیگر پنیر و گوشت به مخزن نداشتم

بددل، زمانه بود که ناگه ز من برید
من قصد از زمانه بریدن نداشتم

زان روی، چرخ، سنگ به سر زد مرا که من
مانند چرخ، سنگ و فلاخن نداشتم

هر روز بر سرم، سر مویی سپید شد
افزود برف و چارهٔ رفتن نداشتم

من خود چو آتش از شرر فقر سوختم
پروای سردی دی و بهمن نداشتم

ماندم بسی و دیدهٔ من شصت سال دید
امّا چه سود، بهره ز دیدن نداشتم

همواره روزگار سیه دید، چشم من
آسایشی ز دیدهٔ روشن نداشتم

دستی نماند تا که بدوزد قبای من
حاجت به جامه و نخ و سوزن نداشتم

روزی که پند گفت به من گردش فلک / آن روز، گوش پند شنیدن نداشتم
هرگز مرا ز داشتن خلق رشک نیست / زآن غبطه می‌خورم، که چرا من نداشتم؟

۱۵۳

شب شد و پیرِ رفوگر ناله کرد / کای خوش آن چشمی که گرمِ خفتن است
چه شب و روزی مرا، چون روز و شب / صحبتِ من با نخ و با سوزن است
من به هر جایی که مسکن می‌کنم / با من آنجا بخت بد، هممسکن است
چیره شد چون بر سیه، موی سپید / گفتم اینک نوبت دانستن است
نه دم و دودی، نه سود و مایه‌ای / خانهٔ درویش، از دزد ایمن است
برگشای اوراق دل را و بخوان / قصّه‌های دل، فزون از گفتن است
من زبون گشتم به چنگالِ دو گرگ / روز و شب، گرگ‌اند و گیتی مَکمَن است
ایستادم، گرچه خَم شد پشت من / اوفتادن، از قضا ترسیدن است
گر نَهَم امروز، این فرصت ز دست / چاره‌ام فردا به خواری مردن است
سر، هزاران دردسر دارد، سر است / تن، دو صد توش و نوا خواهد، تن است
دل ز خون، یاقوت احمر ساخته است / من نمی‌دانستم اینجا معدن است
جامه‌ها کردم رفو، امّا به تن / جامه‌ای دارم که چون پرویزن است
این همه جان کندن و سوزن زدن / گور خود با نوک سوزن کندن است
هرچه امشب دوختم، بشکافتم / این نخستین مبحث نادیدن است
چشم من، چیزی نمی‌بیند دگر / کارِ سوزن، کارِ چشم روشن است

دیده تا یارای دیدن داشت، دید
این چراغ، اکنون دگر بی‌روغن است

چرخ تا گردیده، خلق افتاده‌اند
این فتادن‌ها از آن گردیدن است

آنچه روزی در تنم، دل داشت نام
بس که سختی دید، امروز آهن است

بس رفو کردم، ندانستم که عُمر
صد هزارش پارگی بر دامن است

گفتمش، لَختی بمان بهر رفو
گفت فرصت نیست، وقت رفتن است

خیره از من زیرکی خواهد فلک
کارگر، هنگام پیری کودن است

دوش، ضعف پیری‌ام از پا فکند
گفتم این درسِ ز پای افتادن است

ذرّه ذرّه هرچه بود از من گرفت
دیر دانستم که گیتی رهزن است

نیست جز موی سپیدم حاصلی
کِشتم ادبار است و فقرم خَرمن است

من به صد خونابه، یک نان یافتم
نان نخوردن، بهتر از خون خوردن است

دشمنان را دوست‌تر دارم ز دوست
دوست، وقت تنگ‌دستی دشمن است

هرچه من گردن نهادم، چرخ زد
خون من، ایّام را بر گردن است

خسته و کاهیده و فرسوده‌ام
هر زمانم، مرگ در پیراهن است

ارزشِ من، پاره‌دوزی بود و بس
این چنین ارزش، به هیچ ارزیدن است

من نه پیراهن، کفن پوشیده‌ام
این کفن، بر چشمِ تو پیراهن است

سوزنش صد نیش زد، این خیرگی
دستمزدِ دستِ لرزان من است

بر ستمکاران، ستم کمتر رسد
این سزای بردباری کردن است

۱۵۴

صبح آمد و مرغ صبحگاهی	زد نغمه، به یاد عهد دیرین
خفّاش برفت با سیاهی	شد پَرّ همای روز، زرّین
در چشمه، به شوق جست ماهی	شبنم بنشست بر ریاحین
شد وقت رَحیل و مرد راهی	بنهاد بر اسب خویشتن، زین

هر مست که بود، هوشیار است

کندند ز باغ، خار و خس را	گردید چمن، زُمرّدین رنگ
دزدید چو دیو شب، نفس را	خوابید ز خستگی، شباهنگ
هنگام سحر، درِ قفس را	بشکست و پرید صید دل‌تنگ
بر سر نرسانده این هوس را	بر پاش رسید ناگهان سنگ

این عادت دور روزگار است

آراست بساط آسمانی	از جلوه‌گری، خورِ جهان‌تاب
بگریخت ستارهٔ یمانی	از باغ و چمن، پرید مهتاب
رخشنده چو آب زندگانی	جوشید ز سنگ، چشمهٔ آب
وآن مست شراب ارغوانی	مخمور فتاد و ماند در خواب

مستی شد و نوبت خمار است

ای مرغک رامگشته در دام	برخیز که دام را گسستند
پر می‌زن و در سپهر بخرام	کز پُرشِکَن تو، پر شکستند
بس چون تو، پرندگان گمنام	جستند ره خلاص و جستند
با کوشش و سعی خود، سرانجام	در گوشهٔ عافیت نشستند

کوشنده همیشه رستگار است

همسایهٔ باغ و بوستان باش   تا چند کناره می‌گزینی؟
چون چهرهٔ صبح، شادمان باش   تا چند ملول می‌نشینی؟
همصحبت مرغ صبح‌خوان باش   تا چند نَژَندی و حزینی؟
چالاک و دلیر و کاردان باش   در وقت حصاد و خوشه‌چینی
آسایش کارگر ز کار است
آن‌گونه بپر که پر نریزی   در دامن روزگار، سنگ است
بسیار مکن بلندخیزی   کافتادن نیک‌نام، ننگ است
گر صلح کنی و گر ستیزی   این نقش و نگار، ریو و رنگ است
گر سر بنهی و گر گریزی   شاهین سپهر، تیز چنگ است
صیّاد زمانه، جان‌شکار است
بر شاخهٔ سرخ گل، مکن جای   کآن حاصل رنج باغبان است
منقار ز برگ گل، میارای   گل، زیور چهر بوستان است
در نارون، آشیانه منمای   برگش مشکن که سایبان است
از بامک پست، دانه مَربای   کان دانه برای ماکیان است
او طائر بسته در حصار است
از میوهٔ باغ، چشم بربند   خوش نیست درخت میوه بی‌بار
با روزی خویش، باش خرسند   راهی که نه راه توست، مسپار
آنجا که پَر است و حلقه و بند   دام ستم است، پای مگذار
فرض است نیازموده را پند   و آگاه نمودنش ز اسرار
یغماگر و دزد، بی‌شمار است

آذوقهٔ خویش کن فراهم　　زآن میوه که خشک کرده دهقان
گه دانه بوَد زیاد و گه کم　　همواره فلک نگشته یکسان
بی‌گِل نشد آشیانه محکم　　بی‌پایه به جا نماند بنیان
اندود نکرده‌ای و ترسیم　　ویرانه شود ز برف و باران
جاوید نه موسم بهار است
در لانهٔ دیگران منه گام　　خاشاک ببر، بساز لانه
بی‌رنج، کسی نیافت آرام　　بی‌سعی، نخورد مرغ دانه
زشت است ز خلق خواستن وام　　تا هست ذخیره‌ای به خانه
از دست مده، به فکرت خام　　امنیّت ملک آشیانه
این پایهٔ خرد، استوار است
خوش صبحدمی، اگر توانی　　بر دامن مَرغزار بنشین
چون در ره دور، دیر مانی　　بال و پر تو کنند خونین
گر رسم و ره فرار دانی　　چون فتنه رسد، تو رخت بر چین
این نکته، چو درس زندگانی　　آویزهٔ گوش کن که پروین
در دوستی تو پایدار است

۱۵۵

هرکه با پاک‌دلان، صبح و مَسایی دارد　　دلش از پرتو اسرار، صفایی دارد
زهد با نیّت پاک است، نه با جامهٔ پاک　　ای بس آلوده که پاکیزه ردایی دارد
شمع خندید به هر بزم، از آن معنی سوخت　　خنده، بیچاره ندانست که جایی دارد

سوی بتخانه مرو، پند بَرَهمَن مشنو
بت‌پرستی مکن، این ملک خدایی دارد

هیزم سوخته، شمع ره و منزل نشود
باید افروخت چراغی که ضیایی دارد

گرگ، نزدیک چراگاه و شبان رفته به خواب
بره، دور از رمه و عزم چرایی دارد

مور، هرگز به در قصر سلیمان نرود
تا که در لانهٔ خود، برگ و نوایی دارد

گهر وقت، بدین خیرگی از دست مده
آخر این دُرِّ گران‌مایه بهایی دارد

فرّخ آن شاخک نورسته که در باغ وجود
وقت رستن، هوس نشو و نمایی دارد

صرف باطل نکند عمر گرامی، پروین
آن که چون پیر خرد، راهنمایی دارد

۱۵۶

سیر یک روز طعنه زد به پیاز
که تو مسکین چقدر بدبویی

گفت از عیب خویش بی‌خبری
زآن ره از خلق، عیب می‌جویی

گفتن از زشت‌رویی دگران
نشود باعث نکورویی

تو گمان می‌کنی که شاخ گلی؟
به صف سرو و لاله می‌رویی؟

یا که همبوی مشک تاتاری؟
یا ز ازهار باغ مینویی؟

خویشتن بی‌سبب بزرگ مکن
تو هم از ساکنان این کویی

ره ما گر کج است و ناهموار
تو خود این ره چگونه می‌پویی؟

در خود آن بِه که نیک‌تر نگری
اول آن بِه که عیب خود گویی

ما زبونیم و شوخ‌جامه و پست
تو چرا شوخِ تن نمی‌شویی؟

۱۵۷

همای دید سوی ماکیان به قلعه و گفت
که این گروه، چه بی‌همّت و تن‌آسانند

زبون مرغ شکاری و صید روباه‌اند
رهین منّت گندم‌فروش و دهقانند

چو طائران دگر، جمله را پر و بال است
چرا برای رهایی، پری نیفشانند؟

همی‌فتاده و مفتون دانه و آب‌اند
همی‌نشسته و بر خوان ظلم مهمانند

جز این فضا، به فضای دگر نمی‌گردند
جز این بساط، بساط دگر نمی‌دانند

شدند جمع، تمامی به گرد مشتی دان
عجب گرسنه و درمانده و پریشانند

نه عاقل‌اند، از آن دستگیر ایّام‌اند
نه زیرکند، از آن پایبند زندانند

زمانه، گردنشان را چنین نپیچاند
به جد و جهد، گر این حلقه را بپیچانند

هنوز بی‌خبرند از اساس نشو و نما
هنوز شیفتهٔ این بنا و بنیانند

بگفت، این همه دانستی و ندانستی
که این قبیله گرفتار دام انسانند

شکستگی و درافتادگی طبیعت ماست
ز بستن ره ما، خلق درنمی‌مانند

سوی بسیط زمین، گر تو را فتد گذری
درین شرار، تو را هم چو ما بسوزانند

ترازوی فلک، ای دوست، راستی نکند
گَهِ موازنه، یاقوت و سنگ یکسانند

درین حصار، ز درماندگان چه کار آید؟
که زیرکان، همه در کار خویش حیرانند

چه حیله‌ها که درین دامهای تزویرند
چه رنگ‌ها که درین نقش‌های الوانند

نهفته، سودگر دهر هرچه داشت، فروخت
خبر نداد، گران‌اند یا که ارزان‌اند

در آن زمان که نهادند پایهٔ هستی
قرار شد که زبردست را نرنجانند

نداشتیم پَرِ شوق تا سبک بپریم
گمان مبر که درافتادگان، گران‌جانند

درین صحیفه، چنان رمزها نوشت قضا	که هرچه بیش بدانند، باز نادانند
به کاخ دهر، که گه شیون است و گه شادی	به میل گر ننشینی، به جبر بنشانند
تو را بر اوج بلندی، مرا سوی پستی	مباشران قضا، می‌زنند و می‌رانند
حدیث خویش چه گوییم؟ چون نمی‌پرسند	حساب خود چه‌ نویسیم؟ چون نمی‌خوانند
چه آشیان شما و چه بام کوته ما	همین بس است که یک روز، هر دو ویرانند
تفاوتی نبود در اصول نقص و کمال	کمال‌ها همه انجام کار، نقصانند
به تیره‌روز مزن طعنه، کاندرین تقویم	نوشته شد که چنین روزها فراوانند
از آن کسی که بگرداند چهره، شاهد بخت	عجب مدار، اگر خلق رو بگردانند
درین سفینه کسانی که ناخدا شده‌اند	تمام عمر، گرفتار موج و طوفانند
ره وجود، به جز سنگلاخ عبرت نیست	فتادگان، خجل و رفتگان پشیمانند

۱۵۸

جُعَل پیر گفت با اَنگِشت	که سر و روی ما سیاه مکن
گفت در خویش هم، دمی بنگر	همه را سوی ما نگاه مکن
این سیاهی، سیاهی تن نیست	جاه مفروش و اشتباه مکن
با تو، رنگ تو هست تا هستی	زین مکان، خیره عزم راه مکن
سیه، ای بی‌خبر، سپید نشد	وقت شیرین خود تباه مکن

۱۵۹

سپیده‌دم، نسیمی روح‌پرور / وزید و کرد گیتی را مُعَنبر
تو پنداری، ز فروردین و خرداد / به باغ و راغ، بُد پیغام‌آور
به رخسار و به تن، مشّاطه‌کردار / عروسان چمن را بست زیور
گرفت از پای، بند سرو و شمشاد / سترد از چهره، گرد بید و عَرعَر
ز گوهرریزی ابر بهاری / بسیط خاک شد پر لؤلؤ تر
مبارک‌بادگویان، درفکندند / درختان را به تارگ، سبز چادر
نماند اندر چمن یک شاخ، کآن را / نپوشاندند رنگین حُلّه در بر
ز بس بشکُفت گوناگون شکوفه / هوا گردید مشکین و معطّر
بسی شد، بر فراز شاخساران / زُمرّد، همسر یاقوت احمر
به تن پوشید گل، اِستَبرَق سرخ / به سر بنهاد نرگس، افسر زر
بهاری‌لعبتان، آراسته چهر / به کردار پری‌رویان کِشمَر
چمن با سوسن و ریحان مُنقّش / زمین، چون صُحف اَنگَلیون مصوّر
در اوج آسمان، خورشید رخشان / گهی پیدا و دیگر گه مُضمَر
فلک، از پست‌رایی‌ها مُبرّا / جهان، ز آلوده‌کاری‌ها مُطهّر

۱۶۰

ای نهال آرزو، خوش زی که بار آورده‌ای / غنچه بی‌باد صبا، گل بی‌بهار آورده‌ای
باغبانان تو را امسال سال خرّمی‌ست / زین‌همایون‌میوه، کزهرشاخسارآورده‌ای
شاخ‌وبرگت‌نیک‌نامی، بیخ‌وبارت‌سعی‌وعلم / این هنرها، جمله از آموزگار آورده‌ای

خرّم آن کاو وقتِ حاصل، ارمغانی از تو برد / برگ دولت، زاد هستی، توش کار آورده‌ای
غنچه‌ای زین شاخه، ما را زیب دست و دامن است / همّتی ای خواهران، تا فرصت کوشیدن است
پستیِ نِسوان ایران، جمله از بی‌دانشی‌ست / مرد یا زن، برتری و رُتبَت از دانستن است
زین چراغ معرفت کامروز اندر دست ماست / شاه‌راه سعی و اقلیم سعادت، روشن است
بِه که هر دختر بداند قدر علم آموختن / تا نگوید کس، پسر هشیار و دختر کودن است
زن ز تحصیل هنر شد شُهرهٔ در هر کشوری / بر نکرد از ما کسی زین خواب بی‌دردی سری
از چه نسوان از حقوق خویشتن بی‌بهره‌اند؟ / نام این قوم از چه، دور افتاده از هر دفتری؟
دامن مادر، نخست آموزگار کودک است / طفل دانشور، کجا پرورده نادان مادری؟
با چنین درماندگی، از ماه و پروین بگذریم / گر که ما را باشد از فضل و ادب، بال و پری

۱۶۱

ای دل اوّل قدم نیک‌دلان / با بد و نیک جهان، ساختن است
صفت پیشروانِ ره عقل / آز را پشت سر انداختن است
ای که با چرخ همی بازی نرد / بردن اینجا، همه را باختن است
اهرمن را به هوس، دست مبوس / کاندر اندیشهٔ تیغ آختن است
عجب از گمشدگان نیست، عجب / دیو را دیدن و نشناختن است
تو زبون تن خاکی و چو باد / توسن عمر تو، در تاختن است
دل ویرانه عمارت کردن / خوش‌تر از کاخ برافراختن است

۱۶۲

گفت با خاک، صبحگاهی باد | چون تو، کس تیره‌روزگار مباد
تو، پریشان ما و ما ایمن | تو، گرفتار ما و ما آزاد
همگی کودکان مهد من‌اند | تیر و اسفند و بهمن و مرداد
گه رَوَم، آسیا بگردانم | گه به خرمن وزم، زمان حصاد
پیک فرخنده‌ای چو من سوی خلق | کوتوال سپهر نفرستاد
برگ‌ها را ز چهره شویم گرد | غنچه‌ها را شکفته دارم و شاد
من فرستم به باغ، در نوروز | مژدهٔ شادی و نوید مراد
گاه باشد که بیخ و بُن بکنم | از چنار و صنوبر و شمشاد
شد ز نیروی من غبار و برفت | خاک جمشید و استخوان قباد
گه به باغم، گهی به دامن راغ | گاه در بلخ و گاه در بغداد
تو بدین‌گونه بدسرشت و زبون | من چنین سرفراز و نیک‌نهاد
گفت، افتادگی‌ست خصلت من | اوفتادم، زمانه‌ام تا زاد
اندر آنجا که تیرزن گیتی‌ست | ای خوش آن‌کس که تا رسید افتاد
همه، سیّاح وادی عَدَمیم | مُنعِم و بینوا و سفله و راد
سیل سخت است و پرتگاه مخوف | پایه سست است و خانه بی‌بنیاد
هرچه شاگردی زمانه کنی | نشَوی آخر، ای حکیم استاد
رهروی را که دیو راهنماست | اندر انبان، چه توشه ماند و زاد؟
چند دل خوش کنی به هفته و ماه؟ | چند گویی ز آذر و خرداد؟

که درین بحر فتنه غرق نگشت؟ — که درین چاه ژرف پا ننهاد؟
این معمّا، به فکر گفته نشد — قفل این راز را کسی نگشاد
من و تو بنده‌ایم و خواجه یکی‌ست — تو و ما را هر آنچه داد، او داد
هرچه معمار معرفت کوشید — نشد آباد، این خراب‌آباد
چون سپید و سیه، تبه‌شدنی‌ست — چه تفاوت میان اصل و نژاد؟
چه توان خواست از مَکایِد دهر؟ — چه توان کرد؟ هرچه بادا باد
پتک ایّام، نرم سازدمان — من اگر آهنم، تو گر پولاد
نزد گرگ اجل، چه برّه، چه گرگ — پیش حکم قضا، چه خاک و چه باد

۱۶۳

آب نالید، وقت جوشیدن — کآوخ از رنج دیگ و جور شرار
نه کسی می‌کند مرا یاری — نه رهی دارم از برای فرار
نه توان بود بردبار و صبور — نه فکندن توان ز پشت، این بار
خواری کس نخواستم هرگز — از چه رو، کرد آسمانم خوار؟
من کجا و بلای محبس دیگ؟ — من کجا و چنین مهیب حصار؟
نشوم لحظه‌ای ز ناله خموش — نتوانم دمی گرفت قرار
از چه شد بختم، این چنین وارون؟ — از چه شد کارم، این چنین دشوار؟
از چه در راه من فتاد این سنگ؟ — از چه در پای من شکست این خار؟
راز گفتم ولی کسی نشنید — سوختم زار و ناله کردم زار

هرچه بر قدر خلق افزودم خود شدم در نتیجه بی‌مقدار
از من اندوخت طرف باغ، صفا رونق از من گرفت فصل بهار
یاد باد آن دمی که می‌شُستم چهرهٔ گل به دامن گلزار
یاد باد آنکه مَرغزار، ز من لاله‌اش پود و سبزه بودش تار
رُستنی‌ها تمام طفل من‌اند از گل و خار سرو و بید و چنار
وقتی از کار من شماری بود از چه بیرونم این زمان ز شمار؟
چرخ، سعی مرا شمرد به هیچ دهر، کار مرا نمود انکار
من، به یک جا، دمی نمی‌ماندم ماندم اکنون چو نقش بر دیوار
من که بودم پزشک بیماران آخر کار، خود شدم بیمار
من که هر رنگ شُستم، از چه گرفت روشن آینهٔ دلم زنگار؟
نه صفایم ماند در خاطر نه فروغیم ماند بر رخسار
آتشم همنشین و دود ندیم شعله‌ام همدم و شرارم یار
زین چنین روز، داشت باید ننگ زین چنین کار داشت باید عار
هیچ دیدی ز کار درمانَد کاردانی چو من، در آخر کار؟
باختم پاک تاب و جلوهٔ خویش بس که بر خاطرم نشست غبار
سوز ما را کسی نگفت که چیست رنج ما را نخورد کس تیمار
با چنین پاکی و فروزانی این چنینم کساد شد بازار
آخر، این آتشم بخار کند به هوای عدم، رَوَم ناچار
گفت آتش، از آن که دشمن توست طمع دوستی و لطف مدار

همنشین کسی که مست هوی‌ست		نشد، ای دوست، مردم هشیار
هرکه در شوره‌زار، کِشت کند		نَبوَد از کار خویش، برخوردار
خام بودی تو خفته، زآن آتش		کرد هنگام پختنت بیدار
در کنار من، از چه کردی جای؟		که ز دودت شود سیاه کنار
هرکجا آتش است، سوختن است		این نصیحت، به گوش جان بسپار
دهر ازین راه‌ها زند بی‌حد		چرخ ازین کارها کند بسیار
نقش کار تو، چون نهان ماند؟		تا بود روزگار آینه‌دار
پردهٔ غیب را کسی نگشود		نکته‌ای کس نخواند زین اسرار
گَرَت اندیشه‌ای ز بدنامی‌ست		منشین با رفیق ناهموار
عاقلان از دکان مُهره‌فروش		نخریدند لؤلؤ شهوار
کس ز خنجر ندید، جز خَستن		کس ز پیکان نخواست، جز پیکار
سالکان را چه کار با دیوان؟		طوطیان را چه کار با مردار؟
چند دعوی کنی، به کار گرای		هیچگه نیست گفته چون کردار

۱۶۴

ای جسم سیاه مومیایی		کو آن‌همه عجب و خودنمایی؟
با حال سکوت و بُهت، چونی؟		در عالم انزوا چرایی؟
آژنگ ز رخ نمی‌کنی دور		ز ابروی، گره نمی‌گشایی
معلوم نشد به فکر و پرسش		این راز که شاه یا گدایی

گر گمره و آزمند بودی / امروز چه شد که پارسایی؟
با ما و نه در میان مایی
وقتی ز غرور و شوق و شادی / پا بر سر چرخ می‌نهادی
بودی چو پرندگان، سبکروح / در گلشن و کوهسار و وادی
آن روز، چه رسم و راه بودت / امروز، نه سفله‌ای، نه رادی
پیکان قضا به سر خلیدت / چون شد که ز پا نیوفتادی؟
صد قرن گذشته و تو تنها / در گوشهٔ دخمه ایستادی
گویی که ز سنگ خاره زادی
کردی ز کدام جام مِی نوش؟ / کاین گونه شدی نَژَند و مدهوش
بر رهگذر که دوختی چشم؟ / ایّام، تو را چه گفت در گوش؟
بند تو که برگشود از پای؟ / بار تو که برگرفت از دوش؟
در عالم نیستی، چه دیدی؟ / کاین‌سان متحیّری و خاموش
دست چه کسی، به دست بودت؟ / از بهر که باز کردی آغوش؟
دیری‌ست که گشته‌ای فراموش
شاید که سمند مهر راندی / نانی به گرسنه‌ای رساندی
آفت‌زدهٔ حوادثی را / از ورطهٔ عجز وارهاندی
از دامن غرقه‌ای گرفتی / تا دامن ساحلش کشاندی
هر قصّه که گفتنی‌ست، گفتی / هر نامه که خواندنی‌ست، خواندی
پهلوی شکستگان نشستی / از پای‌فتاده را نشاندی
فرجام، چرا ز کار ماندی؟

گویی به تو داده‌اند سوگند	کاین راز، نهان کنی به لبخند
این دست که گشته است پُر چین	بوده‌ست چو شاخه‌ای برومند
کرده‌ست هزار مشکل آسان	بسته‌ست هزار عهد و پیوند
بنموده به گمرهی، ره راست	بگشوده ز پای بنده‌ای، بند
شاید که به بزمگاه فرعون	بگرفته و داده ساغری چند
کو دولت آن جهان‌خداوند؟	
زآن دم که تو خفته‌ای درین غار	گردنده سپهر، گشته بسیار
بس پاکدلان و نیک‌کاران	آلوده شدند و زشت‌کردار
بس جنگ، به آشتی بدل شد	بس صلح و صفا که گشت پیکار
بس زنگ که پاک شد به صیقل	بس آینه را گرفت زنگار
بس باز و تَذَرو را تبه کرد	شاهین عدم، به چنگ و منقار
ای یار، سخن بگوی با یار	
ای مرده و کرده زندگانی	ای زندهٔ مرده، هیچ دانی
بس پادشهان و سرافرازان	بردند به خاک، حکمرانی
بس رمز ز دفتر سلیمان	خواندند به دیو، رایگانی
بگذشت چه قرن‌ها، چه ایّام	گه با غم و گه به شادمانی
بس کاخ بلندپایه، شد پست	اما تو به جای، همچنانی
بر قلعهٔ مرگ، مرزبانی	
شدّاد نماند در شماری	با کار قضا نکرد کاری

نمرود و بلند برج بابل
شد خاک و برفت با غباری
مانا که تو را دلی پریشان
در سینه تپیده روزگاری
در راه تو، اوفتاده سنگی
در پای تو، درشکسته خاری
دزدیده، به چهرهٔ سیاهت
غلتیده سرشک انتظاری
در رهگذر عزیز یاری

شاید که تو را به روی زانو
جا داشته کودکی سخن‌گو
روزیش کشیده‌ای به دامن
گاهیش نشانده‌ای به پهلو
گه گریه و گاه خنده کرده
بوسیده گَهَت سر و گهی رو
یک بار، نهاده دل به بازی
یک لحظه، تو را گرفته بازو
گامی زده با تو کودکانه
پرسیده ز شهر و برج و بارو
در پای تو، هیچ مانده نیرو؟

گرد از رخ جان پاک رُفتی
وین نکته ز غافلان نهفتی
اندرز گذشتگان شنیدی
حرفی ز گذشته‌ها نگفتی
از فتنه و گیر و دار، طاقی
با عبرت و بیم و بُهت، جفتی
داد و ستد زمانه چون بود؟
ای دوست، چه دادی و گرفتی؟
اینجا اثری ز رفتگان نیست
چون شد که تو ماندی و نرفتی؟
چشم تو نگاه کرد و خفتی

۱۶۵

ای گل، تو ز جمعیّت گلزار، چه دیدی؟
جز سرزنش و بَدسَری خار، چه دیدی؟

ای لعل دل‌افـروز، تو با این‌همه پرتو — جز مشتری سفله، به بازار چه دیدی؟
رفتی به چمن، لیک قفس گشت نصیبت — غیر از قفس، ای مرغ گرفتار، چه دیدی؟

***

مـا نـیز در دیـار حقیقت توانگریم — کالای ما چو وقت رسد، کارهای ماست
مـا روی خـود ز راه سـعادت نیافتیم — پـیران ره بـه مـا ننمودند راه راسـت

***

از غبار فکر باطل پاک باید داشت دل — تا بداند دیو کاین آیینه جای گَرد نیست
مرد پندارند پروین را چه برخی ز اهل فضل — این معمّا گفته نیکوتر که پروین مرد نیست

***

گـر شمع را ز شعله رهایی‌ست آرزو — آتـش چـرا بـه خـرمـن پـروانـه مـی‌زند؟
سرمست ای کبوترك سـاده‌دل مَپَر — در تـیه آز، راهِ تـو را دانـه مـی‌زند

***

بی‌رنج زین پیاله کسی مِی نمی‌خورد — بی‌دود زین تنور به کس نان نمی‌دهند
تیمار کار خویش تو خود خور که دیگران — هرگز بـرای جُـرم تو تـاوان نمی‌دهند

***

خیال آشنایی بر دلم نگذشته بود اوّل — نمی‌دانم چه دستی طرح کرد این آشنایی را

***

بکوش و دانشی آموز و پرتوی بِفکن — که فرصتی که تو را داده‌اند، بی‌بدل است

***

دل پاکیزه، به کـردار بد آلـوده مکن — تیرگی خواستن، از نور گریزان شدن است

***

طائری کز آشیان، پرواز بهر آز کرد　　کیفرش، فرجام بال و پر به خون آلودن است

***

با قضا چیره زبان نتوان بود　　که بدوزند، گرت صد دهن است

***

دور جهان، خونی خون‌خوارهاست　　محکمهٔ نیك و بد کارهاست

***

خیال کژ، به کار کژ گواهی‌ست　　سیاهی هر کجا باشد، سیاهی‌ست

***

بِه از پرهیزکاری، زیوری نیست　　چو اشك دردمندان، گوهری نیست

***

مپوش آینهٔ کس را به زنگار　　دل آیینه است، از زنگش نگهدار

***

سزای رنجبر گلشن امید، بس است　　به دامن چمنی، گلبُنی نشانیدن

***

به رهنمایی چشم، این ره خطا رفتم　　گناه دیدهٔ من بود، این خطاکاری

۱۶۶

پدر، آن تیشه که بر خاک تو زد دست اجل　　تیشه‌ای بود که شد باعث ویرانی من

یوسفت نام نهادند و به گرگت دادند　　مرگ گرگ تو شد، ای یوسف کنعانی من

مه گردون ادب بودی و در خاک شدی
خاکْ زندان تو گشت، ای مه زندانی من

از ندانستنِ من دزدِ قضا آگه بود
چو تو را برد، بخندید به نادانی من

آن که در زیرِ زمینْ داد سر و سامانت
کاش می‌خورد غم بی‌سر و سامانی من

به سر خاک تو رفتم، خطِ پاکش خواندم
آه از این خط که نوشتند به پیشانی من

رفتی و روز مرا تیره‌تر از شب کردی
بی‌تو در ظلمتم، ای دیدهٔ نورانی من

بی‌تو اشک و غم و حسرت همه مهمان من‌اند
قدمی رنجه کن از مهر به مهمانی من

صفحهٔ روی، ز انظار، نهان می‌دارم
تا نخوانند بر این صفحه پریشانی من

دهر، بسیار چو من سر به گریبان دیده است
چه تفاوت کُنَدَش سربه‌گریبانی من

عضو جمعیّت حق گشتی و دیگر نخوری
غم تنهایی و مهجوری و حیرانی من

گل و ریحانِ کدامین چمنَت بنمودند؟
که شکستی قفس، ای مرغ گلستانی من

من که قدر گهر پاک تو می‌دانستم
ز چه مفقود شدی؟ ای گهر کانی من

من که آب تو ز سرچشمهٔ دل می‌دادم
آب و رنگت چه شد؟ ای لالهٔ نُعمانی من

من یکی مرغ غزل‌خوانِ تو بودم، چه فتاد؟
که دگر گوش نداری به نواخوانی من

گنج خود خواندی‌ام و رفتی و بگذاشتی‌ام
ای عجب، بعد تو با کیست نگهبانی من؟

۱۶۷

اینکه خاک سیه‌اَش بالین است
اختر چرخ ادب پروین است

گرچه جز تلخی از ایّام ندید
هرچه خواهی سخنش شیرین است

صاحب آن‌همه گفتار امروز
سائل فاتحه و یاسین است

دوستان بِه که ز وی یاد کنند
دل بی‌دوست دلی غمگین است

خاک در دیده بسی جان‌فرساست
سنگ بر سینه بسی سنگین است

بیند این بستر و عبرت گیرد
هرکه را چشم حقیقت‌بین است

هرکه باشی و ز هرجا برسی
آخرین منزل هستی این است

آدمی هرچه توانگر باشد
چو بدین نقطه رسد مسکین است

اندر آنجا که قضا حمله کند
چاره تسلیم و ادب تمکین است

زادن و کشتن و پنهان کردن
دهر را رسم و ره دیرین است

خرّم آن‌کس که در این مِحنَتگاه
خاطری را سبب تسکین است

انتشارات پارسیان البرز
Kidsocado Publishing House

این مجموعه بسیار نفیس که در دست شما است
با استانداردهایی مانند فونت ساده برای سهولت خواندن ایرانیان
خارج از کشور و طراحی داخلی زیبا و متن کامل
با کوشش و همکاری دو موسسه یعنی
موسسه انتشارات البرز پارسیان در ایران و
خانه انتشارات کیدزوکادو در کانادا
تهیه شده است.
هر دو موسسه با هدف بسیار والای جهانی کردن
آثار شعرا و نویسندگان
ایرانی این فعالیت را ادامه داده
و امیدوارست به زودی
آثار با ارزشی از ادبیات غنی ایران به
خانه‌ها و کتابخانه های شما هدیه دهد.

آثار ادبی دیگری که می‌توانید از این مجموعه تهیه کنید و از آن لذت ببرید:

اینجا را کلیک کنید: